우리 아이는 미국 온라인 스쿨에서 공부합니다

AI시대 미래 인재를 위한 홈스쿨링과 온라인 스쿨 로드맵

우리 아이는 미국 온라인 스쿨에서 공부합니다

김지영 지음

서사원

프롤로그

세상에는 다양한 길이 존재한다

==어린이집 3개월이 기관생활의 전부.==
==학교는 한 번도 가보지 않은 아이.==
==영어가 자유로워지기 전까지 영어 유치원, 영어학원, 해외에 한 번도 안 가본 아이. 그러나 원어민 수준의 영어 실력을 갖춘 이후로 영어가 더 편안해진 아이.==
==15세에 미국 고등학교 졸업장을 받은 아이.==

조금 독특한 이력을 가진 이 아이는 바로 우리 집 만 15세 큰 아이 이야기다. 7살 터울의 늦둥이 8세 딸도 현재 미국 현지 아이들과 동일한 영어 실력으로 오빠와 같은 미국 온라인 스쿨 학생이며, 모든 학습을 영어로 하고 있다.

우리의 지난 스토리를 잘 모르는 분들은 '엄마가 선생님처럼 가르칠 실력이 있겠지', '아이가 영재겠지' 이러한 오해들을 한다. 실제로 아이를 키우며 그런 이야기를 수없이 들었다. 사실 누구나 할 수 있는 길이다. 다만 대다수가 모르는 길일뿐이다.

"왜 학교 대신 홈스쿨링을 선택하게 되었나요?"

"홈스쿨링을 하면 사회성에 문제가 생기지 않을까요?"

"정말 영어학원을 한 번도 안 다니고 엄마표 영어로만 영어를 잘하게 되었나요?"

"부모님이 정말 영어를 잘 못하나요?"

"정말 영어 동화책을 읽어주지 않았나요?"

그동안 블로그에서 받은 공통된 질문들이다. 코로나 이후 홈스쿨링을 알아보는 분들이 많아진 이유도 한 몫 한 것 같다. 이 책에서 우리의 교육과 양육에 대한 이야기와 함께 글로벌 인재로 아이들을 키울 수 있는 이야기를 나누어보려고 한다. 내가 이 책을 쓰기로 결심한 이유와 전하고 싶은 메시지는 2가지다.

첫 번째는 단순히 '우리 아이들을 이렇게 키웠다'는 이야기를 풀어놓으려는 게 아니다. 정말 전하고 싶은 메시지는 <mark>"세상에는 단 하나의 길이 아닌, 다양한 길이 존재한다는 것"</mark>이다. 그 다양한 길 중에서 또 다른 하나의 길을 걸어간 아이가 여기 있고, 그 길을 모르고 있는 부모님과 아이들에게 이러한 길도 있음을 소개하고 싶다.

두 번째는 대학입시를 위해 사교육에 비용을 지출하느라 힘겨운 부모들에게 저비용으로도 얼마든지 아이들 교육이 가능하다는 것을 소개해드리고 싶다. 이것저것 많은 사교육을 소화하느라 체력적으로 지치고 시간이 없어 늘 허덕이는 아이들에게는 여유 있게 진짜 공부를 하며 진로 탐색도 잘 할 수 있는 시간을 선사해주고 싶다. 한 마디로 입시 스트레스로부터 해방시켜주고 싶다.

내가 두 아이를 홈스쿨링하면서 알게 된 수많은 정보들을 쉽게 가이드해드림으로써 그 과정이 힘들고 어렵거나 엄마(부모)의 희생이 꼭 뒤

따라야 하는 게 아닌 것도 알려드리고 싶다.

학교에 다니면서 수많은 사교육을 하는 것보다 훨씬 더 안정적인 커리큘럼으로 몸도 마음도 편안하게 얼마든지 학습할 수 있다. 아직 아이를 다 키운 것도 아니고, 교육 전문가도 아닌 평범한 엄마지만 책을 쓰고자 결심할 수 있었던 것은 우리가 지난 시간 걸어온 길이 누군가에게는 꿈과 희망이 되고, 많은 도움이 되고 있다는 것을 블로그와 많은 엄마들과의 상담을 통해 선명하게 느꼈기 때문이다.

아이들을 키우며 끊임없이 책을 읽었다. 덕분에 조금씩 성장해가는 내 자신을 느끼곤 한다. 시중에는 이미 훌륭한 교육 전문가들의 책들이 많이 있다. 이 책은 평범한 엄마와 아이가 15년간 함께한 시간들을 되짚으며 써내려간 에세이 형식이며 그 시간 속에 녹아 있는 정보들을 공유한다.

큰 아이가 4학년이 되어서야 아이들의 기록을 위해 블로그를 시작했다. 우리의 일상을 블로그에 기록하자 많은 분들이 관심을 가지며 질문을 해주셨는데, 그 주제는 크게 3가지로 분류되었다.

1. 홈스쿨링
2. 엄마표 영어
3. 미국 온라인 스쿨(미국 고등학교 졸업장 과정)

이 부분에 대해 지나온 시간을 자세히 쓰고자 노력했다. 여전히 부족함이 많은 엄마지만, 15년 전 초보 엄마였던 시절보다 정말 많이 성장했음을 느낀다. 이런 엄마로서의 성장은 오로지 우리 아이들 덕분이다. 아이들과 한 해 한 해 함께 하는 동안 아이들 역시 엄마인 나를 성장케

했다. 우리는 서로를 그렇게 성장시키는 가족이자 멋진 팀이었다.

 나와 아이들이 이렇게 성장할 수 있도록 앞서 엄마표 영어의 길을 안내해주신 존경하는 누리보듬님에게 진심으로 감사드린다. 바쁜 가운데서도 책을 잘 마무리할 수 있도록 곁에서 많은 도움을 준 분들에게도 깊이 감사드린다. 나눌 수 있는 것들이 많이 생긴 것 또한 감사드린다.

언니 김지영 드림

학부모 추천사

"엄마, 내 미래는 장대할 거야. 최대한 집중해서 빨리 대학과정을 끝내고 25살에 내 집을 살 거야. 32살에는 내 사업을 시작할 거고, 기술과학과 심리학을 전공해서 사람들의 행동과 생각을 연구하고 왜 그렇게 되는지 알아내서…."

12살 자녀와 이런 이야기를 나누는 부모의 기분은 어떨까요. 이런 대화를 하는 모습을 상상만 해도 행복한데 말입니다. 제가 얼마 전 12살 쌍둥이 딸들과 밤 산책을 나가서 나눴던 대화입니다. 매일 꾸준히 하는 게 왜 중요한지, 그게 루틴으로 잡혀 있는 사람들은 뭐가 다른지, 앞으로 우리 사회에는 어떤 변화가 생기고 우리는 어떻게 해야 할지, 목표를 어떻게 세워야 하는지.

이런 대화를 하면서 여러 감정이 올라오더라고요. 오순도순 산책하며 이런 대화를 하는 날이 오리라는 걸 누가 알았겠어요. 산책을 마치고 돌아오는 길, 언니에게 진심으로 감사드렸습니다.

세상 모든 엄마들처럼 자식 잘 되길 바라는 마음은 하늘을 뚫는데, 자식 교육에는 정답이 없다는 게 아이를 키우며 만나는 가장 큰 걸림돌이었습니다. 하루가 멀다 하고 참 자주도 만나는 걸림돌들을 치우고자 밤새 인터넷 검색도 하고, 책도 찾아보며 거기에 나온 방법들을 써보기도 하고, 세간에 유명한 육아 고수들의 강연도 열심히 찾아다니며 고수들이 하라는 대로 기를 쓰고 해보기도 했습니다.

하지만 제 앞의 걸림돌들은 치워졌나 싶으면 두 개 세 개로 늘어나 있었습니다. 하라는 대로 하고, 하지 말란 거 안 하고, 사라는 거 다 사고, 보여주란 거 다 보여주고, 읽히란 거 다 읽혔는데도 보란 듯이 거기 있는 걸림돌 앞에서 도대체 내가 뭘 잘못한 건가, 나는 고작 이 정도인가 싶어 자존감이 바닥을 치고 한동안 땅 속에 머물러 있을 때 언니를 알게 되었어요.

일면식 없던 언니를 블로그 글로만 만나다가 우연히 언니의 고백 글에 '많은 엄마들의 버팀목이십니다'라는 댓글을 시작으로 유령 이웃에서 벗어나 때 맞춰 수면 위로 올라와주신 언니를 처음 만난 날이 생각납니다. 찬바람 부는 겨울, 따뜻한 허그로 맞아주신 그 온기가 엄마들의 맘을 많이도 녹여주셨다는 걸 언니는 아실까요?

그 따뜻한 마음 안에 전해주신 '정답은 없으니 이렇게 저렇게 해보면서 나와 내 아이에게 맞는 방법을 찾아서 될 때까지 하는 그 과정이 육아'라는 걸 가슴으로 느꼈습니다. 돌아오는 길에는, 불안과 걱정 대신 해보자는 의지와 할 수 있겠다는 희망이 생겼다는 걸 아셨을까요?

이 자리를 빌어 땅굴에서 벗어난 저를 포함한 많은 엄마들이 아이들을 바라볼 수 있는 여유를 갖게 해주신 언니에게 진심으로 감사드립니다. 아울러 아이들의 영어뿐만 아니라 엄마와 아이 사이의 관계, 홈스쿨링, 아이의 진로와 미래 교육까지 육아의 모든 영역을 아우르는 세상에 없던 이 책을 통해 자녀교육에 대한 따뜻하고 순수한 언니의 진심이 많은 엄마들에게 전해지기를 바랍니다.

틀 밖에서 호기심의 물음표를 던져 느낌표를 찾을 때까지 멈추지 않았던 언니의 외롭고 치열했던 수고의 시간들이 엄청난 내공이 되어 이렇게 세상에 나왔습니다. 이 책을 항상 곁에 두고 걸림돌을 만날 때마다 꺼내 보며 디딤돌로 만들어버리는 놀라운 경험을 여러분도 할 수 있길 바랍니다.

_중1 학부모, 초등학교 선생님

언니님을 처음 만나 이야기 나눴던 2024년 1월, 한겨울 추운 날씨였지만 언니님과 그날의 만남은 너무나 밝고 따스했습니다. 나의 고민을 듣고 같이 울고 웃어준 언니님.

아이가 태어나고 커가면서 엄마표 영어를 비롯해 육아, 학습서 등 많은 책을 봐왔어요. 아이의 어린 시절 영어와 학습에 관련된 책들은 많았지만, 그 사이 초등학교 고학년이 된 아이에게 부모로서 어떤 방향을 제시해줄 수 있는가에 대한 고민을 해결해주기엔 부족함이 있었습니다. 그런 상황에서 운 좋게 언니님을 만나서 홈스쿨을 결심했고, 미국 온라인 스쿨을 선택했습니다.

언니님을 통해 앞으로 아이의 목표 및 방향 설정, 대학, 그 이후의 행보까지 머릿속으로 그려보았습니다. 큰 틀이 생기니 그 안의 자잘한 것들은 고민 없이 버리거나 취할 수 있었습니다. 이렇게 좋은 길, 안 갈 이유가 없다는 확신에 언니님과 이 길을 지금까지 잘 걸어가고 있습니다.

아이의 방향 설정 하나가 해결되었더니 많은 것이 자동으로 해결되었습니다. 아이의 목표가 정확해지니 아이와 씨름할 일이 없습니다. 아이가 편안하니 가족이 평안합니다. 아이는 잘 먹고 잘 자니 키도 쑥쑥 큽니다. 가족과 함께 할 시간이 넘쳐나고, 불필요한 사교육에 기웃거리지 않으니 가계가 안정적입니다. 이 모든 점이 언니님을 만나 변화한 우리 집의 모습입니다.

세상에는 참 많은 길이 있습니다. 이 책이 많은 학부모님에게 새로운 길을 제시하여 아이들이 넓은 세상을 무대로 살아가고, 더불어 우리 가정과 같은 행복을 느껴보시길 바랍니다.

_6학년 학부모

아이가 초3일 때 학교에 홈스쿨링을 하겠노라 말하고 아이의 작은 손을 잡고 운동장을 걸어 나오던 일이 떠오릅니다. 과연 옳은 선택인 건지, 잘 할 수 있을지 걱정이 많았습니다. 학교에 다닌다고 보장되는 것도 아니었지만, 학교를 나오니 모든 것이 내 두 어깨 위에 놓인 것 같아서 마음이 편치 않았습니다. 그때 언니님 블로그를 우연히 보게 되었습니다. 처음엔 그 정보력에 놀랐으며, 그 다음엔 아이들을 향한 태도에 감탄했고, 그 후엔 성실함에 도전받았으며, 최근엔 나눔에 감동받았습니다.

홈스쿨링에 관심은 있는데 두렵다면, 그 길을 15년 동안 뚜벅뚜벅 성실히 즐겁게 걸어온 언니님의 이 책을 보시길 바랍니다. 우리가 외롭지 않게, 함께 손잡고 가겠다고 세상에 나온 언니님이 있으니 걱정 말고 하나씩 참고해보면 됩니다. 많은 비용 들이지 않고 홈스쿨링으로 아이를 국제적으로 키워낸 방법을 이 책에서 찾을 수 있습니다.

_6학년 학부모

차례

프롤로그 세상에는 다양한 길이 존재한다 ✦ 4
학부모 추천사 ✦ 8

1부
홈스쿨링 이론 편

1장 누구나 갈 수 있지만 대다수 모르는 길, 홈스쿨링

우연히 만난 홈스쿨링 ✦ 21
내 아이 맞춤식 교육, 홈스쿨링 ✦ 27
홈스쿨링 행정 절차 ✦ 34
홈스쿨링 용어 설명 ✦ 36
제일 많이 걱정하는 사회성 문제 ✦ 41
우리 집은 동네 사랑방 ✦ 45
선진국에서는 당연한 홈스쿨링 ✦ 48

2장) 일단 7억 벌고 가세요

7억 국제학교 vs 온라인 미국 초중고 ✦ 51
왜 학원에 다녀도 성적은 오르지 않을까? ✦ 55
영알못 엄마도 엄마표 영어 할 수 있다 ✦ 58
안전하고 저렴하며 빠른 교육 방법이 정말 많다 ✦ 62

3장) 아직도 학원에 월급 갖다 바치세요?

우리나라 사교육 현실이 안타깝다 ✦ 70
영어유치원에서 준 선물, 영어울렁증? ✦ 73
기둥뿌리 뽑아 유학 갔지만, 현실은 시간강사 ✦ 75
자기주도학습으로 사교육비는 DOWN, 자녀와 관계는 UP ✦ 77

4장) 홈스쿨링은 글로벌 트렌드다

코로나19 팬데믹 시기에 더욱 빛난 홈스쿨링 ✦ 83
내 집 안방에서 온라인 유학이 가능한 세상 ✦ 86
온라인 스쿨의 장단점 ✦ 88

세계적인 교육 추세, 미래 교육 ✦ 92

세계적인 교육 추세, 미래 학교 ✦ 99

전기밥솥 놔두고, 아궁이에 밥 짓는 부모들 ✦ 107

홈스쿨링 실전 편

5장 지름길을 쉬쉬하는 사람들

자퇴생들이 많아지는 이유 ✦ 111

두 마리 토끼 vs 한 마리 토끼 ✦ 112

학교와 온라인 홈스쿨을 병행하는 아이들 ✦ 114

온라인 홈스쿨링만 하는 아이들 ✦ 118

자퇴생도 문제 없다 ✦ 122

한국 검정고시 vs 미국 온라인 스쿨 ✦ 124

우리 아이는 남들보다 수월하게 영어를 한다 ✦ 126

6장 홈스쿨링 학습 여정, 7~10세

공부 정서가 최우선이다 ✦ 129

7세, 엄마표 영어와 고전읽기 ✦ 133
8세, 바둑과 일상 루틴 ✦ 137
9세, 조용한 성장 ✦ 139
10세, 미국 교과서로 학습 전환 ✦ 141

7장) 미국 온라인 스쿨 학습 여정, 11~15세

11세, 미국 온라인 스쿨 입학 ✦ 150
12세, 언스쿨링과 무크 코세라 수료 ✦ 164
13세, 다양한 경험과 진로 탐색 ✦ 173
14세, 세계 여행과 세미나 참여 ✦ 181
요리와 복싱을 좋아하게 되다 ✦ 190
기여와 봉사의 가치, 베트남 봉사활동 ✦ 192

엄마표 영어 실전 편

8장 1호의 엄마표 영어 6년간 기록

초등 6년간 엄마표 영어 기록 ✦ **199**

엄마의 인풋과 아웃풋이 먼저 ✦ **208**

초등 고학년, 중고등학생, 성인도 가능한 엄마표 영어 ✦ **211**

아웃풋은 대체 어떻게 해야 하나요? ✦ **213**

엄마표 영어 6년간 연령대별 실천 기록 ✦ **216**

6세, 엄마의 확신과 아이 설득시키기 ✦ **218**

7세, 1년 차 리틀팍스, 챕터북 시작 ✦ **223**

8세, 2년 차 엉덩이 힘이 길러진 시기 ✦ **228**

9세, 3년 차 완벽한 안정기, 미국 교과서 집중듣기 ✦ **231**

10세, 4년 차 아웃풋 폭발, 미국 커리큘럼으로 전환 ✦ **236**

11세, 5년 차 미국 온라인 스쿨 입학, 엄마표 영어 졸업 ✦ **244**

12세, 6년 차 고전문학 꾸준히 읽기 ✦ **251**

쓰기에 대한 염려 ✦ **256**

9장 영유아, 골든타임을 사수하라

엄마의 역할, 미국 환경 세팅이 전부다 ✦ 259
엄마표 영어 성공 비결 2가지 ✦ 263
언어는 빠를수록 좋다 ✦ 265
2~3세, 넷플릭스, 유튜브 키즈 리스닝 ✦ 270
4세, 영어 단어, 짧은 문장 스피킹 시작 ✦ 273
5세, 원어민과 화상수업 ✦ 275
6세, 미국 온라인 스쿨 킨더 입학 ✦ 278
7세, 리딩 실력이 쑥쑥 자라다 ✦ 281
홈스쿨을 포기하는 이유 ✦ 283

에필로그 홈스쿨링이 바르고 빠른 길이었다 ✦ 286
부록 홈스쿨링 컨설팅 후기 모음 ✦ 288

홈스쿨링 이론 편

1장

누구나 갈 수 있지만
대다수 모르는 길,
홈스쿨링

우연히 만난 홈스쿨링

아주 우연한 기회에 홈스쿨링을 알게 되었다. 첫 아이가 나에게 찾아온 지 5개월 무렵. 하루는 집에만 있기 답답해서 서점에 갔다가 홈스쿨링 책을 우연히 보게 된 것이다. 서서 읽다가 흥미를 느껴 바로 구입했다. 그날 새벽까지 몰입해서 단숨에 읽어내려갔다.

취학 연령이 되면 당연히 학교에 가는 줄 알았는데, 홈스쿨링 이야기는 매우 흥미롭게 다가왔다. 처음에는 '정말 학교를 안 가도 된다고?' '그런 길이 존재한다고?' 하는 의구심을 잔뜩 안고 읽었다. 한 권의 책을 끝까지 읽은 후에는 홈스쿨링이 꽤 근사하고 매력적으로 보였다. 할 수 있다면 우리 아이와 이 길을 걸어가 보고 싶었다.

하지만 단 한 권의 책으로는 정확히 홈스쿨링이 무엇인지, 어떻게 하는지 구체적으로 알 수 없었다. 그래서 이후 홈스쿨링 책들을 모조리 구해서 읽었다. 홈스쿨링이 들어간 책은 모두 읽어본 것 같다. '민들레'라는 대안교육 단체에서 격월로 발행하는 교육 잡지도 수년간 정기구독 했다. 이 교육 잡지를 보면서 대안교육의 전반적인 부분에 대해 잘 이해할 수 있었지만 여전히 뭔가 선명하지 않은 느낌이었다. 이상적이기는 하지만 막연한 느낌이랄까.

외국 홈스쿨링 사례를 소개한 책들도 읽었지만 국내의 보다 현실적이고 구체적인 사례가 궁금했다. 다른 사람들의 사례를 계속 찾기보다는 우리만의 길을 걸어가 보면서, 새롭게 만들어가는 것도 의미 있겠다 싶었다. 그것이 곧 우리의 길이 될 테니까.

우리의 생활, 학습에 대한 모든 기록이 담긴 홈스쿨링 파트를 통해서 코로나 이후 홈스쿨링을 시작하려는 분들에게, 또는 이미 홈스쿨링을 하고 있는 아이들에게 보다 자유롭고 즐겁게 홈스쿨링을 이어갈 수 있는 인사이트가 전달되면 좋겠다. 처음 홈스쿨링을 준비할 때의 나처럼 막연한 분들이 계시다면 우리의 자세한 실천 기록을 참고해서 홈스쿨링 계획을 세우는 데 도움이 되기를 바란다.

책을 쓰면서 가장 염두에 둔 게 있다면, 세상에는 수많은 길이 있다는 것을 많은 분들이 알게 되기를 바라는 점이다. 단 하나의 길로만 걸어가야 한다고 생각했던 많은 아이들이 좀 더 다양하게 각자 성향에 맞는 길을 찾아갈 수 있다면 이 책을 쓴 보람이 있겠다.

각자 고유한 길을 만들어갈 수 있는 것이 홈스쿨링이다. 내 아이에게 가장 적합하고 잘 맞는 길로 걸어가다보면 생각지 못한 멋지고 근사한 길을 만날 수 있다. 그것이 곧 또 하나의 길이 될 것이다. 그 길을 만났을 때의 기쁨을 아이와 함께 마음껏 만끽해보시길 바란다. 소수의 사람들이 걸어가는 홈스쿨링을 하면서 가시적인 성과를 내야 한다는 부담을 갖고 있는 분들도 간혹 있는 것 같다. 타인의 기대에 부응하려 하지 말고, 나와 내 아이만을 중심에 놓고, 내 아이만을 바라보며 힘을 빼고 아이와 함께 편안하게 걸어가면 된다.

무엇보다 이 책을 통해 꼭 당부하고 싶은 점이 있다면, 우리 이야기가 정답은 아니라는 것이다. 엄마표 영어든 홈스쿨링이든 어떤 성공한 케이스를 우리가 접할 때 조심해야 하는 점이 있다면 그건 그 집만의 그 아이만의 스토리라는 점이다. 그 스토리를 만들어 나갔던 과정을 들여다보며 우리 아이에게 적용할 수 있는 부분을 '참고'하는 것이지, 처음부터 끝까지 '복사'-'붙여넣기' 식으로 똑같이 따라 하려고 하면 안 된다. 아무리 좋은 방법이라 해도 내 아이에게 맞지 않으면 좋은 방법이 아니라는 점을 꼭 기억해주면 좋겠다.

우리 가정의 이야기 역시 수많은 케이스 중에서 하나의 참고 사항으로 봐주시길 바란다. 홈스쿨링을 준비하고 진행하는 동안 읽었던 책들을 소개한다.

홈스쿨링 참고 도서 목록

NO	도서명	저자	출판사	출간년도
1	홈스쿨 이렇게 시작하세요	리사 웰첼	NCD	2004년 4월
2	한국에서 홈스쿨하기	꿈을이루는 사람들 편집부	꿈을이루는 사람들	2011년 6월
3	오똥이네 홈스쿨링 이야기	이신영	민들레	2010년 9월
4	우리 집 아이들은 학교에 안 가요	김종우, 유은희	(재)대화문화 아카데미	2003년 3월
5	홈스쿨링(개정판)	레이 볼만	홈앤에듀	2021년 3월
6	홈스쿨링: 부모, 자녀의 소통	이현지	교육과학사	2015년 3월
7	홈 스쿨링의 정치학	김재웅	민들레	2010년 5월
8	홈스쿨링 엄마의 글쓰기 교육	체리 풀러	비룡소	2011년 5월
9	함께한 시간만큼 자라는 아이들	장윤희	한빛라이프	2015년 12월
10	우리는 초등학교만 다닌 치과의사 무용가 통역가입니다	김형희	가나출판사	2019년 3월
11	학교 탈출! 이제는 선택이다!	이종건, 심은희	늘푸른소나무	2005년 12월
12	홈스쿨링, 오래된 미래	민들레편집실	민들레	2003년 5월

13	3세부터 큰 인물로 키우는 글로벌 홈스쿨링	심미혜	중앙북스	2008년 8월
14	세 자매 15살에 대학 장학생 되다	황석호, 윤미경	이지북	2010년 3월
15	가족여행하며 홈스쿨링	수 코올리	새로운제안	2017년 12월
16	준규네 홈스쿨	김지현	진서원	2019년 6월
17	하루 15분, 내 아이 행복한 홈스쿨	지에스더	밥북	2019년 6월
18	홈스쿨링을 만나다	서덕희	민들레	2008년 4월
19	가정이 최고의 학교다	마이클 펄	예영커뮤니케이션	2013년 7월
20	홈스쿨링을 시작하는 어머니가 꼭 알아야 할 것들	마이클 패리스	카리스	2019년 9월
21	홈스쿨링을 시작하는 아버지가 꼭 알아야 할 것들	마이클 패리스	카리스	2019년 9월
22	세상이 학교다, 여행이 공부다	박임순	북노마드	2011년 6월
23	누리보듬 홈스쿨	한진희	서사원	2019년 1월
24	학교는 하루도 다니지 않았지만	임하영	천년의상상	2017년 3월
25	미국의 홈 스쿨링	마랄리 메이베리	박영률출판사	2002년 7월
26	나는 리틀 아인슈타인을 이렇게 키웠다	진경혜	중앙m&b	2001년 11월
27	보통 엄마의 천재 아이 교육법	진경혜	중앙북스	2010년 11월
28	아이의 천재성을 키우는 엄마의 힘	진경혜	랜덤하우스코리아	2006년 11월
29	어떻게 아이를 성장시킬 것인가?	진경혜	센추리원	2013년 8월
30	수상한 학교	존 테일러 개토	민들레	2015년 5월

시간이 흐르면서 점점 더 많은 정보와 책을 읽으며 홈스쿨링을 보다 잘 이해할 수 있었다. 그에 따른 교육 가치관이 차츰 정립되고 있을 무렵, 첫 아이 출산일이 다가왔다. 아이가 태어난 이후에도 엄마의 독서는

계속되었다. 책을 읽을수록 홈스쿨링을 잘 할 수 있을지 하는 걱정과 동시에 이렇게 매력적인 홈스쿨링을 잘 해보고 싶다는 생각이 들었다.

홈스쿨링을 어느 정도 이해한 후에는 아이의 독서와 학습 과목 영역으로 자연스럽게 독서 주제가 흘러갔다. 독서를 하면서 하나하나 알아가고 성장하는 내 자신을 느끼는 순간, 참 즐겁고 좋았다. 그런 즐거움이 있었기에 지속적으로 독서를 할 수 있었다. 어떤 책에서 교육의 어원에 대한 부분을 읽다가 생각이 깊어졌다.

교육이라는 단어는 영어로 education. 이 단어의 어원은 라틴어 'educato'에서 왔다. 'educato'의 뜻은 '끌어내다'인데, 결국 교육이라는 것은 아이 안의 잠재력을 '이끌어내는 것'이라는 해석이었다. 지금이야 이런 말들이 익숙하고 당연하게 들린다. 하지만 그 당시 책을 통해 아이 안에 있는 잠재력을 끌어내는 것이 교육이고, 참 중요한 의미를 내포하고 있음을 처음으로 깨달았다.

그렇다면 아이 안에 잠재되어 있는 무궁무진한 능력들이 아이의 성장과정에서 사장되지 않고 빛을 발하려면 어떻게 하는 것이 좋을까? 인위적으로 억지로 끌어내려 하지 말고 '자연스러운 교육'을 통해서 가능할 것이라는 결론이 났다. 학교보다 자연스러운 교육환경으로 홈스쿨링은 참 괜찮은 방법이라는 결론과 함께 말이다.

그러는 사이 아이는 7세가 되었다. 추운 겨울 어느 날 우편함에 취학통지서가 도착해 있었다. 아이가 7세 될 무렵부터 동네 학교 앞을 지나갈 때 학교는 어떤 곳인지, 한 반에 친구들은 대략 몇 명인지, 어떤 식으로 배우는 곳인지 아이의 눈높이에 맞춰 설명해주곤 했었다.

엄마표 영어를 하기 전에 아이에게 설명해주었던 것처럼, 학원들이 밀집해 있는 상가를 보면서도 과목별로 어떻게 배우는지, 학교와 홈스쿨링의 장단점과 특징은 무엇인지 최대한 자세하게 설명해주려고 노력했다. 아직 어린아이였지만, 아이가 이해할 수 있다고 믿었다.

홈스쿨을 선택했다가 다시 학교로 갈 수 있다는 점도, 반대로 학교에 다니다가 홈스쿨을 다시 할 수 있다는 사실도 함께 알려주었다. 그러한 대화를 나누면서 아이는 7세 여름 무렵, 본인은 홈스쿨링을 하고 싶다는 의견을 주었다.

내 아이 맞춤식 교육, 홈스쿨링

　홈스쿨링을 하면서 가장 많이 받은 질문은, "왜 홈스쿨링을 선택했는가?"였다. 그 이유가 많이 궁금하셨나보다. 질문하는 분들과 이야기를 나누며 그들의 생각을 가만히 들여다보면 다음 세 가지로 정리되었다.

　아이가 혹시 영재라서?
　아니면 엄마가 선생님인가?
　아니면 종교적인 이유로?

　우리가 홈스쿨링을 선택한 이유는 아이가 영재여서도, 내가 선생님처럼 잘 가르칠 수 있는 실력이 있어서도, 종교적인 이유 때문도 아니었다. 그렇다고 당시 교육에 대한 거창한 계획이 있었던 것도 아니었다. 우리가 홈스쿨링을 선택한 대표적인 이유는 4가지다.

　==첫 번째, '내 아이 맞춤형 자유로운 배움'이었다.==
　아이의 성장과정에 따라 교육을 자유롭게 '선택해 나갈 수 있는 자유'는 굉장히 중요하다. 왜냐하면 아이들은 배움의 속도, 이해하고 받아들이는 방식도 모두 다르기 때문이다. 아이들에게 맞는 교육 방식으로 이끌어주는 것이 가장 효과적이고 좋은 교육이라고 생각했다.

선생님 한 분에 수많은 아이들이 함께 배우는 교실 환경에서는 그러한 조건이 아무래도 충족되기 어렵다고 판단했다. 가정에서 아이를 관찰하며 적절한 타이밍에 내 아이에게 잘 맞는 방식을 찾아나가며 배워가기에 홈스쿨링은 최적의 선택지였다. 무엇보다 엄마와 정서적으로 함께 교류하며 안정적으로 아이가 성장해 나갈 수 있는 환경이 가정이라고 생각할 때, 이러한 것들을 가장 잘 해나갈 수 있는 방식과 환경은 홈스쿨링이라는 결론을 내렸다.

홈스쿨링을 잘 모르는 분들은 아이가 학교에 안 다닌다고 하면 어떻게 공부하는지, 친구는 어떻게 만나는지 등을 걱정한다. 우리는 학교를 포기한 것일 뿐, 학습을 포기한 것이 아니었다. 학교에 가야만 공부를 하고 친구를 만날 수 있는 건 아니다. 홈스쿨링 모임이 지역별로 많이 활성화되어 있다. 동네 혹은 학원에서도 친구들을 만나고 사귈 수 있다.

꼭 홈스쿨링이 아니어도 그 무엇을 하든 내가 하기 나름이다. 이래서 안 되고 저래서 안 되고…, 힘든 이유를 찾다보면 현실도 정말 그렇게 흘러간다. 반대로 이런저런 어려움이 조금씩 있지만 문제를 해결하고자 하는 의지만 있다면, 그 과정에서 좋은 대안을 찾게 된다. 그렇게 노력하는 과정에서 엄마인 나도 한층 성장하는 것을 여러 번 경험했다.

두 번째, 가장 편안한 상태에서 자유롭게 배워나갈 수 있다.

긴장감을 느끼는 교실 환경보다는 칭찬과 격려, 사랑과 배려를 받는 편안한 환경에서 아이가 보다 잘 배울 수 있을 것이라 생각했다. 여기서 내가 말하는 '배움'의 정의는 조금 다르다. 국, 영, 수 등의 학습 과목을 골고루 뛰어나게 잘하는 배움을 의미하지 않는다. 애초부터 아이에게 학습에 대한 큰 부담을 주지 않으면서, 아이가 타고난 본연의 모습을 잘 지켜나가며 개발해가기를 바랐다. 그러기 위해서는 전통적인 학교 환경보다는 안정적이고 편안한 가정에서의 홈스쿨링이 보다 적합하다고 생각했다.

==세 번째, 학교 교육은 너무 경쟁적이고 입시에 초점이 맞춰져 있다.==

당연한 말이지만 한 사람 한 사람에게 교육은 굉장히 중요하다. 그런데 우리나라는 교육 자체보다 입시에 더 집중되어 있다. 이런 전제조건 속에서 아이의 관심과 적성에 맞는 교육을 하기는 어려울 것이라 생각했다. 그러다보니 경쟁이 과열되고 줄 세우기식 교육이 될 수밖에 없다. 아이가 입시만을 위한 교육 환경에서 공부하기를 원치 않았다. 한 사람이 성장해가는 과정 그 자체가 교육이 되었으면 했다. 진짜 교육, 진짜 공부를 통해서 보다 좋은 사람으로 성장해가기를 바랐다.

==네 번째, 자의로 선택할 수 없는 공교육 환경이었다.==

아이가 학교에 머무는 동안 가장 많은 시간을 보내는 사람은 친구들과 선생님이다. 나는 선생님의 역할이 굉장히 중요하다고 생각한다. 아이가 어떤 선생님을 만나느냐에 따라 아이들의 인생이 바뀔 수도 있기 때문이다. 학교뿐 아니라 예체능 사교육 학원을 선택할 때도 가장 중요시 여기는 점은 잘 짜인 커리큘럼보다 선생님 자체였다. 훌륭한 선생님들이 훨씬 많지만, 간혹 그렇지 않은 경우를 매스컴을 통해 접하곤 한다.

학습의 주체인 아이들은 선생님을 선택하지 못한다. 그야말로 복불복이다. 만약 매스컴에서 안 좋은 소식으로 접하는 경우의 선생님을 만난다면 아이들은 꼼짝없이 1년을 참고 견뎌야 한다. 이러한 상황이 아이들에게는 아동학대와 다를 바 없다고 생각했다.

요즘은 같은 반 친구들로부터 괴롭힘을 당하거나 왕따 혹은 폭력 문제에 노출되는 일도 비일비재하다. 더 심각한 문제는 학교는 사건이 발생했을 때 올바른 처리과정을 거치기보다는 사건을 축소하고 은폐하려는 쪽을 택하는 경우가 많아 보인다. 갈수록 점점 더 염려스럽고 심각해지는 아이들, 그래서 가슴에 피멍 든 부모들의 이야기도 매스컴에서 끊임없이 들려온다.

뉴스에 나오는 가해자인 아이가 정말 초등학생, 중학생이 맞는지 의심할 정도로 놀라운 일들이 현실에서 벌어지고 있다. 가슴을 서늘하게 하는 내용들을 접할 때마다 홈스쿨링을 하고 있다는 사실이 새삼 감사하게 느껴지곤 했다.

아이가 5세 때 어린이집을 잠시 다닌 것 외에는 태어나서부터 대부분을 아이와 함께 했기 때문에 아이 나이가 곧 우리가 홈스쿨링을 진행한 시간이다. 2025년 기준 우리의 홈스쿨링 역사는 15년 차다.

이번에는 홈스쿨링의 장단점에 대해서도 생각해보면 좋겠다. 먼저 장점은 다음과 같다.

1. 배움의 주체인 아이에게 최적의 1대1 맞춤식 학습이 가능하다. 아이의 이해도에 따라 진도를 유연하게 나갈 수 있고, 아이의 학습 스타일에 맞춰서 공부할 수 있다.
2. 편안한 환경인 가정에서 잘 성장해 나갈 수 있다.
3. 학습 진도나 계획을 언제든지 수정할 수 있다.
4. 자기주도 학습을 보다 잘 할 수 있다.
5. 또래들의 압박이나 학교 폭력으로부터 안전하다.

6. 학교에 오가는 시간과 에너지를 줄여 아이의 관심 분야에 더 깊이 몰입할 수 있고, 이 몰입이 진로 탐색의 좋은 기회가 될 수 있다.
7. 영재인 아이들, 아픈 아이들, 친구관계에 어려움을 겪는 아이들, 예체능을 전공하고자 하는 아이들에게는 홈스쿨링이 참 좋은 대안이다.
8. 아이와 함께 하는 동안 대화도 많이 나누고 가까이에서 지켜보면서 잘 이해하고 파악할 수 있기 때문에 재능을 보다 빨리 발견할 수 있다.
9. 복잡한 주말 대신 평일에 미술관, 박물관 등을 여유롭게 이용할 수 있다. 비싼 성수기를 피해 비수기에 휴가 및 여행 계획을 세우기에도 좋다.

반대로 단점은 다음과 같다.
1. 친구와의 교류가 적어질 수 있다.
2. 삼시 세 끼 챙기는 엄마가 조금 힘들다.
3. 엄마의 독서가 중요하다.
4. 늘 가까이 있다 보면 아이의 단점이 부각되어 잔소리가 늘어날 수 있다.
5. 홈스쿨링을 반대하는 친척이나 주위 시선이 부담스러울 수 있다.
6. 아이에게 집중하다보니 아이가 어릴 때는 엄마의 개인 시간을 갖기가 어렵다.
7. 부부 중 한 사람이 반대하면 홈스쿨링을 하기 힘들다.

위와 같은 단점을 보완하는 방법은 다음과 같다.

1. 친구 문제는 홈스쿨 하는 가정들과의 모임이나 지역 모임도 있으니 관심을 가지고 정기적으로 모임에 참여하는 방법으로 보완할 수 있다.
2. 매 끼 식사를 챙기는 일이 힘들지만, 엄마로서 자녀의 식사를 준비하고 함께 밥을 먹으며 대화를 나누는 시간은 훨씬 가치 있고 의미 있음을 기억하면 좋겠다.
3. 굳이 홈스쿨링이 아니어도 엄마의 독서는 중요하다. 하지만 홈스쿨링을 하는 엄마에게 독서는 더욱 더 중요하다. 엄마가 책을 읽는 모습을 보여주는 것만으로도 아이들에게 좋은 영향을 줄 수 있다.
4. 완벽한 홈스쿨링은 없다. 서로 이해하고, 배려하는 법을 배우고, 약간의 거리를 유지하는 법, 아이를 믿고 기다리는 법 등을 배워나가게 된다. 시행착오를 거치며 아이도 엄마도 함께 성장할 수 있다.
5. 처음 홈스쿨링을 시작하는 단계에서 많은 분들이 부담을 느끼는 게 사실이다. 하지만 부담을 조금은 내려놓아도 좋다. 누구나 다른 모습으로 살아간다. 일일이 설득하려고 하기보다는 간단히 설명만 하는 정도로 넘어가도 된다. 내 아이의 교육을 책임지는 사람은 학교나 친척, 지인들이 아닌 바로 엄마(부모)인 나라는 사실을 기억하자.
6. 아이들이 어릴 때는 아무래도 엄마의 손이 많이 가는 시기이므로 엄마의 개인시간을 갖기가 어렵다. 나 역시 그랬다. 하지만 그 시간이 영원한 것은 아니므로 힘을 내면 좋겠다. 아이들은 생각보다 금세 자란다. 지금 이 시간은 절대로 다시 돌아오지 않는다. 아이

들과 지지고 볶으며 마음껏 누리고 사랑하며 보내기에도 매우 짧다.

7. 보통 엄마들은 홈스쿨링을 하고자 하고, 아빠들은 반대하는 가정이 많다. 부부가 같은 뜻을 가지고 한 방향을 바라보면 가장 좋겠지만 그렇지 않은 경우라면 시간을 두고 부부가 대화를 많이 나눠보기를 추천한다. 아이 교육 문제로 부부 사이가 멀어지면 안 되니 지혜롭게 천천히 풀어나가면 좋겠다.

장단점을 차분히 생각해보면서 우리에게 가장 잘 맞는 방식의 교육을 선택하면 된다. 만약 누군가가 내게 홈스쿨링을 다시 결정해야 하는 그 시점으로 돌아가서 어떤 선택을 할 것인지 묻는다면, 주저 없이 홈스쿨링을 선택한다고 대답할 것이다. 그만큼 아이들과 여유 있고 안정적으로 보냈고, 그 시간 속에서 아이들이 잘 자랄 수 있었다. 또한 이토록 장점이 많은 홈스쿨링을 직접 경험했기 때문이다.

홈스쿨링
행정 절차

취학통지서를 받은 후에는 홈스쿨링 행정절차를 다시 한 번 점검해 보았다. 예비소집일 전날에는 아이에게 내일 학교에 함께 다녀와야 한다고 설명해주었다. 예비소집일 당일, 아이 손을 잡고 배정받은 학교로 향했다. 교장실에 찾아가서 우리는 홈스쿨링 예정이니 정원외관리로 행정 처리를 부탁드렸다.

그날 뵈었던 선생님은 무슨 말인지 바로 이해하셨다. '사유서'라고 적힌 종이를 주시며 어떤 이유로 홈스쿨링을 하는지 간단히 적어달라고 하셨다. 그리고 학적을 담당하시는 선생님께서 따로 전화를 주실 테니 돌아가도 좋다고 하셨다. 생각 외로 간단하게 끝내고 홀가분한 마음으로 집으로 돌아왔다.

간혹 홈스쿨링 행정 처리를 처음 해보는 학교에서 절차를 잘 몰라서 학부모가 설명해야 하는 경우도 있다. 홈스쿨링을 안 좋게 생각하는 교장 선생님을 만나면 회유하시며 힘든 과정을 겪는 경우도 있는 것 같다. 그야말로 어떤 학교, 어떤 선생님을 만나느냐에 따라 수월하게 절차를 진행하느냐, 조금 복잡하게 하느냐의 차이가 있을 뿐이다.

수월하지 않은 경우에도 학교나 선생님을 향해 불만을 가질 필요는 전혀 없다. 선생님 입장에서도 간단하게 일괄적인 처리가 아닌, 따로 신경 쓰고 챙겨야 하는 부분이니 최대한 마음을 열고 협조하면서 잘 마무리하면 된다. 사람이 하는 일이니만큼 선생님과 학교의 입장을 헤아려 본다면 학교와 감정이 상해가면서 일을 진행할 필요는 없다.

예비소집일 며칠 후 학적 담당 선생님에게 전화가 왔다. 이 선생님께서는 전에 계시던 학교에서 홈스쿨링 케이스의 행정 처리를 해보신 분이라고 소개하셨다. 경험이 있는 선생님을 만난 것이 감사했다. 일주일쯤 후에 교감선생님, 교육청 직원 두 분이 가정방문을 하실 거라는 말씀이었다. 어떤 학교는 경찰이나 동사무소 직원이 동행하기도 한다. 학교에 가지 않는 아이들 중에 간혹 아동학대 피해자로 뉴스에 나오는 경우가 있다 보니 절차상 필요하겠다 싶었다.

우리는 경험하지는 않았지만, 학교에서 '의무교육 학생관리위원회'를 하기도 한다. 일주일 후 가정방문을 오셔서 30여 분간 거실에서 함께 이야기를 나누었다. 교감선생님께서는 앞으로 우리의 교육 방향을 물으셨다. 필요하다면 사교육을 이용할 생각, 향후 아이가 학교에 가기를 원한다면 주저 없이 학교에 다시 갈 계획 등을 진솔하게 말씀드렸다.

홈스쿨링
용어 설명

1. 홈스쿨링 하던 아이가 다시 학교에 가고 싶다면?

홈스쿨링을 하다가 아이가 학교에 가고 싶어하는 경우도 있다. 그럴 때는 학교에 연락 후 해당 학년으로 바로 들어갈 수 있는지 여부를 판단하기 위해서 '교과목 이수평가' 시험을 본다. 아이가 평소 기본적인 학습을 잘 해왔다면 대부분 바로 제 학년으로 합류할 수 있다.

2. 검정고시

우리는 4학년 무렵까지는 국내 검정고시를 계획하고 있었지만, 5학년 이후 미국 온라인 스쿨에 입학하면서 검정고시는 고려 대상이 되지 않았다. 직접 경험해보지는 못했지만 검정고시 정보가 필요한 분들을 위해 간략히 설명해본다.

검정고시는 연 2회(4월, 8월) 시행한다. 원서접수는 시험 두 달 전인 2월과 6월에 하면 된다. 전 과목 평균점수가 60점 이상이면 합격하는 절대평가다. 초졸 학력 검정고시에서 필수과목은 국어, 사회, 수학, 과학 4과목이다. 도덕, 체육, 음악, 미술, 실과, 영어 중에서 두 과목을 선택하면 된다.

한 가지 유의할 점은 초등학교 졸업 학력 검정고시는 나이 제한이 있다는 점이다. 초등학교 졸업 학력 검정고시는 만 12세가 되어야 시험에 응시할 수 있다. 중학교 졸업 학력 검정고시는 초졸 학력만 갖추면 나이 제한은 없다. 시험 접수 시 정원외관리명서를 출신 초등학교에서 발급받아서 첨부해야 한다. 검정고시 합격 후 합격증 사본과 함께 '의무취학면제'를 신청하면 된다.

3. 정원외관리

초등학교와 중학교는 의무교육이므로 자퇴가 인정되지 않는다. 그러므로 학교 측에 홈스쿨링을 하겠다는 의사를 전달하고 3개월 이상 결석할 경우 '정원외관리' 대상이 된다.

중학교는 배정받은 뒤 연간 출석일수의 3분의 1 이상 결석하면 출석 미달로 '정원외관리' 대상이 된다. 정원외관리 대상이 되어야 차후에 검정고시 자격이 주어진다. 간혹 정원외관리에 대한 경험이 없거나 학교 측의 업무상 편의를 위해서 '입학유예' 또는 '취학유예'로 권유하는 경우도 있다.

반대로 정원외관리 대상이 되면 가정방문을 받는 등의 불편함 때문에 오히려 학부모가 취학유예 신청을 하는 경우도 있다. 다음 설명처럼 질병, 발육 상태 등의 부득이한 사유가 없으면 취학유예를 할 수 없고 정원외관리로 신청해야 한다. 취학유예일 경우 매년 학기가 시작되기 전에 취학통지서가 다시 오고, 취학유예 신청서를 또 제출해야 한다. 정원외관리는 선생님께서 가끔 아이의 안부를 묻는 정도 외에는 더 이상 처리할 일이 없으므로 취학유예보다는 정원외관리 대상으로 하는 것이 더 좋겠다.

4. 취학유예

질병, 발육 상태 등 부득이한 사유로 취학이 어려운 경우 학교장의 승인을 받아 취학 의무를 일정 기간 미루는 것으로 기간은 1년 이내다.

5. 취학면제

취학 전후로 특수교육도 이수하기 어려운 정도의 장애, 질병 또는 이민, 사망, 인정유학 등 부득이한 사유로 의무교육 이행이 불가능한 경우 학교장의 승인을 받아 취학의무를 일시적 또는 종신적으로 면하는 것이다.

6. 의무교육을 이행하지 않으면 벌금이 있나요?

현행 '초중등교육법' 제68조에 의해 법으로 명시된 자녀의 권리인 의무교육을 이행하지 않을 시 100만 원 이하의 과태료를 부과한다고 규정되어 있다. 그러나 초중등교육법 제14조에는 취학의무에 대한 예외로 "질병 등 부득이한 사유로 인하여 취학이 불가능한 의무교육 대상자에 대하여는 대통령령이 정하는 바에 의하여 제13조의 규정에 의한 취학의무 면제를 유예할 수 있다"고 규정하고 있다. 취학의무의 면제, 유예를 명시하고 있는 것이다.

동법 시행령 제28조에는 해당학교의 장이 보호자의 신청으로 결정, 부득이한 이유일 경우 해당 학교장이 사유를 확인하고 유예 및 면제를 결정할 수 있다. 그리고 제29조 1항에는 3개월 이상 장기결석한 자에 대해서 학칙이 정하는 바에 따라 '정원외관리'를 할 수 있다고 명시되어 있다.

7. 초중등교육법 시행령 제28조(취학 의무의 면제, 유예)

1법 제14조에 따라 취학 의무를 면제 또는 유예 받으려는 아동이나 학생의 보호자는 해당 아동이나 학생이 취학할 예정이거나 취학중인 학교의 장에게 취학 의무의 면제 또는 유예를 신청해야 한다.

법제처[대통령령 제32547호, 2022.3.22. 일부 개정]

8. 세계인권선언문 제26조

1) 모든 사람은 교육 받을 권리가 있다. 적어도 초등교육과 기본교육 단계에서는 무상교육을 실시해야 한다. 초등교육은 의무적으로 실시해야 한다. 보통 사람들이 큰 어려움 없이 기술교육과 직업교육을 받을 수 있어야 하며, 고등교육은 오직 학업 능력으로만 판단하여 모든 사람에게 똑같이 개방되어야 한다.

2) 교육은 인격을 온전하게 발달시키고, 인권과 기본적 자유를 더욱 존중할 수 있도록 그 방향을 맞춰야 한다. 교육은 모든 국가, 모든 인종집단 또는 모든 종교집단이 서로 이해하며 서로 관용하며 친선을 도모할 수 있게 해야 하고, 평화를 유지하기 위한 유엔의 활동을 촉진해야 한다.

3) 부모는 자녀가 어떤 교육을 받을지를 우선적으로 선택할 권리가 있다.

＊세계인권선언문 제26조는 교육의 권리, 교육의 방향성, 부모의 자녀교육의 선택에 대한 3개 조항으로 이루어져 있다.

출처: 세계인권선언문 제26조 교육의 자유와 평등, 작성자: 국가인권위원회

현재 거의 모든 선진국에서는 홈스쿨링과 언스쿨링 등의 가정교육이 모두 합법성을 인정받고 있다. 물론 독일처럼 홈스쿨링을 인정하지 않는 나라도 있다. 홈스쿨링이 처음 시작된 미국에서는 1993년에 홈스쿨링의 모든 교육과정이 합법화되었다. 우리나라도 다양한 교육 방법이 합법적으로 인정되어 홈스쿨러들을 위한 보다 체계적인 시스템을 갖추게 되기를 희망한다.

9. 꿈드림(학교 밖 청소년 지원센터)

우리는 꿈드림 지원센터를 이용해본 경험은 없지만 필요한 경우 각 지역 꿈드림에 문의하면 홈스쿨링 가정에 도움이 될 것 같다.

청소년 1388 홈페이지

서비스 대상	주요 서비스
• 9~24세 청소년 중 아래에 해당하는 자 • 초중학교 입학 후 3개월 이상 결석하거나 취학 의무를 유예한 청소년 • 고등학교에서 제적·퇴학 처분을 받거나 자퇴한 청소년 • 고등학교 미진학 청소년	• 상담 지원 • 교육 지원(학업 동기 강화, 검정고시, 대학입시 등) • 직업 체험 및 취업 지원(진로 탐색, 직업역량 강화 프로그램, 진로체험 등) • 자립 지원(자기계발, 건강검진, 급식지원, 생활 지원 등)

* 지역별로 지원 범위와 내용에서 조금씩 차이가 있으므로 각 지역의 꿈드림에 문의해보면 좋겠다.

제일 많이 걱정하는
사회성 문제

　홈스쿨링에 대해 알아보던 당시 마음속에 가장 궁금하고 염려되었던 부분이 바로 사회성이었다. 홈스쿨링을 하면서도 많은 분들이 학교에 다니지 않는다고 하면 가장 먼저 사회성에 대한 염려하곤 했다. 충분히 이해된다.

　'학교를 다니지 않으면 정말 사회성에 문제가 생기는 걸까?'

　'반대로 학교에 다니는 모든 아이들은 사회성이 좋을까?'

　사회성에 대해 오랜 시간 고민하고, 홈스쿨링이 가장 보편적인 미국의 사례도 알아보았다. 결론부터 말하면 그렇지 않다. 아이들의 학업 성취 및 사회성 면에서 일반적으로 학교에 다니는 아이들보다 오히려 더 앞서고 있다는 연구 결과가 많았다.

　Ray와 HSLDA(1997)의 연구에 의하면, 홈스쿨 학생들은 미국 전국 표준화 학력검사에서 같은 학년의 공립학교 학생들에 비하여 읽기, 듣기, 수학, 사회, 과학 등 전 교과에 걸쳐서 성적이 월등하게 높은 것으로 나타났다. 홈스쿨 학생들은 과목에 따라 평균 상위 13%에서 20% 위치에 놓여 있다. 홈스쿨 학생들의 학업 성취는 학부모의 학력 수준과 상관없이 비슷하게 나타난다.

사회성에 대해 고민하던 당시, 사회성이 무엇인지 올바른 개념을 정립하는 것이 중요하다는 사실을 깨달았다. 사회성에 대한 사전적 의미를 살펴보면 다음과 같다.

사회생활을 하려는 인간의 근본 성질. 인격 혹은 성격 분류에 나타나는 특성의 하나로, 사회에 적응하는 개인의 소질이나 능력, 대인관계의 원만성 따위이다.

보통 사회성에 대해 생각할 때 대부분 사람들은 누구와도 원만하게 잘 어울리고, 인간관계도 좋은 적극적인 모습을 떠올릴 것이다. 하지만 내가 생각하는 '진정한 사회성'에 대한 정의는 이러하다.

나를 사랑하고 타인을 사랑하는 기본적인 마음에서 출발한 상대방을 향한 배려, 나보다 약자인 이들을 기꺼이 돕고자 하는 마음, 너와 내가 모두 소중한 존재라는 사실을 깊이 이해하고 있는 것, 사회적 규범을 잘 지키고 공동체 안에서 마음을 나누며, 좋은 호흡을 맞추기 위해 노력하는 것이다.

이러한 정의에 의하면, 사회성이 단순히 또래가 많이 모여 있는 집단인 학교에 있다고 해서 길러질 수 있을까? 극심한 경쟁 상황과 왕따 및 학교폭력 문제가 점점 심각해지고 있는 환경에서 진정한 사회성이 길러질 수 있을까를 생각해볼 수 있을 것 같다.

현재 학교의 모습 속에서 이러한 긍정적인 사회화는 어려울 것이라 생각했다. 사회성은 물론 중요하다. 하지만 좋은 사회성을 배울 수 있는 환경인지 아닌지 역시 중요하게 고려해보아야 한다. 그저 많은 아이들이 모여 있는 집단이라는 한 가지 이유만으로 좋은 사회성을 배울 수 있는 것은 아니기 때문이다.

학교뿐 아니라 가족 구성원으로서 한 울타리 안에서 생활한다고 거저 길러지는 것 또한 아닐 것이다. 부모가 어린 시절부터 아이를 양육하는 과정 가운데 함께 양질의 시간을 보내고 마음을 쓰고, 진정으로 사회성 있는 모습을 보여주어야 가능한 일일 것이다.

역으로 한 번 생각해보자. 영유아 시절 어린이집, 유치원, 초, 중, 고까지 긴 세월 아이들은 마치 정 코스인 것처럼 모든 과정을 마치고 사회에 진출한다. 그런데 이런 과정을 거쳐 사회생활하는 사람들 중에는 사회성이 좋은 사람도 있고, 그렇지 않은 사람도 있다. 사회성을 배우려면 학교에 반드시 가야 한다고 말하는데, 학교를 오래 다닌 사람 중에 왜 사회성이 좋지 않은 경우도 있는 걸까? 단순하게 사회성이라는 한 단어로 규정지을 수 없는, 여러 가지 측면을 고려해야 하는 것들이 있다는 의미일 것이다.

사회성이라는 단어 하나로 모든 것을 설명하기에는 역부족이라고 생각한다. 우리가 흔히 말하는 사회성은 사회성이라기보다는 각 개인의 타고난 성향, 즉 '개인의 성격'에 더 가깝다고 생각한다. 조금 다른 문제지만 넓게는 '인격(성품)'도 포함할 수 있을 것 같다.

적극적인 성향의 사람들도 있고, 소극적인 사람들도 있으며, 함께 어울리는 것을 좋아하는 성향의 사람들도 있고, 혼자가 더 편한 사람들도 있다. 개인차, 성격의 문제지 학교를 안 다녀서 사회성이 안 좋을 것이라는 생각은 편견일 뿐이다(평범한 사회생활이 어려울 정도로 심각하게 사회성이 결여된 사람들은 논외로 하겠다. 그들도 대부분 학교를 다녔다.).

조금 다른 것일 뿐 다름이 나쁜 것은 아니다. 다양한 사람들이 존재하고, 그 다양성 덕분에 세상이 더 재밌는 게 아닐까. 모두가 똑같다고 상상해 보면 오히려 더 이상할 것이다. 서로의 다름을 존중하는 태도가 중요하다.

우리 집은
동네 사랑방

첫째가 여덟 살이던 따뜻한 봄날, 아이는 친구들과 놀고 싶어 했다. 홈스쿨링 모임도 생각해봤지만 당시 상당 부분 기독교 중심으로 모임이 형성되어 있었다. 그런 모임을 미취학 때 몇 번 아이와 참석해본 적이 있지만 나와 맞지 않는 보수적인 면들이 있어서 그 후로는 참여하지 않았다.

우리는 종교적인 이유로 홈스쿨링을 한 것이 아니었기 때문에 다른 방법을 생각해보았다. 친구들을 어떻게 만날 수 있을까 고민하던 어느 날, 놀이터에 나갔던 아이가 한 친구와 대화를 나누고 함께 놀다가 집으로 같이 놀러 와도 되는지를 전화로 물었다. 당연히 대환영이었다.

당시에는 경기도의 작은 미니 신도시에 살았는데, 신도시 특성상 동네의 모든 아이들이 우리처럼 이제 막 이사를 와서 친구가 필요했던 시기였다. 덕분에 친구 사귀기가 참 좋은 환경이었다. 그때 우리 집을 완전히 오픈하기로 마음먹었다.

늦둥이 둘째가 기어다니던 시기였기 때문에 온종일 아기를 돌보기에도 정신 없을 때였지만, 첫째 아이를 위해 집을 오픈하는 것이 좋겠다 싶었다. 점점 많은 아이들이 우리 집에 놀러오기 시작했다. 열심히 간식을 준비하면서 아예 우리 집을 '사랑방'으로 만들어야겠다고 결심했다.

처음 놀러온 친구들, 그 친구의 친구들, 축구장에서 함께 놀던 다른 친구들까지 합세하기 시작했다. 단지 내 놀이터, 축구장에서 신나게 놀다가 우리 집으로 몰려와서 간식을 먹으며 놀기도 쉬기도 했다. 그렇게 우리 집은 시끌벅적한 동네 사랑방이 되어갔다.

어느 날 모르는 분이 초인종을 눌렀다. 우리 집에 자주 놀러오는 아이의 어머니셨다. 워킹맘이셨는데 우리 집에 자주 놀러가고 밥과 간식도 먹는다는 이야기를 아이에게 전해 들으시고는 고마운 마음을 전하고자 오신 것이었다. 과일과 빵 등 선물을 양손에 잔뜩 들고 우리 집에 방문하는 어머니들과는 티타임을 가지며 이야기꽃을 피우기도 했다. 한 어머니는 아들이 학교에서 왕따까지는 아니었지만, 친구가 없어서 어려움을 겪었는데 우리 아이와 놀면서 친구가 생긴 덕분인지 많이 밝아졌다며 기쁘고 고마운 마음에 눈시울을 붉히셨다.

방학이면 아이 친구들과 함께 눈썰매장도 가고, 우리 집에 모여서 친구들의 생일파티를 하기도 했다. 항상 우리 집에 아이들이 함께 있었기 때문에 내가 먼저 어머니들에게 의견을 여쭤었다. 어머니들은 너무 감사해 하며 피자, 김밥, 치킨 등을 주문해주시곤 했다. 어디서 생일파티를 하는지보다 누구와 함께 하는지가 더 중요하다고 생각했다. 때문에 내 아이의 생일은 아니었지만 소중한 친구들의 생일파티를 함께 하며 추억을 쌓는 일도 의미가 있었다. 준비하는 과정에서 아이도 나도 친구들도 모두 즐거웠다.

어떤 아이는 우리 집을 '천국'이라고 표현했다. 아줌마가 친절하게 대해주고, 맛있는 것도 만들어주고, 간식도 종류별로 많아서 편안하게 느꼈던 것 같다. 그 아이의 말을 들으면서 참 고마웠다. 우리 집에 오는 것이 얼마나 좋으면 천국이라고 표현해주었을까! 나는 아이들이 모두

천사라고 생각한다. 세상 모든 아이들은 천사처럼 예쁘고 귀하고 사랑스럽다. 우리를 보다 나은 사람으로 성장시켜주는 존재가 바로 아이들이다. 이 아이들이 나의 스승이라는 생각을 자주 한다.

우리 집에는 보드게임 종류가 꽤 많이 있었는데, 친구들이 많이 놀러오면서 취향에 따라 더 즐겁게 놀 수 있도록 다양한 종류의 보드게임을 추가로 준비해두기도 했다. 무더운 여름날 온몸이 땀범벅되고, 얼굴은 벌겋게 익은 채 지칠 줄 모르고 친구들과 뛰어놀며 추억 가득했던 그 동네를 아이는 지금도 소중한 추억으로 간직하고 있다. 함께 놀던 형이 편의점에서 아이스크림을 사주었다며 좋아하던 모습, 친구가 베이블레이드를 주었다고 신나하던 모습, 많은 친구들로 아이 방이 꽉 차 있던 모습 등은 나에게도 좋은 추억으로 남아 있다.

홈스쿨링을 하면 학교에 다니는 것보다 친구들을 만날 수 있는 환경이 제한적일 수 있다. 때문에 다양한 외부 모임을 통해서 이를 보완해야 하는데, 요즘은 홈스쿨링 모임이 지역별로도 활성화되어 있으니 주변에서 이런 모임을 적극적으로 찾아보는 것도 좋다. 동네에서도 얼마든지 친구들을 많이 사귈 수 있다. 학원을 다니면서 친구들을 사귀는 아이들도 있고, 우리처럼 놀이터에서도 친구를 사귈 수 있다. 친구 문제는 보완할 수 있는 방법이 많으니 다양한 경로를 알아봐도 좋다. 뜻이 있는 곳에 길이 있다.

선진국에서는
당연한 홈스쿨링

한국은 홈스쿨링 자체가 불법은 아니지만, 법적 지원이나 제도가 불분명하다. 여전히 사회적 인식이 부족하고 제도적 뒷받침이 부족하다는 점이 아쉽지만 기술 발전과 코로나 팬데믹 이후 온라인 교육의 확산으로 홈스쿨링에 대한 관심이 전 세계적으로 증가하고 있다. 우리나라도 점차 인식이 개선되길 바란다.

지금까지 우리의 홈스쿨링과 정보에 대해 이야기했다. 이제 선진국 홈스쿨링 사례도 간단히 살펴보자. 각 나라별로 법과 규제는 조금씩 다르지만 홈스쿨링이 합법인 나라는 많다. 선진국의 홈스쿨링 사례는 다양하며, 각 나라의 교육 시스템과 문화에 따라 다르게 운영되고 있다.

1. 미국

미국은 홈스쿨링이 매우 널리 퍼져 있다. 홈스쿨링이 합법이며 많은 주에서 부모가 자신의 자녀를 교육할 수 있는 자유가 보장되어 있다. 주마다 규정이 다르며, 일부는 커리큘럼을 엄격하게 규제한다. 어떤 주는 부모에게 더 많은 자유를 준다. 홈스쿨링 커뮤니티도 활성화되어 있어 지원 그룹과 자원이 공유된다.

2. 캐나다

캐나다에서도 홈스쿨링이 널리 퍼져 있으며 모든 주에서 합법이다. 각 주마다 규제가 다르다. 일부 주에서는 홈스쿨링 가정에게 재정적으로 지원하거나 주 정부가 제공하는 프로그램에 참여할 수 있는 기회를 제공한다.

3. 영국

영국에서도 홈스쿨링이 합법이다. 부모는 자녀를 홈스쿨링할 수 있으며, 정부 등록이 필요하지 않다. 'Elcetive Home Education[EHE]'이라는 이름으로 불린다. 부모는 지방단체에 홈스쿨링 사실을 알릴 의무가 있지만 엄격하게 감독하지는 않는다.

4. 호주

호주 역시 홈스쿨링이 합법이다. 각 주별로 홈스쿨링에 대한 규정이 다르지만, 주정부에 자녀의 교육 과정을 등록해야 한다. 다양한 지원 단체와 자원이 존재하고 주정부의 지원을 받을 수 있다.

5. 스웨덴

스웨덴에서는 홈스쿨링이 가능하지만, 규제가 비교적 엄격하다. 부모는 자녀에게 양질의 교육을 제공해야 하며, 정부의 감독을 받아야 한다.

6. 프랑스

홈스쿨링이 합법이지만 규제가 강화되고 있는 추세다.

2장

일단 7억 벌고 가세요

7억 국제학교 VS 온라인 미국 초중고

네? 학비만 7억이요? 애가 둘, 셋이면요?

연예인 자녀들이 많이 다닌다는 인천 송도의 한 국제학교 학비다. 이 국제학교를 유치원부터 고등학교까지 다니면 학비만 7억이라는 기사를 봤다. 귀족학교라 불릴 만큼 입이 떡 벌어지는 비용이다. 학비만 드는 것이 아니다. 국제학교를 선택했다는 것은 대부분 고등학교 졸업 후 유학을 계획하고 있을 테니 대학 이후 유학비용까지 생각하면 굉장한 높은 비용이 예상된다.

송도의 국제학교뿐만이 아니다. 제주에 있는 국제학교도 연간 학비가 만만치 않다. 물론 비싼 학비만큼 국제학교만의 여러 가지 장점도 많다. 하지만 모두 국제학교를 보낼 수도 없고, 비싼 학비 대비 교육의 질이 낮은 미인가, 미인증 국제학교들도 많다.

이런 아이들에게 좋은 대안이 바로 '온라인 국제학교Online High School'다. 보통 '미국 온라인 스쿨'이라 칭한다. 비싼 학비 대비 교육의 질이 낮은 국내 미인가, 미인증 국제학교 대신 미국의 정식 인가를 받은 온라인 스쿨을 선택하는 학생들이 최근 늘어나고 있다.

학력 인증 온라인 스쿨이므로 미국 정식 고등학교의 졸업장을 받는 과정이다. 오프라인 학교와 다른 점이 있다면 수업 공간, 즉 학교에 가서 공부하는 것과 집에서 공부하는 것의 차이다. 특히 우리처럼 홈스쿨링을 하면서 검정고시로 학력을 취득하려는 학생들에게는 아주 좋은 대안이다. 다만, 미국의 온라인 스쿨은 국내에는 아직 잘 알려져 있지 않다. 영어도 준비되지 않은 상황이다보니 대부분 검정고시를 준비한다.

우리나라에 미국 온라인 스쿨이 조금씩 알려지게 된 계기는 코로나 때문이었다. 해외로 조기유학을 갔던 아이들이 코로나로 귀국하기 시작했다. 이 아이들이 학업을 이어가기 위해 국제학교로 입학하다보니 당시 국내 국제학교에 자리가 없어서 발을 동동 구르는 학부모들의 이야기가 교육 관련 카페에 올라오곤 했다. 해외에서 영어로 공부하던 아이들이니 기존 학습을 이어가야만 했다. 이러한 경우도 온라인 스쿨이 좋은 대안이 될 수 있다. 하지만 미국에서 공부하고 온 분들 중에도 온라인 스쿨을 아는 사람들은 당시에도 거의 없었기 때문에 이렇게 좋은 대안을 잘 활용하는 리터니들은 아주 소수에 불과했다.

우리는 우연히 이 길을 알게 되었고 오랜 시간 학교들을 비교해보고 한 학교를 선택해 5학년에 온라인 스쿨 학생이 되어 공부하고 있을 때였다. 이후 코로나로 아이들이 학교에 등교하지 못하는 사태가 벌어졌고, 전 세계적으로 어려운 시기를 겪게 되었다. 그런 상황 속에서 바이러스로부터 안전하고 학습 공백 염려 없이 편안하게 일상을 보낼 수 있는 홈스쿨링 라이프 스타일에 감사했다.

미국 온라인 스쿨의 역사는 100년이 넘었다. 온라인 스쿨의 장점 또한 많다. 시스템이 잘 갖추어져 있고, 입학 시기가 정해져 있는 학교에 비해 1년 내내 입학 등록이 가능하다는 장점이 있다. 홈스쿨링처럼 아이들 각자 개인의 학습 속도와 이해도에 맞춘 수업이 가능하다. 고가의 유학, 국제학교에 비해 훨씬 저렴한 비용으로 안정적으로 학습할 수 있다. 또한 불필요한 활동들이 배제되므로 1~2년 정도 조기 졸업하는 경우도 많다. 미국 현지 졸업식 참석도 가능하다.

올해 중3 나이인 15세 큰 아이는 2025년 3월 미국 고등학교를 졸업했다. 앞에서도 언급했지만 이 이야기만 듣고 아이가 영재거나 엄마가 선생님이거나 특별한 무언가가 있다고 오해하는데 전혀 그렇지 않다. 평범한 아이와 엄마다. 엄마인 나는 심지어 영어도 잘 못한다. 엄마가 영어를 못해도 엄마표 영어를 꾸준히 실천한 덕분에 잘하게 된 것일 뿐이다. 결코 특별해서가 아니다. 정확히 말하면, 특별해서 이렇게 다른 길을 걸어온 것이 아니라, 그 길을 포기하지 않고 걸어왔더니 특별해진 것이라고 생각한다. 그래서 지금의 내가 많은 엄마들에게 '언니'가 된 것이 아닐까 싶다.

온라인 학습의 또 다른 장점은 유연한 학습이다. 건강상 어려움이 있는 학생이나 학교에서 이런저런 어려움을 겪고 있는 학생들에게도 좋은 대안이 된다. 온라인 스쿨의 연간학비 또한 학교마다 다소 차이는 있지만 대체로 저렴한 편이다. 사교육비를 조금 줄이면 충분히 부담 없이 공부할 수 있는 금액이다. 몇 년 전 모 연예인의 자녀가 한 온라인 스쿨에서 공부하는 모습이 방송에 나온 이후 그 온라인 스쿨은 한국에서 꽤 인지도가 높아지기도 했다.

여러 가지 장점이 많은 온라인 스쿨이지만 친구관계나 야외활동 부분도 고려해봐야 하는데, 충분히 보완이 가능하다. 우리 역시 온라인 스쿨을 하고 있고 이러한 부분이 아이들이나 부모들에게 필요하기 때문에 온라인 스쿨 커뮤니티를 만들었고, 함께 할 수 있는 장을 앞으로도 더 마련해 나갈 계획이다.

엄청난 금액을 교육비에 쓰지 않아도 충분히 양질의 교육을 받을 수 있는 시대다. 현재 대한민국은 너무 많은 비용이 교육비로 쓰이고 있다. 그로 인해 많은 부모들이 힘들어 한다. 아는 만큼 보인다는 말이 있다. 정보가 넘쳐나는 세상에서 좋은 정보를 찾는 노력과 함께 우리에게 꼭 필요한 정보를 구분할 수 있는 안목도 갖추어야 한다. 직접 경험해보니 그 과정이 그렇게 어렵다거나 특별한 누군가만 할 수 있는 건 아니었다. 영어를 잘 못하는 나도 한 걸 보면, 뒤따라오는 많은 후배 부모들은 더 잘 할 수 있을 거라 생각한다.

왜 학원에 다녀도
성적은 오르지 않을까?

    일명 '학원 뺑뺑이'를 돌고 초등학교 시절부터 편의점에서 끼니를 때우거나 '혼밥'을 먹으며 사교육에 올인하는 아이들이 많다. 영유아부터 시작된 사교육 열풍은 학교에 입학하면서 본격적인 '사교육 전쟁'으로 발전한다. 학년이 올라갈수록 점점 높아지는 사교육비에 비례해서 학원에서 보내는 시간도 늘어난다. 아이들은 학교와 학원에서 오랜 시간 수업을 듣는다. 언뜻 보면 굉장히 열심히 공부하는 것 같지만 그냥 앉아서 수업을 '듣는 것'과 주도적으로 '공부하는 것'은 엄연히 다르다.

    잠을 잘 때, TV를 시청할 때, 공부할 때 각각 사람의 뇌파를 촬영한 결과를 살펴보면, 잘 때는 의외로 뇌파가 활성화된 결과를 볼 수 있다. 인간의 뇌는 잠을 잘 때도 많은 일을 하기 때문이다. 하루 동안 받아들인 정보들을 분류하고 정리하는데, 이때 뇌파가 활발하게 움직인다. 잠이 들고 렘수면에 들어가면 뇌파가 잠잠해지는데, 뇌가 휴식을 취하는 것이다. 각각의 상황에 대한 뇌파 결과를 그래프로 간단히 살펴보자.

    TV를 시청할 때 뇌파는 미동만 있다. 깊은 생각을 하거나 정보를 처리할 필요가 없기 때문이다. 공부할 때 뇌파는(수업을 듣는 것이 아닌 자기주도학습을 할 때) 아주 활발하게 움직인다. 수업을 들을 때의 뇌파는 잠을 잘 때와 TV를 볼 때보다 잠잠하다.

★ TV를 시청할 때와 공부할 때의 뇌파 그래프

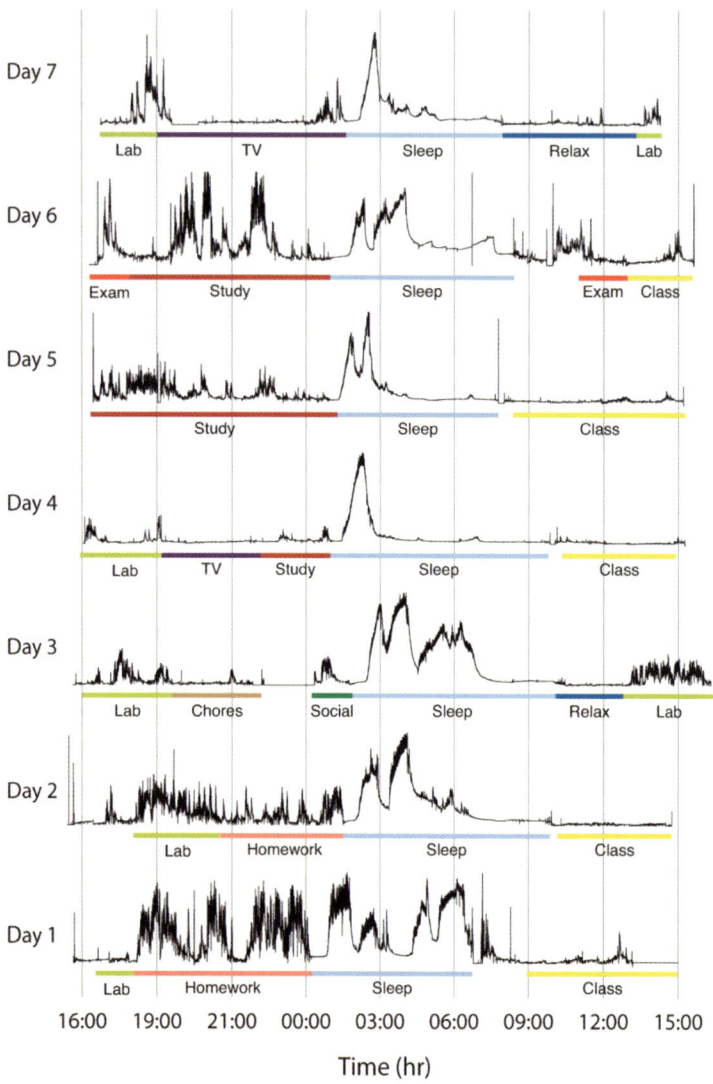

출처: Swenson, N.C., and R.W. Picard, with Ming-Zher Poh. "A Wearable Sensor for Unobtrusive, Long-Term Assessment of Electrodermal Activity." Biomedical Engineering, IEEE Transactions On 57.5 (2010) : 1243-1252. Copyright © 2010, IEEE

왜 그럴까? 수업의 주체가 학생이 아닌 '선생님'이기 때문이다. 선생님 주도로 수업을 하고 학생들은 가만히 앉아서 '듣고만' 있기 때문에 뇌가 활동하지 않는 것이다. 이 문제는 '주입식 교육'과도 관련 있다. 교실에 착실하게 앉아 있지만 수동적인 주입식 교육을 받는 아이들의 교감신경계는 거의 활성화되지 않는다. 아이들이 교실에서 자는 것도 이해가 된다. 뇌가 활발하게 움직이지 않는 정지 상태이니 잠이 올 만도 하지 않을까.

주입식 교육 대신 학생들이 능동적으로 활발하게 참여하는 수업 방향으로 바뀌어야 한다. 부모들은 큰 비용을 들여서 학원에 등록시켜주고 역할을 다했다고 생각하거나, 다른 아이들이 모두 다니는 학원에 내 아이가 있는 것만으로 안도한다. 하지만 학원을 아무리 많이 다녀도 주도적인 학습이 아닌 앉아서 수업을 '듣기만' 하기 때문에 사실상 성적이 오를 수 없는 구조다. 시험 보는 기술을 터득할 수 있을지는 모르겠으나 '들어서 아는 것'과 들은 것을 내 것으로 소화시키고 지식으로 만드는 것은 별개의 문제다.

학원을 많이 다니면서도 성적이 떨어지는 가장 결정적인 이유는 바로 '복습의 부재'에 있다. 배운 지식들을 내 것으로 만들기 위해서는 스스로 공부하는 시간, 즉 '복습' 시간이 절대적으로 필요하다. 그런데 여러 학원을 다니고 숙제도 많아서 충분히 복습할 시간이 없다. 공부의 주도성을 학습 주체인 학생 스스로 가져야 성적이 오르는 것은 당연한 이치다. 한 마디로 밑 빠진 독에 물 붓기와 같은 상황을 마주하지 않으려면 아이가 받고 있는 사교육을 꼭 한 번은 점검해봐야 한다.

영알못 엄마도
엄마표 영어 할 수 있다

엄마. 이 짧은 한 단어에 모두 담을 수 없는 엄마라는 존재. 아빠, 할머니, 할아버지 심지어 AI까지도 대체 불가능한 영역이 바로 '엄마'라고 생각한다. 엄마는 아이들에게 온 우주다. 우주 같은 위대한 엄마가 영알못이어도 전혀 상관없는 엄마표 영어는 참 매력적이다.

아니, 영알못 엄마가 오히려 엄마표 영어를 더 잘 할 수 있다. 엄마표 영어는 엄마의 영어 실력으로 하는 것이 아니라 '엄마의 사랑'으로 하는 것이기 때문이다. 직접 해보니 나처럼 영어를 잘 못하는 엄마들에게 더 희망적이라는 확신을 갖게 되었다. 내가 영어를 못하기 때문에 아이가 매일 원서를 읽고, 영어로 영화를 보는 그 자체만으로도 너무 대견하고 기특해 보였다. 그러니 아이를 꾸중하거나 푸시하지 않고 언제나 듬뿍 칭찬해줄 수 있었다.

엄마의 칭찬을 연료 삼아 아이는 계속 앞으로 나아가며 발전한다. 만약 내가 영어를 잘 하는 엄마였다면 아이의 발음 하나하나를 지적하고, 스펠링이 조금만 틀려도 지적하고, 잘 하고 있는 아이임에도 뭔가 부족해보이고 못마땅해서 칭찬을 많이 해주지 못했을 것 같다. 오히려 영어를 잘 못하는 엄마라서 내 눈에는 아이가 그저 너무나도 훌륭하고 기특해 보였다. 덕분에 매일 물개박수를 치는 엄마가 될 수 있었다.

영알못 엄마의 영어 실력을 대체할 수 있는 훌륭한 도구들이 있다. 특히 나처럼 영알못 엄마들은 아이에게 영어 동화책을 많이 읽어주어야 한다는 것이 부담으로 다가온다. 나는 큰 아이가 어렸을 때 영어 동화책을 읽어준 적이 거의 없다. 영어 동화책을 엄마가 많이 읽어주면 아이에게 도움이 될 것이다. 하지만 엄마가 영어 원서를 안 읽어준다고 아이가 영어를 못하는 것도 아니다. 오늘 이후로 많은 엄마들이 이 부분에서 좀 더 자유로워졌으면 좋겠다.

수많은 엄마(부모)들이 엄마표 영어를 하면서도 이것도 해야 할 것 같고, 저것도 해야 할 것 같은 심적 부담에 시달리고 있다. 세상 여기저기서 자꾸 많은 것들을 하라고 손짓한다. 영어 동화책 부분을 보완할 수 있는 것이 바로 '온라인 영어 도서관'이다. 엄마가 영어를 잘 못하고, 영어 동화책을 읽어주지 않아도 온라인 영어 도서관에 있는 수만 권의 책들을 버튼 하나만 클릭하면 친절하고 재미있게 모두 읽어준다. 참 편리한 세상이다. 배우고자 한다면 얼마든지 배울 수 있는 세상이다. 이렇게 편리하고 좋은 것들을 잘 활용하고 실천한다면 나 같은 영알못 엄마도 엄마표 영어를 성공적으로 해낼 수 있다.

첫째 때는 리틀팍스를 활용했다. 요즘은 에픽epic, 라즈키즈razkids, 마이온myON 등 다양하고 좋은 온라인 영어 도서관이 많이 생겼다.

둘째는 현재 '마이온' 영어 도서관을 활용하고 있다. 둘째가 늦둥이다 보니 첫째와 7살 차이가 난다. 첫째 때는 리틀팍스가 최선이었다. 7년의 세월 동안 환경은 더 좋아져서 둘째 때는 온라인 영어 도서관도 종류가 많아졌다. 그중에서도 우리는 '마이온'을 선택해서 하고 있는 것이다.

마이온은 아이가 총 몇 권, 몇 시간을 읽었는지 모두 보여준다. 엄마가 할 일은 매우 단순하고 쉽다. 아이를 따스한 시선으로 바라보며 늘 격려해주고, 매일 원서를 잘 읽어 나가는 것이 습관으로 자리 잡을 수 있도록 도와주기만 하면 된다.

참고로 마이온 등록 방법을 설명하면, 홈페이지에서 일주일 무료 체험이 가능하니 먼저 경험해봐도 좋다. 이후 이용권을 구매하면 되는데 패키지 상품이 몇 가지로 나뉘어 있다. 그중에서 필요한 옵션을 선택해서 결제하면 된다. 어느 플랫폼이나 그렇듯이 연간 결제를 하면 월별 금액이 저렴해지나, 연간 결제보다는 3개월 이용권부터 시작하는 것을 추천한다.

★ 마이온myON 무료 체험 소개 화면

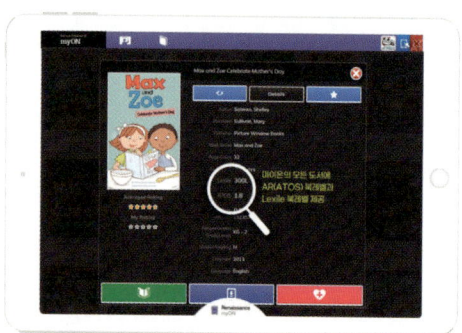

가정에서 안정적인 환경 조성과 함께 엄마의 사랑이 더해지면 엄마표 영어는 순풍에 돛을 단 듯 성공적으로 진행할 수 있다. 가정만큼 아이가 편안하고 안전하게 느끼는 공간이 없기 때문이다. 그 공간에 엄마의 한결같은 사랑과 따뜻한 격려가 있다면 엄마표 영어는 절대 실패할 수 없다. 엄마와 함께하는 시간도 상대적으로 늘어나므로 엄마와 자녀와의 관계 또한 더 좋아진다. 가성비 좋은 엄마표 영어로 영어도 잡고 자녀와의 관계도 잡을 수 있는 매우 좋은 방법이니 꼭 실천해보시기 바란다.

안전하고 저렴하며 빠른 교육 방법이 정말 많다

아이들 교육과 관련해서 오랜 시간 알아봤던 홈스쿨링과 엄마표 영어 이후에 또 다른 분야가 있다. 안전하면서도 저렴하게, 가성비 좋은 교육 방법에 대한 것이었다. 수많은 독서와 공부를 통해 교육비에 큰돈을 쏟아 붓지 않아도 가능한 방법들이 있다는 것을 알았다. 실제로 아이를 그런 방법으로 키워왔기 때문이다.

제목만 보고 혹 오해가 있을까 싶어 미리 밝혀둔다. 제목에서의 '빠르게'는 단지 빨리 가는 것에 우선순위를 두거나 가치를 부여한 것이 아니다. 온라인 스쿨도 그렇지만 하다보면 자연스럽게 빨라지는 길이지 빠른 길로 가려고 선택한 것이 아니라는 뜻이다.

우리의 경우만 해도 단 한 번도 빨리 가려고 속도를 내본 적이 없다. 그저 아이의 학습 속도를 따라 가다보니 자연스럽게 빨라진 것이다. 앞서 적은대로 직접 해보니 불필요한 부분들을 배제함으로써 에너지 소모가 줄어들었다. 본질에 집중하다보니 자연스럽게 그렇게 되었다.

아이의 교육 방법을 선택하면서 '속도'를 우선순위에 두는 엄마들이 과연 몇이나 될까? 아마도 애초에 속도를 중요시 여길 엄마들이었다면 홈스쿨링이나 엄마표 영어를 선택하지는 않았을 것이다. 최소한 내가 만나본 엄마들은 그런 분들이 아니었다. 아이의 속도에 맞는 맞춤식 교육을 하고 싶어서 홈스쿨링을 선택했다. 교육 내용은 좋으면서도 안전하고 저렴한데 빠르기까지 한 방법을 선택하지 않을 이유가 없었다.

수많은 부모가 대학입시에 대한 불안과 염려로 아이의 성장 과정을 행복하게 보내지 못한다. 내 아이가 뒤처지게 될까봐 전전긍긍하며 아이를 있는 그대로 사랑하지 못하는 안타까운 현실이 너무 많다. 아이 자체로 사랑해주고 존중해주어야 할 사람은 다른 누구도 아닌 바로 부모다. 대학입시라는 목표 지점 하나만 바라보며 달리느라 내 아이가 지금 행복한지 여부는 보이지 않는다. 아이들의 마음을 깊이 들여다보고 질문해 주어야 할 어른은 없고, 성적에만 관심을 갖는 어른들뿐이다. 나는 그러한 교육의 방향성이 싫어서 홈스쿨링을 선택했다.

우리 아이는 학교에 다니지 않으니 필요 이상으로 사교육의 필요성을 느끼지 못했다. 학습 관련한 부분은 줌으로 그때그때 필요한 순간에 선택적으로 수업을 하니 사교육 비용은 아주 최소한으로 지출했다. 또한 어린 아이가 혼자 미국으로 유학을 가지 않아도, 기러기 가족이 되지 않아도, 한국에서 얼마든지 미국 고등학교 졸업장을 받을 수 있다.

학위는 직장과 커리어를 위해 기본적으로 필요하다. 하지만 세상이 달라졌기 때문에 학위를 취득하는 데 너무 오랜 시간과 비용을 들일 필요가 없다. 이제는 평생 배워야 하는 시대다. 대학 4년간 배운 지식이 졸업 때만 돼도 쓸모없어지는 그런 시대라고 한다. 너무 빠르게 변화하고 발전하기 때문에 계속 배우고 성장하는 사람이 더 중요해졌다.

MOOC(무크, 언제 어디서나 대학 강의를 들을 수 있는 대규모 온라인 공개 강좌)처럼 시공간 제약 없이 누구나 온라인으로 전 세계 명문대학의 강의를 들을 수 있다. 4년제 대학 대신 마이크로 칼리지Micro College가 갈수록 인기를 얻고 있다. 심지어 마이크로 칼리지는 학위가 없는 과정이다. 학위가 아닌 실무 기술을 빨리 가르치는 것이 목적인 대학이다. 이러한 형태의 대학이 미래의 대학이 될 수도 있다. 실제로 그런 추세로 흘러가고 있다.

실무 중심의 맞춤형 교육으로 빨리 배우고 바로 현장에 투입될 수 있는 인재를 키우겠다는 것이다. 4년간 대학을 다니면서 이론만 배우고 현장에 대해 전혀 모르는 신입사원이 있다고 가정해보자. 기업에서는 처음부터 모두 가르쳐야 하는 번거로움 때문에 현장에 바로 투입할 수 있는 인재를 원한다. 이러한 산업적 수요를 해결해주기엔 마이크로 칼리지가 제격이다. 그러니 좋은 대학에 들어가서 착실히 4년을 공부하고 졸업하는 것만이 능사가 아닌 시대인 것이다. 계속 배워야 하는 시대이므로 한 번 배우고 끝이 아니라 새롭게 계속 배우고 성장하는 것이 더 중요해졌다.

그래서 아이들이 자신이 하고 싶은 일이 무엇인지 가급적 빨리 찾는 것이 중요하다. 책상에 앉아서 좋은 점수를 받기 위해 공부만 하는 것보다 내 자신이 누구인지 무슨 일을 하며 살고 싶은지 자아성찰과 진로 탐색을 적극적으로 해봐야 한다.

많은 청소년들의 꿈이 한때는 공무원이던 시절이 있었다. 요즘은 청소년들에게 꿈이 무엇이냐고 물으면 대부분 연예인 아니면 유튜버라고 대답한다. 진지하게 자기 자신에 대해 생각해보고 고민해보는 시간을 가질 여유 없이 좋은 대학에 가기만 하면 마치 모든 것이 다 해결될 것처럼 말하는 어른들의 조언 아닌 조언에 아이들은 최선을 다해 공부한다. 하지만 정작 중요한 '나 자신에 대한 공부'는 없다. 공부 이전에 그것이 우선시되어야 하지 않을까?

졸업하고 번듯한 직장에 입사하는 것 역시 다가 아니다. 평생 직장

개념이 사라진지 오래다. 아이들이 스스로의 역량을 키워나가면서 자신의 커리어를 발전시키는 것이 중요해진 세상이다. 예전에는 좋은 대학 나와서 좋은 직장에 들어가면 평생 삶이 보장되고 안정적인 생활이 가능했다면, 지금은 그런 공식이 통하지 않는 시대다.

AI가 교육 속으로 들어왔다. 예를 들면 AI 기술로 모르는 수학 문제를 큐알코드로 찍으면 설명해주고, 비슷한 문제를 계속 틀리면 아이가 어떤 부분을 이해하지 못했는지 AI가 파악해서 공부할 부분을 다시 알려주기도 한다. 더욱 효율적이고 합리적인 교육이 가능해진 지금, 공부는 반드시 종이책으로만 해야 한다는 생각, 독서는 반드시 종이책으로만 읽어야 한다는 고정관념을 아이들에게 강요하는 어른들이 2025년에는 없기를 바란다. 기술의 발달을 어떻게 교육에 잘 활용하면 좋을지 아이들과 의견을 나눠보는 어른들이 많아지면 좋겠다.

다른 누군가를 의지하지 말고 부모가 스스로 앞장서서 세상의 변화와 교육 흐름을 이해하고 그 과정에서 스스로 성장해 나가야 한다. 그래야 아이들도 성장하며 발전할 수 있다. 우리나라에서 국내 대학 입시를 위해 내신, 수능, 과도한 사교육 비용을 쓰지 않아도, 국내 대학 입시에 목숨 걸지 않아도 되는 더 나은 길이 있다는 사실이 놀라웠다. 오로지 하나의 길만 있을 경우와 이 길 외에도 또 다른 선택지가 더 있다는 것은 아이들에게 굉장히 큰 의미를 줄 수 있다.

모든 아이들과 부모들이 국내 입시라는 하나의 길을 위해서 같은 방향으로 달려가는 상황이라면 당연히 그 길은 좁고 험난해질 수밖에 없다. 하지만 한국 대학이 아닌 전 세계의 대학으로 범위를 넓힌다면? 국내 대학 등록금보다 저렴하면서도 세계 랭킹은 더 높은 대학의 학위를 얼마든지 취득할 수 있다.

그런 선택이 가능한 시대다. 다만 정보가 넘쳐나기 때문에 그 정보를 취사선택할 줄 아는 안목이 필요하다. 그러한 안목을 키우기 위해 노력하고, 그 안목이 결정하고 실천하는 행동으로 연결된다면 금상첨화일 것이다. 정보를 아는 것이 중요한 게 아니고, 아는 것에만 그쳐서도 안 된다.

엄마들을 만나보니, 조금 다른 길을 가는 것에 있어서 다른 사람들이 어떻게 생각할지에 대해 고민하는 분들도 있었다. 내 아이의 교육과 나아갈 길을 고민하고 결정하는 중요한 순간에 다른 사람들이 어떻게 생각할지는 중요하지 않다. 우리나라는 유독 다른 사람들의 이목을 중요시 여기는 문화가 뿌리 깊이 박혀 있다. 주위 사람들 시선에 너무 신경쓰다보면 최상의 선택을 못할 수도 있다. 다른 사람들이 나와 내 아이의 인생을 대신 살아주지 않는다.

매년 UN에서 발표하는 〈2024년 세계행복 보고서〉를 보면 143개국 중에 핀란드가 1위를 차지했다. 그것도 7년 연속으로. 2위는 덴마크, 3위는 아이슬란드였고, 한국은 52위였다. 상위권을 차지한 국가들의 공통점은 북유럽이라는 지역적 특징이다. 이 부분에 대해 세계적인 행복심리학자 서은국 교수님이

유튜브에서 말씀하시는 것을 듣고 굉장히 인상적이어서 함께 나누고 싶다.

핀란드의 행복지수가 높은 이유는 이렇다. 스칸디나비아 북쪽 국가, 즉 북유럽 국가에서 두드러지게 나타나는 특징 중 하나가 개인주의 철학이 강하다는 것이다. 개인주의를 이기주의와 혼동할 수 있는데 '개인주의'는 어떤 틀에 생각을 가둔 채 옳고 그름을 따지는 게 아니다. 각자의 생각을 존중하는 '포용성'을 내포한다.

"인생은 이렇게 사는 거야, 이게 정답이야."라고 정해주고 개인적인 취향을 한 방향으로 모는 것을 집단주의라고 한다. 집단주의 사회에서는 자유를 보장받기 어렵다. 집단주의적 가치가 조금 과한 나라가 한국, 일본, 싱가포르. 이 나라들의 공통점은 바로 행복감이 낮다는 것이다.

스칸디나비아 지역에 사는 사람들에게 이런 질문을 했다.

"당신들은 일상에서 어떤 사람이 제일 비호감인가요?"

"다른 사람의 삶을 평가하는 사람"이라고 대답했다.

나는 스칸디나비아 사람들의 대답에 굉장히 공감했다. 좋고 나쁨의 기준은 사람마다 다를 뿐이다. 그건 평가할 일이 아니다. 집단주의 사회에서는 늘 평가를 받는다. 평가받는 것뿐만 아니라 나도 모르게 평가도 한다. 비교는 행복을 갉아먹는 대표적인 경험이다. 그리고 이어지는 교수님 말씀에도 역시 공감했다.

"한국 사회에는 교과서적인 그림이 있다. '행복하기 위해선 이런 걸 갖춰야 해~ 저런 건 행복이 아니다~' 이런 논리에 휘말리면 오히려 행복해지기 어렵다."

나는 우리나라의 수많은 학부모들과는 조금 다른 교육의 길을 걸었다. 그 길을 잘 걸을 수 있었던 원동력이 무엇이냐고 묻는다면 '마이웨이'의 삶이었다고 생각한다. 다른 사람들의 기준을 개의치 않았다. 그들의 이야기는 참고만 했을 뿐이다. 내가 직접 알아보고 판단한 부분에 대해서는 흔들리지 않고 꾸준히 노력했다.

엄마들이 자기 자신을 지금보다 더 존중하고 사랑하기를 바란다. 또한 단단한 나 자신으로 살아가기를 바란다. 나와 내 아이가 나아갈 길을 고민하는 과정에서 타인의 생각이나 가치관에 너무 의존하거나 흔들리지 않기를 바란다.

내 아이의 교육은 누가 대신 해줄 수 있는 일이 아니다. 누군가 선택해주어서도 안 되는 일이다. 오로지 부모가 알아보고 고민하고 선택하는 과정을 거쳐야 한다. 작은 물건 하나를 사더라도 고민하고 결정한다. 그 물건이 꼭 필요한지, 어떤 제품이 더 좋을지 여러 번 생각하고 검색해보면서 구입한다. 그런데 왜 이보다 훨씬 더 중요한 아이 진로나 대학 진학을 직접 알아보고 판단하지 않고 다른 사람 의견을 우선시하는가? 유학이든, 국내 대학 진학이든, 내 아이에게 잘 맞는 하나의 방식과 방법을 선택하면 된다.

'평균'에 맞추려고 너무 애쓰지 않아도 괜찮다. 오히려 평균에 맞추려다 보면 아이의 '고유한 빛'을 잃어버리고 자기만의 아름다움과 강점을 미처 발견하지 못하게 될 수도 있다. 따라서 나만의 길을 가도 괜찮다. 나만의 길, 내 아이만의 길, 우리 가족만의 길을 걸어가라. 다른 사람 눈치 보지 말고 당당하게 나만의 길을 걸어가는 아이들과 엄마(부모)들이 더 많아지면 좋겠다.

3장

아직도 학원에
월급 갖다 바치세요?

우리나라 사교육 현실이 안타깝다

요즘은 결혼을 하고도 아이를 갖지 않겠다는 부부가 많아지고 있다. 가장 큰 이유는 육아가 힘들어서가 아니라, '아이 한 명에 들어가는 교육비가 너무 부담스러워서'라고 한다.

창의성, 비판적 사고, 인성교육이 중요하다고 외치지만, 결국 그 안을 들여다보면 모든 교육의 끝은 '입시'로 연결된다. '교육' 자체는 보이지 않고, 교육이 곧 '입시'가 되고 마는 현실이다. 상황이 이렇다보니 사교육을 시작하는 연령대는 점점 더 낮아지고 있다. 학원 선택 기준은 내 아이가 아닌 '어디가 잘 가르친다더라, 어느 학원을 다녔더니 성적이 많이 올랐다더라~' 소위 옆집 엄마 따라 학원에 가는 현실이다.

사교육에 의존하다 보면 아이들이 자기주도적인 학습을 하기가 점점 어려워질 수 있다. 누군가가 먼저 가르쳐주어야만 배울 수 있다고 생각하기 때문이다. 새해부터 다음과 같은 사교육 특집 기사 헤드라인이 계속 올라왔다.

"아무리 빠듯해도 이것만큼은…"
"저소득층 가정, 빚내서 학원 보냈다"
"학원비에 적금 깨고 셋째도 포기… 마통까지 뚫었다"

통계청 〈2023년 초중고 사교육비 조사〉 자료를 살펴보자.

평소 절약이 습관이 된 엄마들도 이상하게 사교육 시장 앞에서는 과감하게 지갑을 연다. 남들이 다 하니까 나도 하는 풍경이 일상이 되었다. 불안이 되었든 욕심이 되었든 '옆집 교육학'을 무작정 따라할 때 생기는 가장 큰 문제는 교육 주체인 '내 아이'가 빠져 있다는 점이다. 그렇게 이 학원 저 학원 의미 없이 다니다보면 정작 교육의 주체인 우리 아이는 없고 '사교육 중독'만 남게 될 수 있으니 사교육을 적절하게 활용하길 바란다.

영어유치원에서 준 선물, 영어울렁증?

영어유치원에 관심이 얼마나 많은지 영어유치원 졸업 후 영어학원 입학을 위해서 이른바 '7세 고시'라는 말이 있을 정도로 대한민국에서 '영어'는 큰 화두다. 큰 아이 미취학 시절만 해도 영어유치원이 지금처럼 활성화되어 있지는 않았는데, 불과 몇 년 사이에 대중적으로 선택하는 하나의 옵션이 된 것 같다.

우리 집 두 아이가 영어를 잘한다는 것을 알게 된 분들은 당연히 영어유치원을 다녔을 거라고 생각한다. 영어유치원을 다닌 적이 없다고 말씀드리면, 왜 영어유치원을 안 보냈는지, 영어유치원에 대한 내 생각은 어떤지 궁금해 하신다. 결론부터 말하면, 관심이 없다.

영어유치원은 우선 원비가 비싸다. 비싼 원비를 내고 아이를 보내면 투자한 만큼의 결과치를 당연히 바라게 된다. 영어유치원은 그런 부모의 기대치를 너무나 잘 알고 있기 때문에 그에 걸맞는 결과물을 보여주려고 한다. 눈으로 확인되는 결과물을 학부모에게 보여주려면 어쩔 수 없이 학습식으로 가야 하므로 어린 아이들에게 억지로 단어 외우기나 말하기를 시킨다.

어린 아이들이 끊임없이 유창성을 요구받고 자연스러운 습득이 아닌 강제로 배우게 되면, 심리적으로 영어에 대한 부담을 느끼고 위축되며 영어울렁증이 생길 수 있다. 실제로 영어유치원에서 근무했던 선생님들도 이 부분에 대해 동일하게 말한다. 또한 원어민 선생님과 영어만 써야 하는 상황과 환경은 아이를 긴장시킨다. 같은 반 친구들보다 영어를 못한다고 느끼면 자존감이 낮아지고 위축될 수 있다.

그래도 영어유치원을 꼭 보내고 싶다면 여러 가지 상황을 고려해 보고 신중하게 결정해야 한다. 최소한 좋은 영어유치원을 잘 선별하는 안목이 있어야 한다. 부모 욕심은 내려놓고 아이가 즐겁게 영어를 접하고 배울 수 있는 환경인지부터 꼼꼼하게 따져보기 바란다.

기둥뿌리 뽑아 유학 갔지만, 현실은 시간강사

많은 사람들이 가장 가고 싶어하는 유학지는 미국이다. 미국 기준으로 유학 비용을 대략 살펴보면 2024년 기준 연간 1억 원 정도 된다. 미국의 사립대학 학비는 연간 약 35,000달러에서 50,000달러(한화 기준 약 4,200만 원에서 6,000만 원)이다. 일부 명문대나 전공에 따라 더 비쌀 수도 있다. 유학 비용에는 학비만 포함되는 것이 아니다. 현지 생활비인 숙박비, 교재비, 교통비, 보험료, 생활비, 방학기간 항공료 등이 포함되어야 한다. 모든 걸 고려해볼 때 연간 1억 원이라는 말이 괜히 나오는 게 아니다.

미국 대학은 4년. 적어도 아이 한 명당 미국 유학을 위해서는 최소한 4억 원이 들 것이다. 학사 학위에만 4억 원이며, 이후 석사를 하게 된다면 더 많은 비용이 들 것이다. 물론 대학으로부터 재정 보조를 받거나 장학금을 받으면 학비 부담이 줄어들 수 있다. 대부분 가정에서는 감당하기 어려운 비용임은 분명하다. 오죽하면 기둥뿌리 뽑아서 유학 간다는 말도 있을까.

내 자식을 위해서라면 무엇이든 다 해주고 싶은 것이 부모 마음이다. 그래서 무리를 해서라도 유학을 보내는 가정이 많다. 환율이 오를 때마다 가정에서 나오는 한숨과 불안함이 엿보이는 글들이 이런저런 커뮤니티에 보인다.

더 큰 문제는 유학 이후의 행보다. 그렇게 투자해서 석박사 학위를 취득한 사람들이 귀국 후에는 시간강사로 활동하는 경우가 많다. 현실적으로 시간강사는 안정적이지 않은 직업군으로 분류된다. 대학에서 시간강사로 일하는 경우, 강의 준비와 수업에 많은 노력을 기울이지만 보수가 상대적으로 낮고, 계약기간이 제한적이어서 지속적으로 경제적 어려움을 겪는 사례가 자주 보고되곤 한다.

대학 등록금이 결코 만만한 금액이 아니다보니, 대학을 '투자' 개념으로 보는 분들도 많다. 이러한 관점으로 볼 때 부모의 모든 것을 쏟아부을 정도로 무리해서 보낸 유학의 결과가 대부분 시간강사라는 건 투자 대비 효율이 상당히 떨어지는 현실이 아닌가 싶다. 유학 계획도 너무 무리하게 세우지 않기를 추천한다. 대학 입학, 유학보다 더 중요한 것은 대학 졸업과 유학 이후에 보다 구체적이고 현실적인 계획일 것이다.

자기주도 학습으로
사교육비 DOWN,
자녀와 관계는 UP

아이 8세 무렵부터 '자기주도학습'을 의도적으로 조금씩 훈련시키기 시작했다. 어린 나이였기 때문에 거창한 것은 아니었다. 사전에서는 자기주도학습을 이렇게 정의한다.

학습자가 학습 참여 여부 결정, 학습 목표 설정, 학습 프로그램 선정, 학습 결과 평가 등 학습의 전체 과정을 본인 의사에 따라 결정하여 행하는 학습 형태.

아이를 관찰하면서 아이 나이와 수준에 맞는 자기주도학습을 염두에 두고 학습을 시작했다. 대부분 아이들이 배우는 순간을 한번 떠올려보자. 아이를 앉혀놓고 오늘 배울 부분을 펼친 뒤, '먼저' 상세하고 친절하게 설명해 준다. 나 역시 이런 식으로 배워왔기 때문에 언뜻 생각하면 이런 방식이 굉장히 익숙하고 자연스러운 배움의 과정이었다.

그런데 어느 날 내 아이의 학습을 앞에 두고 가만히 생각해보니 조금 이상했다. 이러한 방법은 마치 '아이들은 스스로 배울 수 없는 존재이므로 누군가가 미리 가르쳐주어야만 한다'는 전제가 깔려 있는 듯했다. 아이들은 스스로도 배워갈 수 있는 존재이고, 어른들 도움이 필요한 순간에는 물론 도와주어야 하지만 시도해보기도 전에 하나하나 알려준다는 점에 대해 다시 한 번 생각하게 된 것이다.

아기의 성장 과정을 생각해보면 타고난 생존력으로 놀라우리만큼 무럭무럭 자란다. 모든 것을 스스로 터득해가면서. 기는 법을 알려주지 않아도, 걷는 법을 자세히 설명해주지 않아도 잡고 일어서보기도 하고, 수없이 넘어지는 과정을 거치면서 기고 걷고 뛰게 된다. 나는 이렇게 아이들이 스스로 배워나갈 수 있는 존재임을 믿었다. 그래서 의도적으로 일일이 끼고 가르치는 방법을 지양하기로 했다.

게다가 아이의 학습을 모두 잘 가르쳐줄 수 있는 엄마도 아니었다. 대신 아이 스스로 자기주도학습을 해나갈 수 있는 '방법'을 가르쳐주기로 했다. 완벽한 자기주도학습이라기보다는 아이 연령에 맞는 정도의 훈련을 위함이었다.

자기주도학습을 어떤 식으로 가르쳐주었는지 소개하자면, 예를 들어 그날 배울 부분을 먼저 아이 혼자 천천히 읽어보라고 했다. 그리고 문제를 풀어보고 이해가 잘 안 되는 부분은 저학년 때는 EBS에서 해당 부분을 찾아서 동영상을 보도록 했다. 이때도 매번 내가 찾아주지 않고 아이에게 데스크탑에 즐겨찾기 하는 법, 로그인하는 법, 찾고자 하는 부분을 찾아가는 법 등을 천천히 상세하게 가르쳐주었다.

그런데 아이에게는 EBS가 잘 맞지 않아 보여서 유튜브에서 정보 찾는 법을 가르쳐주었다. 그 후로 아이는 공부하다가 잘 모를 때는 유튜브에서 본인에게 필요한 영상을 스스로 찾기 시작했다. 수많은 영상 중에서 본인이 마음에 들고 이해하기 쉬운 것을 선택해서 설명을 듣곤 했다. 때론 도서관에서 해당 내용이 포함되어 있는 책을 빌려보기도 했다. 처음부터 의도적으로 하나하나 끼고 가르쳐주지 않았다. 그것이 나의 의도적인 교육 방식이었다. 대신 스스로 배워나가는 방법을 알려주고 기다리는 방법을 택했다. 비록 조금 더디게 가는 길일지라도.

자기주도학습이 아이들 학습에서 중요한 부분임을 시사하듯 관련된 책들도 점점 더 많이 출간되고 있다. 어떻게 아이의 자기주도학습을 도와야 할지 막막한 분들은 이런 주제의 책을 읽어보면 도움이 될 것이다. 자기주도학습을 처음부터 가르치기로 생각했기 때문에 부모주도학습 대신 '아이주도학습'을 해나간 것이다. 그 과정에서 하루의 학습량도 아이가 정하도록 했다. 만약 아이가 수학을 매일 2장 공부하는 것을 힘들어하고 1장만 하기를 원한다면 그렇게 하도록 했다. 그것이 곧 내 아이의 속도라고 생각했다. 언제 공부할 것인지도 아이가 정했다. 아침 또는 저녁에 할지를 아이와 상의해서 정했다. 공부의 모든 과정을 아이와 대화를 나누며 의견을 조율해 가면서 정했다.

이런 점은 홈스쿨링을 하면서 정말 만족스러웠고 홈스쿨링의 장점임을 많이 느꼈다. 이렇게 자기주도학습 방법을 가르쳐주면 아이들은 학년이 올라갈수록 점점 더 잘 하게 된다. 아이들에게 선택권을 주자. 가르쳐주지 않았는데 어느 날 갑자기 아이들이 자기주도학습을 잘하게 될 거라 생각하면 안 된다. 잘 가르쳐주면 결과적으로 사교육에 의존하지 않고도 사교육비를 많이 줄일 수 있고 장기적인 교육 흐름에도 도움이 될 것이다.

학습적인 부분을 생각하기 이전에 반드시 챙겨야 할 것이 또 하나 있다면 바로 '아이와의 관계'이다. 아이와의 관계는 아무리 강조해도 지나치지 않다. 어쩌면 '전부'라고 해도 과언이 아니다. 요즘은 부모도 아이도 매우 바쁘다. 부모들은 일하느라, 아이들은 점점 많아지는 학습량과 사교육으로 가족이 모여 함께하는 시간이 많이 부족하다. 자기주도

학습을 잘 챙기면 자녀와의 관계까지 더불어 챙길 수 있는 1석2조의 효과가 있다.

실제로 아이가 자라면서 특히 공부 문제로 자녀와 부모 사이에 금이 가는 경우가 많다. 물론 자녀를 위하는 마음에서 모든 것이 시작된다. 항상 더 잘하라고, 더 열심히 하라는 말만 반복되고, 다른 아이와 비교하는 말로 내 아이 마음에 상처를 준다. 그런 말을 지속적으로 듣는 아이들의 마음속은 점점 병들어 간다. 칭찬 대신 비교를, 격려 대신 앞만 보고 더 달리라는 무언의 재촉. 아이 본인도 잘하고 싶을 것이다. 마음처럼 안 되는 것일 뿐. 정작 가장 속상한 사람은 아이 본인이 아닐까?

신기하게도 많은 부모의 눈에는 아이가 잘하는 것보다 부족한 부분이 더 크게 부각되어 보인다. 그러다보니 아이를 마음껏 격려해주거나 충분히 칭찬해 주지 못하고 잔소리와 훈계로 이어진다. 그런 일이 반복되면 잘해보고자 하는 마음보다는 '나는 해도 안 되는 사람'이라는 생각이 무의식중에 자리 잡을 수 있다. 이렇게 병든 마음을 가지고 아이가 긴 마라톤 같은 공부를 지속적으로 잘 해나갈 수 있을지 한번쯤 생각해 보면 좋겠다. 조금 부족한 부분은 부족한대로 두어도 괜찮다. 성인인 우리 역시 부족한 면이 많지 않은가?

그런데 왜 우리는 부모가 되는 순간 사랑하는 내 아이에게 자꾸만 완벽을 요구하는지 모르겠다. 부모의 사랑과 격려, 배려를 충분히 경험하고 자란 아이가 본인의 길을 잘 찾아가고, 훗날 커서 또 다른 이들을 배려하고 사랑할 수 있지 않을까. 자녀와 부모의 관계도 하나의 인간관계다. 가장 소중한 아이와의 관계를 잘 형성하기 위해서는 부모가 먼저 노력해야 한다. 모든 것의 출발은 부모와 자녀의 관계에서 출발한다. 가장 먼저 가정 안에서 부모와 자녀의 관계가 안정적으로 유지되고 아이의 심신이 편안하면 그 힘으로 스스로 공부하면서 본인의 장점을 발견해 나갈 것이다.

인생에서 공부가 전부라는 인식을 심어주기보다는 내가 누구인지, 어떤 사람이 되고 싶은지, 어떤 삶을 살고 싶은지 등에 대해 이야기를 나누어보자. 그리고 아이의 생각을 가만히 귀담아 들어보자. 어떠한 경우라도 부모 자식 간의 선은 넘지 말아야 한다. 아이를 단순히 내 자식이라 생각하지 말고 나와 다른 한 인격체로 바라보아야 한다.

4장

홈스쿨링은
글로벌 트렌드다

코로나19 팬데믹 시기에
더욱 빛난 홈스쿨링

　코로나19, 인류 역사가 BC^{Before Corona}와 AC^{After Corona}로 나뉜다는 이야기까지 나올 정도로 전 세계는 혼돈 그 자체였다. 삶의 모든 영역에서 수많은 사람들이 타격을 입었고 힘든 시간을 보냈다. 교육 분야 역시 매우 혼란스러웠다. 186개 나라에서 12억 명의 아이들이 등교하지 못했다. 온라인과 오프라인 수업을 병행하는 과정에서 온라인 수업 준비가 미흡한 교사와 학생들은 스트레스가 심했다. 그러는 사이 학습격차 문제를 다루는 이슈들이 연일 뉴스에 오르내렸다. 상위권 학생들은 그나마 나았지만 중간층이 사라졌다는 기사가 보이기도 했다.

　예측하지 못했기 때문에 대비조차 할 수 없었던 시간들을 우리는 겪어냈다. 코로나 이후 홈스쿨링을 고려하는 가정들이 코로나 이전보다 더욱 많아졌다. 홈스쿨링이 합법적이며 가장 활발하게 이루어지는 미국 역시 코로나 이후 홈스쿨링을 선택하는 가정이 더 증가했다는 기사를 본 적이 있다. 이런 상황 속에서 오히려 아이는 쑥쑥 성장했다. 외부적으로 혼란 그 자체였던 상황에서 우리는 신기하리만큼 전혀 요동하지 않았다. 학교에 가지 않고 집에서 공부하는 일은 늘 해오던 평범한 일상이었다. 온라인으로 학습해오던 일 역시 일상이었기 때문이다. 홈스쿨링을 하고 있다는 사실에 새삼 감사했다.

코로나 팬데믹으로 교육 패러다임이 더 빨리 더 많이 바뀌었다. 비대면으로 온라인 학습을 해도 문제없다는 것이 입증되었다. 일각에서는 오히려 온라인 비대면 교육이 대면 교육보다 더 효율적일 수 있다는 인식이 확산되었다. 코로나로 빠르게 성장한 부분 중 하나는 온라인 학습 분야였다. 수요가 급격히 증가하다 보니 더욱 많은 온라인 교육 플랫폼이 생겨나기 시작했다. 덕분에 선택의 폭도 넓어졌다. 특히 코로나19로 교육받기 어려운 아이들을 위해서 유료 멤버십을 한시적으로 무료 전환하는 해외 플랫폼들이 꽤 있었다. 평소 관심 갖고 있던 플랫폼들을 부담 없이 이용하면서 다양한 분야를 경험해볼 수 있었다.

코로나가 시대의 변화를 최소한 10년은 앞당겼다고 한다. 모든 것이 가속화되었고, 앞으로 다양한 분야에서 더욱 가파른 변화들이 있을 것이다. 지금까지는 학교에 가는 오프라인 교육이 일반적이었지만, 앞으로는 학교에 다니든 다니지 않든 온라인 학습이 자연스러운 교육의 일부분이 될 것이며, 홈스쿨링 인구가 더 많아질 것이라 생각한다. 또한 더 다양한 교육 형태 중에서 학습자가 본인에게 더 잘 맞는 교육 방법을 '선택'할 수 있을 것이다.

홈스쿨링 초기에 홈스쿨링에 대해 알아보니 미국 유명 배우나 정치인 중에도 홈스쿨링으로 자랐거나 자녀를 홈스쿨링으로 교육하는 경우가 많았다. 우리가 잘 아는 토머스 에디슨, 아인슈타인, 슈바이처, 조지 워싱턴, 볼프강 아마데우스, 에이브러햄 링컨이 대표적인 예다. 영화배우 중에서는 윌스미스가 세 아이 중 두 아이를 홈스쿨링하고 있다. 브래드 피트, 안젤리나 졸리 커플은 여섯 아이를 홈스쿨링하고 있다. 세 아이를 낳았고, 다른 세 아이는 캄보디아, 베트남, 에티오피아에서 입양했다. 바쁜 스케줄 탓에 아이들 학교생활을 잘 돌보지 못할 것을 우려해 아이들에게만 충실할 수 있는 가정교사를 두고 직접 교육을 챙겼다고 한다. 때때로 영화 촬영을 해야 하는 부모와 함께 세계여행을 하며 많은 경험을 쌓게 해주고 싶은 것도 이유였다고 한다.

물론 이들의 사례는 일반적으로 부모가 전담하는 홈스쿨링과는 조금 다르지만 여러 형태의 홈스쿨링이 있다는 것을 알 수 있다. 해외에서는 이미 오래 전부터 홈스쿨링 사례가 많이 있었다는 사실을 알 수 있다. 미국 대통령 43명 중 14명이 홈스쿨링을 했다.

내 집 안방에서
온라인 유학이 가능한 세상

　세상이 변했다. 그것도 아주 많이. 또한 굉장히 빠르게 변하고 있다. '코로나가 앞당긴 교육 방식의 변화', '10년 앞당겨진 교실 없는 교육' 등의 기사들이 코로나 이후 헤드라인으로 자주 등장했다. 교육 방식과 흐름은 시대 흐름에 따라 늘 조금씩 변화하며 발전해왔다. 코로나로 그 시기가 많이 앞당겨졌을 뿐이다.

　미국에는 100년 이상의 역사를 가진 온라인 스쿨들이 많다. '100년 이상이라니…'. 이러한 형태의 학교를 알게 된 건 불과 몇 년 전이었다. 지금도 여전히 우리나라에서는 이런 온라인 학교와 수업 과정이 있다는 것을 모르는 분들이 많다. 비행기를 타고 미국에 가서 높은 유학 비용을 부담하고 학교에 다니는 것이 아니다. 한국에서, 아이 방에서 미국 학생들과 동일한 커리큘럼, 동일한 과정을 온라인으로 공부하고 미국 고등학교 졸업장을 받는다. 미국 학교이므로 당연히 모두 영어로 학습한다.

　한국 수학이 아닌 미국 수학을 공부하고, 한국사가 아닌 미국사를 공부한다. 졸업장 역시 전 세계 어느 곳에서나 인정받을 수 있는 정식 졸업장이다. 졸업장에 온라인이라는 말이 어느 곳에도 들어가지 않는다. 교육 형태와 장소만 다를 뿐 현지 학교와 다를 것이 없다. 이미 코로나 시기에 모든 아이들이 이와 같은 형태의 교육을 경험했다.

학교에 갈 수 없는 상황에서 집에서 온라인으로 공부했다. 학교에 갔다가 집에서도 공부하는 교육을 '블렌디드(혼합교육)'라고 한다. 이런 교육 방식은 이미 오래 전부터 이루어져 왔으며, '온라인 유학'이라고 부른다. 우리 아이는 온라인 유학으로 남들보다 더 효율적이고 빠르며, 많은 유학 비용을 투입하지 않고도 안정적으로 공부하고 있다. 기러기 가족이 되지 않아도 되고, 어린 나이에 부모 품을 떠나 불안정한 상황에서 필요 이상의 시행착오를 겪지 않아도 된다.

우리가 갖고 있던 고정관념은 건물이 있는 학교로 아이가 등하교를 해야 하고, 선생님을 직접 만나 배워야 한다는 생각이 지배적일 것이다. 하지만 내가 이 책을 통해 계속해서 이야기하고 싶은 점은 '세상에는 단 하나의 길, 단 하나의 방법만 있는 게 아니다'라는 점이다. 기존의 프레임과 고정관념을 깨면 더욱 다양한 길이 보인다. 비단 교육뿐 아니라 살아가면서 고정관념이 우리의 발전을 가로막는다는 것을 경험한 적이 많이 있을 것이다. 더 나은, 더 효율적인, 더 가성비가 훌륭한 방법이 많이 있다. 그리고 이러한 형태의 학교가 점점 더 많이 생겨나고 있다. 코로나로 온라인 수업에 대한 수요가 급증했고, 온라인 수업은 이제 교육 분야에 하나의 트렌드로 자리 잡았다.

온라인 스쿨의
장단점

앞서 말했지만, 미국의 온라인 스쿨 역사는 100년 이상이다. 그만큼 온라인 교육 분야에서 앞선 나라이다 보니 온라인 교육 시스템이 굉장히 체계적으로 자리 잡았다. 홈스쿨링 관련해서도 풍부한 자료와 시스템이 잘 갖추어져 있다. 수년 전 온라인 스쿨을 검색하던 당시 우리나라와 비교되는 미국의 교육 환경이 매우 부러웠다. 온라인 스쿨은 크게 3가지로 분류할 수 있다.

공립 온라인 스쿨 / 사립 온라인 스쿨 / 대학교 부설 온라인 스쿨

미국에 온라인 스쿨이 있다는 것을 몰랐던 나처럼, 이제 막 온라인 스쿨을 알게 된 분들이 다음 사항을 많이 궁금해 하신다. 유학 경험이 전혀 없는 아이, 영어학원도 안 다닌 아이, 순수 국내파 아이가 어떻게 미국 학교의 모든 수업을 영어로, 그것도 제 학년으로 잘 따라갈 수 있는가. 온라인 스쿨은 코로나 사태에 좋은 대안이 되어주었음은 물론 이 길이 필요한 수많은 아이들에게 굉장히 유용하고 귀한 길이 되기에 충분하다. 온라인 스쿨을 고려하고 있다면 온라인 스쿨의 장단점, 유의해야 할 점에 대해 먼저 생각해봐야 한다.

온라인 스쿨의 장점 9가지

1. 현지 유학 비용에 비해 굉장히 저렴하다.

미국 온라인 스쿨을 한국에서 다니면 기숙사나 홈스테이 비용이 들지 않기 때문에 현지 유학 비용 대비 두세 배 이상 저렴해진다.

2. 정서적으로 안정된 상태에서 공부할 수 있다.

어린 자녀들이 조기유학으로 일찍 해외로 나가지 않고, 부모 곁에서 안전한 보살핌과 정서적 안정감을 느끼며 학업을 이어 나갈 수 있다.

3. 아이의 이해 정도에 따라 학습 속도를 조절할 수 있다.

이해가 안 되는 부분으로 언제든 다시 돌아가서 공부하고, 잘 이해한 후에 다음으로 넘어가면 된다. 학교나 학원에서는 많은 아이들이 함께 공부하는 환경이다 보니 잘 모르고 이해가 안 되는 상황에서도 일단 넘어가야 하고 진도를 나갈 수밖에 없다. 반면, 인강이나 온라인 스쿨의 장점은 '개인화된 학습 시스템'으로 철저히 '학습자 중심'의 맞춤형 학습이 가능하다. 진도나 상황에 쫓기듯 공부하지 않고 편안하게 본인의 속도에 맞춰 공부할 수 있다.

4. 온라인 스쿨은 예체능을 하는 친구들에게도 적합하다.

예체능을 하는 아이들은 매일 연습 시간이 절대적으로 필요하다. 대회에 나갈 때는 등교가 어려울 때도 있다. 학교에 다니면 방과 후 시간이 여유롭지 않기 때문에 실제로 국내외에서 예체능을 전공하려는 아이들 중에 온라인 스쿨에서 공부하는 친구들이 많다. 글로벌 라이프 스타일에도 적합한 학습 방식이다. 국내외 여행을 다니면서도 학업을 이어

나갈 수 있고, 원하는 시간과 장소에서 공부를 지속할 수 있다.

5. 시간을 유연하게 사용할 수 있다.

실시간 라이브 수업을 제외하면, 아이가 스스로 계획한 시간에 언제든지 강의를 보며 공부할 수 있다. 시간과 공간의 제약에서 벗어나 자유로운 학습이 가능하다.

6. 나만의 속도대로 반복해서 학습할 수 있다.

모든 온라인 강의의 장점은 반복 학습이다. 공부하다가 이해가 안 될 때는 다시 돌아가서 나만의 속도대로 공부할 수 있어서 편리하고 효율적이다.

7. 학교에 오가는 시간과 에너지를 절약할 수 있다.

등하교에 소요되는 시간과 에너지를 활용해서 취미나 관심사에 더 많은 시간을 할애할 수 있다.

8. 학습 진행 상황을 한눈에 파악할 수 있다.

진도와 학습량을 편리하게 볼 수 있는 시스템이 갖추어져 있어서 아이의 학습 전반에 대한 진행 상황을 한눈에 파악하기 쉽다.

9. 조기 졸업이 가능하다.

아이의 의지와 노력 여하에 따라 조기 졸업도 가능하다.

온라인 스쿨의 단점 2가지

<mark>1. 친구, 선생님과의 상호작용이 조금 어려울 수 있다.</mark>

온라인 특성상 친구나 교사와의 상호작용이 아무래도 조금 어려울 수 있겠다. 하지만 얼마든지 보완이 가능하다. 온라인 스쿨에서 학습하면서 관심 영역 관련 외부 활동과 모임 등에 참여하는 등 아이의 커뮤니티 활동을 개인별로 알아보면 충분히 보완할 수 있다.

<mark>2. 자기주도학습이 힘든 경우에는 적합하지 않다.</mark>

자기주도학습이 유독 많이 어려운 학생은 온라인 스쿨에 적합하지 않다. 하지만 내 생각에는 이 역시 큰 장애물은 되지 않는다고 생각한다. 아이들은 시간을 두고 가르쳐주면 자기주도학습을 충분히 잘 할 수 있기 때문이다. 능동적 학습이 아닌 수동적 학습에 길들여져 왔을 뿐이며, 부모가 먼저 올바른 학습에 대한 가치관을 잘 정립한다면 그 후엔 매우 쉽다. 아이들은 올바른 방법으로 가르쳐주면 어른들이 생각하는 것보다 훨씬 더 잘 배우며 따라온다. 나도 그렇게 아이 둘을 키웠다. 특별한 케이스가 아닌 이상 대부분 아이들에게 자기주도학습을 조금씩 천천히 훈련시켜주면 충분히 잘 해낼 수 있다. 아이들을 믿지 못하고 지레 못할 거라 생각하지 않기 바란다. 나 자신과 내 아이를 믿자.

세계적인 교육 추세, 미래 교육

디지털 문해력이라고도 부르는 디지털 리터러시. 앞으로 아이들이 살아갈 세상에서 선택이 아닌 필수가 되었다. 오래 전 우리가 배워온 방식과는 완전히 다른 새로운 교육 패러다임이 펼쳐지고 있다. 이해를 위해 몇 가지를 살펴보자.

《교실이 없는 시대가 온다》(존 카우치, 제이슨 타운 지음, 어크로스, 2020년)에는 디지털 네이티브라는 용어를 창설한 프렌스키 이야기가 나온다. 어른들은 흔히 현대 기술을 '도구'라 하지만, 디지털 네이티브들은 그냥 자신이 살아가는 환경의 일부라 여긴다. 이런 까닭에 프렌스키는 이렇게 말한다.

"교육이 맞닥뜨린 가장 큰 문제는 교사가 시대에 뒤처진 디지털 이전의 언어를 갖고서 거의 완전한 디지털 언어를 사용하는 이들을 가르치려 한다는 점이다."

현재의 교육 시스템은 디지털 네이티브와는 너무나 다른 요구를 가진, 아주 다른 세상의 아이들을 가르치기 위한 것이었다.

《AI교육혁명》(이주호 외 지음, 시원북스, 2021년)에서는 미래학자 앨빈 토플러Alvin Toffler가 말했던, "19세기 교실에서 20세기 교사가 21세기 학생들을 가르친다"는 말을 깊이 생각해볼 필요가 있다. 가볍게 흘려듣기에는 우리에게 많은 점을 시사해주는 앨빈 토플러의 다음 표현이 굉장히 인상적이다.

"수많은 청소년이 하루 15시간 이상 학교와 학원에서 미래에는 필요하지도 않을 지식과 존재하지도 않을 직업을 얻기 위해 소중한 시간을 낭비하고 있다."

우리나라 청소년들의 학업량이 해외 다른 나라의 청소년에 비해 월등히 많다는 결과가 자주 보도된다. 코로나가 최소한 10년 이상 앞당긴 덕분에 모든 것이 가속화되고 있다. 이러한 시대를 살아갈 아이들에게 위의 기사와 같은 현실이 더 이상 지속되지 않기를 바란다. 교육이 앞으로 어떤 방향으로 흘러가는지 부모들은 최소한의 흐름이라도 잘 알아야 하는 시대가 되었다. 그저 아이가 학교에 잘 다닌다는 것으로 위안을 삼으면 안 된다. 우리가 살아온 것과는 전혀 다른 방식의 세상을 살아갈 아이들이므로, 변화하는 세상과 교육에 관심을 가져야 한다. 시대의 흐름을 알고, 미래를 위해 준비하는 자세는 부모로서도 매우 중요하다.

이번에는 교육 속으로 들어온 AI 이야기다. 인공지능과 메타버스가 교육현장에서 널리 사용되며, 교육 혁신을 가져오고 있다. 인공지능은 미국, 영국 등 주요 국가의 교육과정에 빠르게 적용되고 있다. 미국에서 가장 혁신적인 대학교 순위 표를 보면, 온라인과 인공지능을 수업에 가장 적극적으로 도입하고 실천한 학교들이 순위 안에 들어 있는 것을 확인할 수 있다.

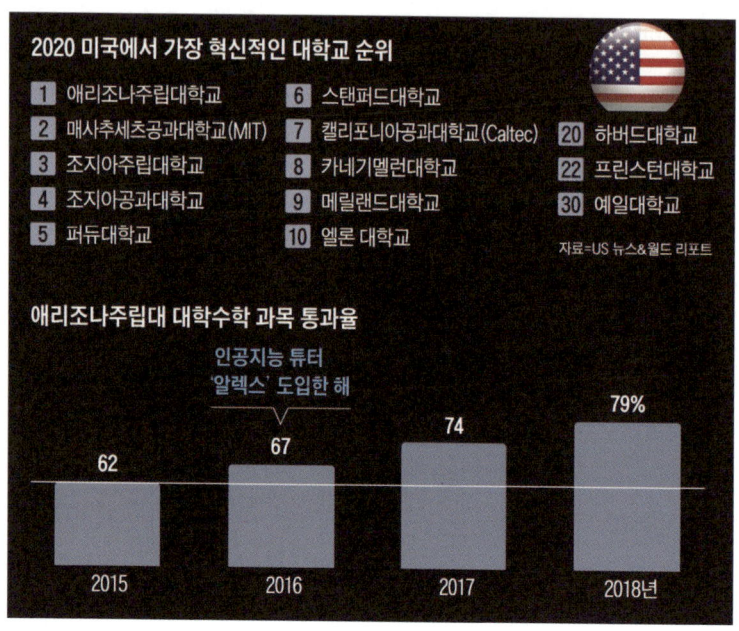

조지아공과대학교에는 인공지능 가상 조교 '질 왓슨'이 교수의 많은 업무를 대신한다. 인공지능은 잠을 자거나 졸지도 않기 때문에 업무 효율이 굉장히 뛰어날 수밖에 없다.

미국 애리조나주립대학교에는 AI 튜터 알렉스ALEKS가 있다. 수학, 화학 과목을 가르치는 AI 튜터 알렉스를 학생들은 실제 교수님인 줄 알았다고 한다. 강의실엔 교수도, 조교도, 교과서도 없다. 커리큘럼을 마칠 때까지 수업과 평가는 알렉스가 도맡는다. 모르는 문제를 질문해도 알렉스가 마치 사람처럼 즉각 대답해준다. 각자 속도에 맞춰서 수업을 들을 수 있어 진도가 빠른 학생은 5주 만에 종강하기도 했다. 학생들의 성적은 전반적으로 향상됐다. 알렉스 도입 이전인 2015년 가을학기 수학 과목에서 낙제하지 않고 이수한 수강생은 전체의 62%였는데, 알렉스 도입 이후인 2018년 가을엔 79%로 늘었다.

이 대학은 AI 기반의 학습 지원 시스템인 이-어드바이저e-Advisor로 개별화된 학습 컨설팅도 제공한다. 학생 개개인의 성향과 성적, 공부 패턴을 분석해 맞춤형 학습뿐 아니라 전공까지 제안한다. 분석 결과를 지도교수와 학습 코치에게 전달해서 맞춤형 상담을 실시하는 것이다. 덕분에 학생들의 학업 중도 탈락률이 현저히 낮아졌다. AI 챗봇인 '서니Sunny'는 학생들의 수강 신청, 기숙사비, 장학금, 학교생활에 관한 전반적인 질문에 즉각적으로 친절하게 대답해주어 학생들의 만족도가 높다. 이러한 지속적인 혁신으로 애리조나주립대학교는 미국 대학 중 혁신대학 1위로 6년 연속 평가받고 있다.

영국도 AI를 교육에 적극 도입하고 있다. 볼턴대학교는 IBM 인공지능 왓슨을 사용하여 1만 1000명 이상의 학생들에게 안내 요청을 전달하는 가상비서 '에이다Ada'를 개발해 운영 중이다. 덕분에 교직원들은 정규 시간 이외에 소요되는 많은 시간을 절약할 수 있고, 학생들은 양질의 콘텐츠를 빠르고 지속적으로 받을 수 있다.

국내 대학도 더디긴 하지만 예외는 아니다. 한양대학교가 국내 대학 최초로 인공지능과 5G, 홀로그램을 활용한 '하이-라이브HY-LIVE'라는 텔레프레전스Telepresence 화상교육 시스템으로 수업을 개설해서 화제를 모았다. 한양대뿐 아니라 서울대, 카이스트, 연세대, 한양대, 성균관대, 포항공대 등의 대학들은 AI 챗봇, 가상현실VR 실험실, 스마트 강의실 도입 등 스마트 캠퍼스 구축에 힘을 쏟고 있다.

이렇듯 AI 기술은 전통적인 명문대학의 변화까지 이끌어내고 있다. 무엇보다 AI 기반 지능형 개인 교사 체제ITS: Intelligent Tutoring System 도입으로 학생들은 각자 수준별 맞춤학습이 가능해졌다. 덕분에 학생들의 역량을 강화시킬 수 있고, 이는 대학에 변화와 혁신을 가져오고 있다.

대학뿐만 아니다. 학습의 전 영역에 들어온 인공지능이 이렇게 효율적으로 학습을 도와주는 세상에서 무엇이 중요하고, 무엇을 얻을 수 있는지 생각해봐야 한다. 이런 세상의 변화, 교육의 흐름으로 홈스쿨링 인구가 더욱 많아질 것이라 생각한다. 인공지능 덕분에 교육은 각자 집에서 얼마든지 해나갈 수 있으므로, 사회성과 커뮤니티 활동 등만 따로 챙기면 되기 때문이다. 인공지능은 학생들이 어느 부분에서 어려워하는지를 알려주고, 이를 개인 맞춤화된 방식으로 지원해주기 때문에 학습에도 크게 도움이 된다.

전 세계적으로 학교 현장 또는 교육의 전반적인 영역에서 인공지능 활용은 이미 많은 부분 이루어지고 있다. 인공지능은 사람과 달리 24시간 쉬지 않고 일할 수 있다. 언제든지 질문에 즉각 답변해주며 채점, 학사관리 등과 같은 일들을 빠르게 처리함으로써 교사들이 학생들을 지도하는 데 보다 많은 시간을 할애하며 집중할 수 있게 해준다.

이러한 변화를 받아들이려면 과거의 패러다임에 얽매여 있으면 안 된다. 지금까지와는 다른 새로운 방법과 방식을 알아보고 시도해봐야 한다. 새로운 패러다임을 열린 마음으로 받아들이는 태도가 필요한 시대인 것은 분명해 보인다. 교육의 큰 흐름의 한 축인 미래 교육에 대해 알아보고 생각해보는 시간을 가지면 좋겠다.

언젠가 우리나라 아이가 외국의 한 유치원에 다니게 되었는데, 이후 흥미로운 현상이 있었다는 영상을 본 기억이 난다. 이미 한국에서 구구단을 떼고 간 아이는 친구들 사이에서 천재 소리를 듣는다는 것이다. 우리나라 아이들은 수학을 비롯해서 많은 교과목에 우수한 성적을 받지만, 이렇게 우수한 성적이 과연 아이의 미래를 '보장'해줄 수 있는지는 생각해볼 필요가 있다. 아마 이 중에는 컴퓨터가 더 잘 할 수 있는 일들이 많을 수 있다. 달라진 세상에서 많은 지식을 달달 외우고 암기하는 것이 과연 무슨 의미가 있을까?

앞으로는 이러한 주입식 교육은 미래를 살아갈 아이들에게 불필요하며 지양해야 한다. 우리 아이들에게 정말 필요한 교육이 무엇일지 교육과 세상의 흐름을 잘 알아야 할 것이다. 《다양한 인재가 세상을 바꾼다》(한국경제신문 특별취재팀 지음, 한국경제신문사(한경비피) 2015년)에서는 다음과 같이 말한다.

"넌 무엇에 대해 알고 싶니?"라는 질문을 우리는 학교에 다니면서 받아본 적이 없다고 한다. '이것을 아느냐', '저것을 아느냐', '이것을 배워야 한다'는 식으로 많은 학습을 하라는 이야기만 들어왔다는 것이다. 학교에서 보는 시험 역시 질문보다는 하나라도 더 알게 하는 '지식을 주입하는 교육'을 받았다.

모두 맞는 말이다. 또 다음과 같이 이야기한다.

"학생들을 한곳에 모아 놓고 지식을 주입시키는 이러한 교육은 공장형 산업을 일으킬 때는 효과적이었으나 지금은 달라졌다."

시대가 변했다. 그러므로 우리 사회에 필요한 인재상 또한 변했고 변해야만 한다. 그런데 여전히 우리는 주어진 문제를 누가 빠르고 정확하게 푸는지, 누가 더 많이 맞추는지로 아이들을 평가한다. 웬만한 지식들은 인터넷 안에 무한히 들어 있고, 검색만 하면 모든 지식을 내 것으로 만들 수 있는 세상이다. 앞으로는 창의적인 사고를 하는 아이로 자랄 수 있도록 도와주어야 한다. 그러기 위해서는 주입식 교육에서 탈피해서 자유로운 공간과 시간 속에서 지식을 탐구하고 습득할 수 있는 능력을 키워주는 것이 더 중요하다. 이제는 예전처럼 좋은 대학교 졸업장 하나가 아이의 인생을 보장할 수 없는 세상이다.

무크MOOC처럼 세계 명문 대학들의 강의를 언제 어디서나 내 집 안방에서 얼마든지 무료로 들으며 배울 수 있다. 과거에 그랬듯이 양질의 교육 정보를 대학이 독점하지 않는다. 우리가 그토록 열심히 외우고 공부하는 수많은 지식 자체만으로는 희소성이 없다. 인터넷에 그러한 지식은 얼마든지 넘쳐난다. 대학 졸업과 함께 공부도 끝이 나면 안 된다. 아이들은 살아가면서 적어도 7개 이상의 직업을 갖게 될 것이라는 이야기도 들린다. 그만큼 빠른 속도로 세상은 변하고 있고, 교육 역시 빠른 속도로 변할 것이다. 그러므로 이러한 시대를 살아갈 아이들을 과거 우리가 살던 모습에 끼워 맞추려고 하면 안 된다. 디지털에 익숙한 아이들을 교육자가 따라가지 못하는 실정이 되어서도 안 된다. 보다 열린 마음으로 세상의 흐름을 눈여겨보고 파악해야 아이들을 올바른 방향으로 지도해줄 수 있다.

미래 교육에 대한 이야기를 했으니, 다음 장에서는 혁신적인 미래 학교들을 소개하겠다.

세계적인 교육 추세, 미래 학교

세계적인 미래 학교 교실 모습을 엿볼 수 있는 7개 학교를 소개한다.

1. 미네르바 대학교: 캠퍼스가 없는 혁신 대학

혁신적인 교육 모델로 꼽히는 미네르바 대학교는 2012년 4월 벤 넬슨Ben Nelson이 설립했다. 2019년 우리나라에서 서울대학교 사회학과를 비롯해 명문대학 여섯 곳에 합격해 화제가 된 학생이 서울대학교를

포기하고 미네르바 대학을 선택해서 화제가 되기도 했다. 미국에서도 하버드대학교와 스탠퍼드대학교에 동시 합격한 학생이 미네르바 대학교를 선택한 사례가 있다. '혁신'이라는 이름에 걸맞는 교육이 이루어지는 곳이다.

미네르바 대학교는 입학전형에서 표준화 점수SAT, TOFLE나 추천서, 에세이 등을 전혀 받지 않는다. 이러한 성적들은 경제적인 능력으로 많은 부분 만들어질 수 있는 것이라 판단한 것이다. 표준화 점수만으로 학생 개개인의 진정한 능력과 잠재력을 발견할 수 없다고 생각한다. 지원비도 없다. 미네르바 대학교를 벤치마킹하는 학교들이 생겨나고 있다.

4차 산업혁명과 함께 급변하는 세상의 흐름에 따라 대학 역시 전통적인 교육에서 탈피해야 한다는 생각으로 세계 고등교육에 변화가 일고 있는 것이다. 우리나라에서는 미네르바 대학교를 벤치마킹한 태재대학교(태재디지털대학교)가 2023년에 첫 신입생을 맞았다. 한국판 미네르바 대학교다. 수백 년간 이어져온 강의식 대학 교육 시스템을 뒤엎을 혁신적인 모델이 한국에서도 등장했다는 점에 의미가 있다. 국내에서의 이러한 시도 자체를 긍정적으로 보고 있다. 앞으로 보다 다양한 혁신 학교들이 계속 생겨나기를 바란다.

2. 칸랩 스쿨: 개인 맞춤형 교육

칸 아카데미Khan Academy의 살만 칸Salman Khan이 액톤 아카데미에서 아이디어를 얻어 2014년에 설립한 학교다. 칸랩 스쿨Khan Lab School은 구글, 애플, 페이스북 등의 기업들이 밀집해 있는 실리콘 밸리에 있다. '사람은 각자 배우는 속도가 다르다. 학교가 개개인의 능력에 맞게 가르쳐야 한다'는 교육 철학으로 학생마다 맞춤형 교육을 하고 있다. 학생 중심의 철학을 갖고 있다.

칸 아카데미 플랫폼을 활용한 개인 맞춤형 학습을 하면서 학생들은 어드바이저의 도움을 받는다. 스스로 자신의 목표와 주간계획을 계획하는 법을 배운다. 온오프라인 교육을 병행하는 블렌디드 러닝이 이루어진다. 일반 학교에서는 학생을 나이와 학년별로 구분하는 데 비해 칸랩 스쿨은 무학년제다.

3. 액톤 아카데미: 소크라테스식 토론으로 자기주도력 강화

액톤 아카데미Acton Academy는 소크라테스식 토론과 자기주도적 도전으로 아이들이 독립적인 평생 학습자가 되도록 준비시킨다. 소크라테스식 토론은 비판적 사고 기술과 생각하고, 쓰고, 말하는 능력을 연마하기 위한 것이다. 과학, 기업가 정신 및 예술에 대한 실습 퀘스트는 아이들이 견습 과정과 실제 세계의 도전에 대비할 수 있도록 한다. 수학은 무료 온라인 플랫폼 칸 아카데미를 사용한다.

4. 에꼴42: 교사, 교재, 수업료가 없는 프랑스 학교

코딩에 대한 열정만 있으면 나이, 인종, 국적, 학력 등에 아무런 제한을 두지 않는 것이 이곳의 모토다. 파리에 위치한 에꼴42Ecole 42는 SW교육의 혁신으로 프랑스는 물론 전 세계에서 주목하는 사립 IT교육기관이다. 에꼴42에는 유명한 3무無가 있다. 교사, 교재, 수업료가 없다. 또 디플로마diploma 학위도 없다. 이것이 의미하는 것은 무엇일까? 점점 학위 위주가 아닌 능력 위주 사회로 변화하고 있음을 짐작할 수 있다. 이곳은 전 세계 인재들이 모여드는 곳이다. 세계 여러 나라에 에꼴42 캠퍼스가 있다.

5. 싱귤래리티 대학: 미래학자가 설립한 학교

싱귤래리티 대학Singularity University은 2008년 미국의 발명가이자 미래학자 레이 커즈와일Ray Kurzweil과 피터 디아망디스Peter Diamandis가 설립했다. NASA로부터 부지를, 구글로부터 자본을 받았다. 구글 창업자 중 한 명인 래리 페이지Larry Page는 이 대학의 입학식에 참석했을 당시 "제가 대학을 다시 다니게 된다면 어떤 곳보다도 싱귤래리티 대학에서 공부할 것"이라고 말했다.

싱귤래리티 대학은 학위를 주지 않는다. 정식 학위를 주는 대학교가 아님에도 불구하고 전 세계로부터 많은 영재들과 기업인들이 찾고 있다. 지속 가능한 개발 목표에 대한 싱귤래리티는 물리학 용어로 '특이점'이라는 뜻이다. 인류의 모든 지능을 합한 것보다 더 높은 지능을 가진

인공지능이 출현하는 때다. 그들은 특이점을 2045년으로 예측하고 있는데, 코로나 팬데믹으로 8~10년가량 앞당겨졌다고 한다.

싱귤래리티 대학의 교육 목적은 10년 안에 10억 명 인류에게 영향을 미치는 사람을 양성하는 것으로 알려져 있었다. 하지만 2022년 웹페이지를 보니 이곳에서도 변화가 감지되었다. 교육 목표를 살펴보면, 10년이 5년으로 바뀌어 있었다. 그만큼 세상이 점점 더 가속화되어가고 있다는 의미가 아닐까.

our mission: We help leaders adapt to a world of accelerating change and empower them to leverage tech to improve the lives of one billion people over the next five years.

7. 태재대학교: 한국의 혁신대학

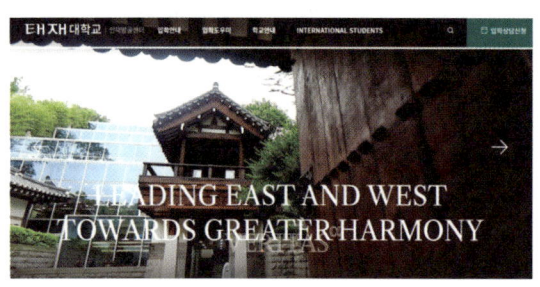

미국의 미네르바 대학을 벤치마킹한 캠퍼스 없는 대학이 한국에도 있다. 아직도 많은 분들이 태재대학교를 잘 모른다.

태재대학교는 2023년 9월 서울 종로구에 개교한 4년제 사립 사이버대학교로, 한샘 창업주 조창걸 명예회장이 설립했다. '태재泰齋'라는 이름은 음양의 조화를 뜻하는 '태泰'와 집을 뜻하는 '재齋'를 합해 동서양을 조화시켜 새로운 문명을 창조한다는 의미를 담고 있다. 동서양을 이해하고 세계 질서를 새롭게 만들어낼 수 있는 미래지향적 인재The Next Answer를 양성하는 것이 목표다.

태재대학교는 온오프라인 하이브리드 캠퍼스에서 운영되며, 모든 수업은 영어로 진행된다. 교수진은 미국 스탠퍼드대학교, 영국 케임브리지대학교 등 세계 유수 대학에서 초빙된 전문가들로 구성되어 있다. 21세기 디지털 시대를 선도하기 위해 모든 전공과정에 인공지능을 융합한 교육과정을 설계하여 운영한다. 5개 학부가 있으며, 모든 학생은 1학년 때 필수로 혁신기초학부 과정을 이수해야 한다. 2학년부터 각자 전공을 선택하는데 인문사회학부, 자연과학학부, 데이터과학과 인공지능학부, 비즈니스혁신학부 중 하나를 선택하거나 자기설계융합전공을 통해 자신만의 전공을 설계할 수 있다.

각 전공은 글로벌 리더를 육성하는 특화된 교육과정을 가지고 있다. 재학생들은 차별화된 글로벌 인게이지먼트 프로그램에 참여하며, 한국, 미국, 중국, 일본, 러시아의 레지덴셜 캠퍼스에서 다양하고 가치 있는 교육 현장을 경험하게 된다. 이 프로그램은 학업 과정의 모든 단계에 통합되어 있어 학생들이 다양한 문화를 심도 있게 이해하도록 하며, 이론적 지식과 실제적인 문제 해결 기술을 습득하도록 돕는다. 또한 현대적인 메타버스 캠퍼스와 결합되어 전 세계 어디에서나 학생과 교수들 간에 원활한 협업과 토론이 가능하게 한다.

또한 학생들이 재정적 제약 없이 글로벌 인재로 성장할 수 있도록 포괄적인 장학 프로그램을 운영하고 있다. 국내 학생과 외국인 학생 모두 다양한 형태의 장학금 혜택을 받고 있다. 학업 및 생활비용을 지원하는 워크 앤 스터디 장학금을 비롯하여 실리콘밸리 투어나 유럽 문명사

그랜드 투어 같은 체험 비용도 장학금으로 받는다. 학생들의 경력 개발을 돕기 위해 졸업 후 장학금 프로그램을 운영하여 졸업생들의 해외 최우수 대학원 진학, 국제기구 및 비정부기구 취업 지원, 스타트업 창업 등을 지원한다.

★ 세계혁신대학 랭킹

WURI 2024: Global Top 300 Innovative Universities (1 - 50)

Rank	Name	Rank	Name
1	Minerva University	26	University of Chicago
2	Arizona State University	27	Hankuk University of Foreign Studies
3	MIT	28	Columbia University
4	University of Pennsylvania	29	Franklin University Switzerland
5	Stanford University	30	Northern Arizona University
6	Ecole 42	31	Singularity University
7	Aalto University	32	Florida State University
8	Hanze University of Applied Sciences	33	Peking University
9	University of California, Berkeley	34	University of Twente
10	California Institute of Technology	35	Ohio State University
11	Princeton University	36	Florida Gulf Coast University
12	Harvard University	37	University College London
13	Incheon National University	38	Flinders University
14	Boston University	39	University College Dublin
15	Simon Fraser University	40	Beijing Normal University
16	Seoul National University	41	Sussex University
17	National University of Singapore	42	Tra Vinh University
18	Abdullah Gul University	43	Indira Gandhi Delhi Technical University for Women [IGDTUW]
19	Tsinghua University	44	Yale University
20	Deggendorf Institute of Technology	45	Badr University in Cairo
21	University of Oxford	46	Trinity College
22	University of Cambridge	47	University of Copenhagen
23	Duke University	48	IEDC-Bled School of Management
24	Olin College of Engineering	49	Kyoto University
25	University of California, Merced	50	Burapha University

지금까지 언급한 미네르바 대학교, 에꼴42, 싱귤래리티 대학교를 비롯해서 혁신대학을 평가하는 랭킹WURI, World's University with Real Impact이 있다. 4차 산업혁명과 그 이후의 미래를 준비하며 전 세계 주요 100대 대학의 혁신 수준을 평가하는 '혁신대학 2024 랭킹' 1~50위까지만 소개한다. 1위는 미네르바 대학교, 2위는 애리조나 주립 대학교, 3위는 MIT, 6위는 에꼴42이다. 싱귤래리티 대학교는 31위다. 우리나라 한국외국어대학교도 27위를 했다.

전기밥솥 놔두고,
아궁이에 밥 짓는 부모들

　세상은 우리가 느끼는 것보다 훨씬 더 빠르게 변화하고 있다. 교육 역시 마찬가지다. 교육의 변화와 흐름에 대한 책들은 쉽게 구할 수 있다. 나 역시 미래 교육 도서들을 읽으면서 많이 깨닫고 성장할 수 있었다. 물론 나의 성장 동력은 독서만은 아니었다.

　더 중요한 것은 독서 이후의 '실천과 실행'에 있었다. 아는 것에서 그치지 않고, 배운 것을 상황에 맞게 재해석하고 재창조하는 과정에서 나만의 것을 만들고 실천해 나갔다. 많이 아는 것도 중요하지만 앎에서 끝나면 더 이상의 발전은 없다. 나와 내 아이에게 적용할 점이 있다면, 적극적으로 실천해봐야 더 많은 변화와 성장이 있다. 그 과정에서 시행착오도 있겠지만, 그 역시 배우고 성장할 수 있는 시간들일 것이다.

　요즘은 독서도 많이 하고 똑똑한 부모들이 많다. 그러나 많은 엄마들을 만나며 발견한 공통점이 하나 있다. 어떤 사실을 깨달아도 실제 행동으로 옮기는 '실천력'이 약했다. 고민하지 말라는 것이 아니다. 고민도 하고, 더 알아보는 시간도 필요하다. 하지만 고민이 필요 이상으로 길어지면 실행으로 옮기기도 전에 지쳐서 끝나버린다. 주저하는 사이에 아이의 귀중한 시간이 다 지나가버리는 경우도 많이 보았다. 새롭게 알게 된 것을 내 것으로 만들고 소화시키며 노력하는 실천의 시간이 반드시 필요하다. 앞서 적은대로 교육 선진국에서는 더 혁신적인 교육의 시도가 이미 이루어지고 있다. 우리나라는 그에 반해 변화 속도가 더디고 교육의 방향성은 여전히 '대학입시'에 맞추어져 있는 실정이다.

생활용품도 새롭고 편리한 것이 나오면 사용해보고 그 편리함과 효율성을 경험해본다. 그런데 유독 교육에서만큼은 왜 기존의 패러다임을 깨지 못하고 과거의 프레임에 갇혀 있는 분들이 많은 걸까? 어찌 보면 가장 빨리 패러다임을 깨고 나와야 하는 분야가 교육 아닐까? 사람은 본래 익숙한 것을 선호하는 경향이 있다. 새로운 것을 시도할 때 작은 변화여도 심적 부담이 있고, 새로운 방식에 적응하기 위해 노력해야 한다는 것을 알기 때문이다. 하지만 그러한 최소한의 노력조차 하지 않는다면 기존에 살던 방식에 안주하며 더 나은 대안을 바라보지 못하고 살던 대로 살아가게 된다.

더 편리하고 효율적인 것을 받아들이지 않기로 '선택'한다면 그 선택에 대한 불편함과 손해를 나뿐만 아니라 우리 아이들이 떠안게 될 수도 있다. 밥을 할 때도 전기밥솥으로 하는 것과 전통 방식인 아궁이에 하는 것 중에 무엇이 편리하고 밥도 더 잘 되는지는 오래 생각하지 않아도 알 수 있다. 교육도 마찬가지다. 많은 사람들이 다 하는 방식이라고 그것이 정답이 될 수는 없으며 더 좋은 결과를 보장하지도 않는다.

홈스쿨링 실전 편

5장

지름길을 쉬쉬하는 사람들

자퇴생들이 많아지는 이유

최근 몇 년 새 학교를 떠나는 고등학생들이 많아지고 있다. 여성가족부가 공개한 '2021년 학교 밖 청소년 실태조사' 결과에 따르면 학교 밖 청소년(자퇴, 미진학, 면제 등 사유로 공교육을 받지 않는 청소년)이 학교를 그만둔 시기는 고등학교 때가 56.9%로 가장 많았다. 3년 전인 2018년보다는 3.6%P(포인트) 낮아졌고, 그다음 중학교 27.3%, 초등학교 15.8% 순으로, 각각 0.4%P, 3.4%P 높아졌다. 학교를 그만둔 이유로 가장 많이 꼽힌 것은 '학교에 다니는 것이 의미가 없었기 때문'(37.2%)이라고 한다. 2018년 조사에 비해 '다른 곳에서 원하는 것을 배우기 위해'(29.6%) 학교를 그만두는 비율은 증가했다.

국내 공교육의 효율이 떨어지고 있다 보니 사교육 열풍은 거세진다. 한 가지 더욱 안타까운 점은 자퇴 이후의 행보다. 오직 검정고시로만 대안을 찾는다는 것이다. 이외 다른 길을 알지 못하기 때문일 것이다.

더 나은 대안도 있고 다른 방법도 있음을 많이 알려주고 싶다. 검정고시가 꼭 필요한 아이들은 그렇게 해도 좋다. 우리처럼 미국 온라인 스쿨로 미국 고등학교 졸업장이 필요하다면 이 길을 선택해도 좋다.

두 마리 토끼 vs
한 마리 토끼

　홈스쿨링 계획을 갖고 있더라도 두 가지 옵션 중에 무엇을 선택할지 고민하는 경우가 많다. 자퇴를 하고 홈스쿨링으로 완전히 전환할지, 학교를 다니면서 학습 내실은 집에서 각자 챙기는 방향으로 할지 말이다.
　결론부터 말씀드리면 두 가지 모두 가능하다. 두 가지 경우를 모두 고려해보되, 각 가정의 상황과 아이에게 보다 잘 맞는 방향으로 선택하면 된다. 무슨 일이든 마찬가지겠지만 완벽한 정답은 없다. 이렇게 저렇게 시도해보며 수정을 거치다보면 적합한 방법을 찾아간다. 앞서 염려하지 않아도 된다.
　왜냐하면 홈스쿨링은 생각하는 것보다 훨씬 쉽고, 단순하고, 수월하기 때문이다. 나에게 미국 온라인 스쿨 컨설팅을 받는 분들 중에는 아이들이 학교를 좋아해서 학교에 다니면서 집에서 온라인 스쿨을 병행하는 경우도 많다. 엄마는 홈스쿨링으로 전환하고 싶어 하지만, 아이가 학교를 좋아한다면 이렇게 병행해도 된다.
　또는 워킹맘이어서 바로 홈스쿨링으로 전환하기가 어려운 경우도 있다. 이 중에는 초등학교까지만 다니고 중학교부터는 홈스쿨링으로 전환해서 온라인 스쿨에 집중하려는 아이들도 있다. 당분간 학교와 미국 온라인 스쿨을 병행하고자 하는 아이들도 있다.

이렇게 다양한 형태로 배워나갈 수 있다. 교육에서 다양한 모습과 선택은 굉장히 바람직하다고 생각한다. 아이들은 제각각 다른 존재이기 때문이다. 모두 다른 아이들이 동일한 방식과 동일한 진도로 배움을 해나가는 것은 비효율적일 뿐 아니라, 배움의 주체인 아이들을 배려하지 않는 교육환경이라고 생각한다. 혹은 학교와 온라인 스쿨을 병행하면 너무 힘들지 않을까 걱정될 수도 있겠지만, 사교육을 하는 것보다 훨씬 적은 시간과 비용, 에너지로 내실을 챙길 수 있다.

학교와 온라인 홈스쿨링을 병행하는 아이들

　엄마들을 만나보니 아이가 학교에 가는 걸 좋아하는데도 온라인 스쿨을 병행하고 싶다는 분들이 많았다. 학교도 다니고 온라인 스쿨도 한다? 그렇게 되면 한국의 공교육과 미국의 온라인 스쿨, 학교를 2개 다니는 셈이다.

　처음에는 공교육과 온라인 스쿨 병행을 반대했다. 왜냐하면 요즘 아이들이 너무 바쁘고 그들의 일상이 대략 어떤지 알기 때문이다. 아이들에게 버겁고 힘들 것이 예상되어서 병행은 가급적 하지 않는 것이 좋겠다고 생각했다. 하지만 이 길을 원하는 아이와 부모들이 많고, 장점도 많아서 병행할 수 있는 방법이 무엇인지 깊이 고민해 보았다. 역시 뜻이 있는 곳에 길이 있었다.

　방법은 생각보다 간단했다. 불필요한 사교육을 줄이면 해결되었다. 시간도 확보될 뿐더러 사교육 비용도 줄어든다. 뿐만 아니라 일상이 여유로워져서 독서나 또 다른 관심사에 집중할 수 있는 기회까지 덤으로 얻을 수 있다. 학교와 병행하는 경우에는 온라인 스쿨에서 하루에 해야 하는 공부 시간을 많이 설정하지 않는다. 초, 중, 고등학생에 따라 학생의 편차에 따라 조금씩 차이는 있지만, 대체로 초등 저학년인 경우에는 하루에 30~40분 정도면 충분하다. 학원 하나 다니는 시간보다 적다.

학원에 가려면 어떤가? 일단 기본적으로 준비하고, 학원에 오가는 시간이 걸리는데 이 시간을 대신해서 충분히 온라인 스쿨 병행이 가능하다. 심지어 온라인 스쿨은 집에서 공부하므로 학원 하나를 다니는 시간보다 더 적게 들 수 있다. 합리적이고 충분히 가능한 방법이기 때문에 하지 않을 이유가 없다. 그간 온라인 스쿨 컨설팅을 받고, 현재 2개 학교를 병행하고 있는 아이와 엄마들의 후기를 소개한다.

사례 1: 초2 배○○ 어머니

초등 2학년 여름방학 때 온라인 스쿨을 시작해서 공립학교와 병행하고 있습니다. 하교 후 피아노학원에 다녀오면 2시 반쯤 집에 옵니다. 온라인 스쿨은 주 5회 30분씩 수업을 듣고 있어요. 처음 수업은 G1으로 시작했으나 아이가 쉽다고 해서 영어를 제외한 과목은 G2를 듣고 있습니다. 한국 수학은 좋아하지 않는데, 온라인 스쿨에서 배우는 수학은 정말 재미있다며 열심히 공부하고 있어요. 사교육은 방과 후 한 과목, 피아노 학원 주 4회가 전부여서 시간적 여유가 많습니다. 온라인 스쿨 30분, 영어 영상은 2시간 이상, 책읽기 1시간을 하고 있습니다.

친정엄마가 집에 오셨는데, 아이가 온라인 스쿨 수업 듣는 모습을 보셨어요. 영어로 진행되는 수업을 다 알아듣는다고 깜짝 놀라셨죠. 잘 키워보라며 고등, 중등 되는 조카들도 가능한지 여쭤보셨어요. 수업료를 듣고 또 한 번 놀라셨죠. 친정엄마도 알아보시는 온라인 스쿨입니다. 언니(필자)를 알기 전 아이 1학년 때는 태권도까지 다녀서 아이가 많이 바빴어요. 게다가 주변에서 들은 말 때문에 아이에게 수학 문제집을 많이 들이밀기도 했어요. 초등 1학년 때는 아이가 울면서 수학 문제집을 풀었어요.

언니를 만나고 사교육을 정리하니까 많이 여유로워졌어요. 언니 조언대로 아이를 존재 자체만으로 사랑해주고 칭찬을 많이 해주었더니 아이와의 관계도 정말 좋아졌어요. 이젠 아이도 저도 마음의 평화를 얻고 행복한 나날을 보내고 있습니다. 언니 감사합니다.

사례 2: (형제가 직접 작성한 후기) 3학년 황○○

온라인 스쿨은 제 수준에 맞춰서 할 수 있고, 숙제가 없어서 좋아요. 다른 친구들이 얼마나 공부했는지 진도를 비교해볼 수 있는 점도 좋아요. 학원에도 안 가고, 영어학원에 다니는 친구들보다 영어가 더 잘 들리고 친구들 앞에서 자신 있게 말할 수 있을 만큼 실력도 늘었어요.

사례 3: 5학년 황○○

학원에 가지 않고 집에서 수업을 들어서 좋아요. 친구들이 서로 나쁜 말을 하면서 상황이 안 좋을 때, 영어로 휘리릭 대응하면 친구들이 갑자기 나쁜 말들을 멈춰요. 그때 영어를 하는 게 즐거워요. 제 2외국어를 영어로 배울 수 있어서 좋고, 학교 영어 시험도 자신 있어요. 저는 온라인 스쿨에서 social study 수업이 가장 재밌어요.

사례 4: 황○○ 부모님

시골에 유일하게 있는 영어 공부방도 수강료가 적은 금액이 아닌데, 이에 비해 정말 저렴한 금액으로 영어권 국가의 각 학년이 배우는 현재 지식을 영어로 제대로 배울 수 있어서 대단히 효율적이라고 생각합니다. 시공간 제약 없이 의지만 있으면 언제든지 배울 수 있어서 좋아요. 시차를 맞출 필요가 없어서 학교생활과 병행 가능한 부분도 매우 실용

적입니다. 온라인 스쿨은 그날의 스케줄에 따라 자유롭게 30~80분 사이로 진행하고 있어요. 아빠는 학교를 두 군데씩 다니는 우리 아이들을 대견하고 자랑스러워해요.

온라인 홈스쿨링만
하는 아이들

사례 1: 15세에 미국 고등학교 졸업, 전○○

우리 집 첫째 1호 이야기다. 우리는 처음부터 학교에 단 하루도 다녀본 적 없이 홈스쿨링을 했다. 영어를 잘 하게 되면서부터 5학년 봄에 미국 온라인 스쿨에 입학했다. 홈스쿨링을 온라인 스쿨에서 한 것이다. 한국어보다 영어가 더 편해졌을 때 미국 온라인 스쿨에서 공부하기로 한 선택은 지금 생각해도 너무 적절했다.

초등과정은 하루 평균 1~2시간, 중등 과정은 하루 평균 2~3시간, 고등과정은 하루 평균 3~4시간 정도 공부했다. 주 6일 공부하고, 일요일은 쉬는 날로 정했기 때문에 주 6일 공부한 셈이다. 아이의 일상은 늘 여유로웠다.

우리는 처음부터 홈스쿨링을 계획했기 때문에 나는 홈스쿨링 책을 두루 읽으면서 오래 준비했다. 미국의 온라인 스쿨 입학 결정은 아이 인생의 터닝 포인트가 되었다. 영어를 잘 준비해온 덕분에 좀 더 수월하게 학업을 진행해나갈 수 있었다. 그 여정의 끝에서 큰 아이는 2025년 15세 봄에 고등학교 전 과정을 마쳤다. 이 책이 출간될 무렵이면 큰 아이는 대학 진학을 준비하고 있을 것이다. 올해 여덟 살인 둘째 역시 온라인 스쿨에서 G2 과정을 공부중이다.

사례 2: 중3 채○○ 어머님

인생에 찾아온 위기와 변화. 하지만 '위기는 기회다'라는 말처럼 미국 온라인 스쿨은 더할 나위 없는 최고의 선택이었다. 온라인 스쿨의 장점은 자기주도학습과 시간적 여유다. 스스로 학습 과목을 선택해서 계획하고 온라인 학습을 진행한다. 시간적으로 여유가 있어서 충분한 휴식이 가능하기에 오히려 수업할 때 고도의 집중력을 발휘할 수 있다. 고도의 집중력은 학습의 이해력과 성취도를 높여주고, 그로 인해 GPA^{Grade Point Average} 관리에도 도움이 된다.

아이는 자기만의 속도로 학습을 진행 중이다. 서두르지 않았음에도 집중한 결과 조기 졸업이 예상된다. 시간적 여유는 많은 경험을 가능하게 한다. 좋아하는 취미생활도 할 수 있고, 관심 분야의 명문대학 무크 수업을 온라인에서 자유롭게 수강해서 들을 수 있으며, 독서 시간도 충분히 주어진다. 평소에 관심 있었던 드럼과 태권도도 배우고 있다. k-pop 댄스도 즐겨 한다. 아이는 무크 수업을 들으면서 대학에서 전공하고 싶은 분야를 계속 찾고 있다. 전공을 찾으면 집중해서 더 깊이 공부해볼 수 있기에 대학 공부에도 빠르게 적응할 수 있을 것이다.

사례 3: 6학년 김○○ (자매가 직접 작성한 후기)

홈스쿨링을 시작하고 좋은 점은 모든 과목을 공부하면서도 내가 좋아하고 관심 있는 과목을 학년에 구분 없이 집중할 수 있고, 내 실력에 맞는 난이도로 공부할 수 있다는 점입니다. 크게 느낀 점은 홈스쿨링을 하려면 강한 자기주도력이 필요한데 하루 루틴을 짜고 이행하고 자신을 통제하는 연습을 하다 보니 자기주도력이 길러졌습니다. 특히 명확한 이유가 있어야 홈스쿨링을 계속할 수 있을 것 같습니다.

사례 4: 6학년 김○○

학교를 다니다가 홈스쿨링을 하게 되면서 제일 강하게 느낀 것은 스스로 계획을 짜서 학습한다는 게 생각보다 훨씬 어렵다는 것입니다. 홈스쿨링을 성공적으로 잘 하기 위해서는 스스로 컨트롤하는 능력이 좋아야 합니다. 스스로를 컨트롤하는 것이 처음에는 어려웠지만, 계속하다 보니 어느 순간 몸에 배서 나중에는 어렵지 않게 되었습니다.

같이 홈스쿨링 하는 사람들과 소통하거나 외부 활동을 하면서 새로운 친구들도 사귈 수 있었어요. 또 좋은 점은 내가 원하는 분야를 원하는 만큼 공부할 수 있다는 것입니다. 빨리 공부를 끝마치고 사회에 나가서 남들보다 이른 나이에 실패와 성공을 경험할 수 있다는 사실이 홈스쿨링의 가장 큰 장점이라고 생각합니다.

사례 5: 김○○ 어머니

아이들에게 홈스쿨링을 소개한 가장 큰 이유는 시간과 비용의 절약 때문이었어요. 학교에서 배우는 것 중에는 학생들이 이미 알고 있는 것도 있고 모르는 것도 있는데, 학교는 사실상 이 점을 고려해서 학생에게 맞는 학습을 제공하기 어렵죠. 각각 학생에게 딱 맞춘 속도와 난이도로 학습하는 것은 다수가 있는 교실에서는 어렵습니다. 학교 공부가 필요 없다는 게 아니라, 길게 봤을 때 홈스쿨링으로 이미 알고 있는 것은 복습 정도로 넘어가고, 잘 모르는 것에 시간을 들여 학습하는 게 효율적이라고 생각했어요. 그러면 고등학교 과정까지 12년이 채 안 돼서 끝마칠 수 있더라고요.

대학에 조기 입학하면 결과적으로 사회생활을 좀 더 빠른 나이에 시작할 수 있을 거라 판단했습니다. 대입이 목표가 아닌 성공적인 커리어를 만드는 게 목표였기 때문에 시간과 비용 측면에서 훨씬 효율적인 방법이었죠. 아이들에게도 자세히 설명했는데, 좋은 방법 같다고 동의해서 시작할 수 있었어요.

두 번째 이유는 한국의 대학입시와 취업이 크게 연관이 있지 않다는 생각에서였습니다. 저와 남편 모두 열심히 공부해서 취업에 성공했지만, 의대에 목숨 거는 지금 대입의 현실을 봤을 때 아이들에게 수능이 인생에 과연 얼마나 도움이 될까 싶었어요. 본인이 하고 싶은 분야를 학습하면서 전문성을 키워 나가도록 도와주는 게 훨씬 더 의미가 있을 것 같아서 홈스쿨링을 선택했습니다.

홈스쿨링을 시작한 지 9개월에 접어드는데요. 아이들에게 가끔 다시 학교로 돌아가고 싶지 않냐고 물어보면 지금이 훨씬 낫다고 합니다. 시간 활용 측면에서 가장 만족도가 높은 것 같아요. 본인들이 스스로 학습 시간을 정하고 수정하며 생활을 통제하고, 계획을 잘 못 지키면 반성도 하는 과정에서 자기효능감이 향상되는 느낌을 받았습니다.

홈스쿨링을 하면 아이들과 함께 하는 모든 것들에 좀 더 신경이 가더라고요. 책 한 권을 읽더라도 엄마(부모)도 같이 읽고, 영상 하나도 함께 보며 대화를 나눠요. 외부 활동도 관심 있게 더 찾아봅니다. 보고 듣는 모든 것에서 아이들이 성장했을 때 도움될 만한 것을 주의 깊게 살펴보게 되고요. 이렇게 아이들의 관심사를 파악하려는 노력을 열심히 하게 됩니다. 이런 과정이 부모에게도 좋은 경험이 되고 있어요. 우리 아이들이 어떻게 성장할지 정말 기대됩니다.

자퇴생도
문제 없다

　사실 가장 추천하고 싶은 방법은 홈스쿨링이다. 학교와 병행하지 않고 온전히 홈스쿨링 세계로 풍덩 뛰어들어 아이들과 함께한 시간이 참 좋았다. 하지만 모두 홈스쿨링을 할 수는 없으므로 적극적으로 추천하기에는 조심스럽다. 그럼에도 불구하고 공교육을 하지 않고 홈스쿨링을 하면서 너무 만족스럽고 좋은 점들이 많다고 느꼈기 때문에 가능하다면 이 방법을 추천하고 싶다.

　자퇴생들에게도 좋은 선택이다. 자퇴를 결정하기까지 오랜 시간 고민했을 아이들, 부모들에게 좋은 대안이다. 아이가 학교를 다니지 않겠다고 선언하면 부모들은 화들짝 놀라고, 당장 큰일이라도 나는 줄 알고 걱정이 태산이다. 이제는 학교가 아니더라도 배울 수 있는 방법이 굉장히 다양하게 열려 있기 때문에 염려하지 말고 내 아이에게 보다 적합한 길이 무엇인지 차분히 알아보면 좋겠다.

　앞에서도 말했듯이 홈스쿨링의 최대 장점은 시간이 굉장히 여유롭다는 것이다. 요즘 미취학 아이들부터 고등학생들 모두 시간이 없다고 아우성이다. 블로그에서 가장 많이 듣는 고민도 바로 시간이 부족하다는 것이었다. 아이들 하루하루가 너무 여유 없이 빡빡한 스케줄로 가득 차 있기 때문이다.

아이의 일상이 여유롭다는 말은 여러분이 생각하는 것보다 훨씬 더 깊고 큰 의미가 있다. 아이가 집에서 여유로운 시간을 보내는 것을 보면서 빈둥거린다 생각하고 뭔가를 더 해야 할 것 같다고 생각하는 분들도 많은 것 같다. 아이들에게 그런 시간은 절대적으로 필요하다. 시간이 여유로워지면 아이의 몸과 마음도 여유로워지기 때문에 그 시간과 에너지를 보다 좋은 방향으로 풀어나갈 수 있다. 아이가 어떠한 방향으로 걸어가는지 가만히 지켜보라. 정말 흥미진진하고 경이롭기까지 하다.

대부분 부모들이 그런 시간을 허락하지 않고, 기다리지 못하고 조바심을 내기 때문에 이런 부분을 놓치거나 관찰하지 못하는 경우가 많다. 아이를 키우면서 가장 힘들면서도 중요한 부분을 꼽으라면 조바심을 내려놓고 기다리는 것이다. 어렵겠지만 조금씩 내려놓는 연습이 필요하다.

한국 검정고시 VS 미국 온라인 스쿨

아이의 영어 아웃풋은 4학년부터 나오기 시작했다. 그 전에는 나도 아이와 함께 하는 엄마표 영어가 처음이었고, 아이도 처음이었기 때문에 진행과정에서 결과가 어찌 나올지 예측할 수 없었다. 게다가 당시엔 홈스쿨링을 하면 검정고시라는 하나의 선택지밖에 알지 못했기 때문에 아이가 6학년이 되면 당연히 검정고시를 보려고 생각했다.

그런데 그 사이 아이의 영어 실력이 점점 더 발전해서 5학년 봄에 미국 온라인 스쿨에 입학할 수 있었고, 국내 입시를 하지 않는 쪽으로 방향이 흘러갔다. 미국 온라인 스쿨에서 학업을 마치면 미국 고등학교 졸업장을 받기 때문에 굳이 한국에서 검정고시를 보며 학력 인증을 위해 한국과 미국의 두 가지 과정을 병행할 필요성을 느끼지 못했다. 유학을 가고자 하는 아이의 열망이 점점 더 커지고 있었기 때문이다.

그래서 한국 검정고시는 선택지에서 제외하고 모든 학습을 영어로 전환하고 미국 고등학교 졸업장을 받는 과정만 선택했다. 이 역시 각 가정과 아이의 상황과 필요에 의해 선택지가 달라질 것이다. '언제나 기준은 내 아이'에게 있다. 아는 만큼 보이기 때문에 내 아이에게 잘 맞는 방향과 길을 적극적으로 알아보면 좋겠다.

우리 집 사례 역시 기준이 아니다. 우리가 잘했다고 그 길이 모두에게 잘 맞는 길은 아니기 때문이다. 어떠한 사람이 걸어온 모든 여정과 과정을 잘 참고해서 우리만의 길을 새롭게 만들며 걸어가야 한다. 각자에게 보다 잘 맞는 길을 선택하기를 응원한다.

우리 아이는 남들보다 수월하게 영어를 한다

 엄마표 영어는 쉽고 단순하다. 무엇이든 직접 경험해보지 않은 일은 처음에는 어려워 보이고 두려울 수 있다. 하지만 오랜 시간 두 아이를 키우며 직접 실행해본 결과, 엄마표 영어는 오히려 영어학원에 다니는 것보다 쉽고 단순하며 효과는 확실하다. 정확히 알고 나면 이것보다 쉬운 길이 없다.

 수학, 과학처럼 학습이 아니다. 영어는 언어이므로 '습득'의 방향성으로 가야 한다. 이러한 특성 덕분에 단순하고 쉬운 길이 될 수밖에 없다. 학습이 아닌 습득으로 나아가는 길이기 때문이다. 단, 제대로 이해하고 포기하지 않고 꾸준히 실천만 한다면 말이다. 영어학원비도 절약할 수 있다. 단지 시험을 잘 보는 가짜 영어가 아닌 우리가 그토록 바라는 '진짜 영어'를 얼마든지 잘 할 수 있다. 아이가 세계를 무대 삼아 글로벌 인재로 자라갈 수 있도록 부모로서 최고의 선물을 선사해주는 것이기도 하다.

 이처럼 올바른 방법으로 포기하지 않고 꾸준히만 하면 누구나 잘 할 수 있는 길이 바로 엄마표 영어다. 이런 좋은 길, 올바른 길, 심지어 가성비까지 매우 훌륭한 엄마표 영어를 하지 않을 이유가 없다. 이 방법으로 우리 집 두 아이 모두 영어로부터 자유로워졌고, 한국어보다 영어를 더 편하게 사용한다. 그 결과 영어로 전 과목을 공부하는 미국의 온라인 스쿨 학생이 되었다. 자식 자랑을 하려는 게 아니다. 정말 가능한 방법이고 되는 길이니 어릴 때부터 비싼 영어유치원을 보내거나 보내고 싶은데 가정 형편 때문에 못 보내는 것에 대해 속상해 하지 말라는 것이다.

학원에 다니면서 레벨 테스트를 보거나 영어 단어를 외우지 않아도 되고, 엄마가 영어를 못해도, 영어 동화책을 읽어주지 않아도, 번거롭게 세이펜을 사용하지 않아도 된다. 이처럼 굉장히 쉽고, 편하고 단순한 방법이 바로 언니(필자)가 하는 엄마표 영어다. 이 좋은 길을 걸어가는 분들이 더 많아지면 좋겠다. 언제든 가까이에서 도움을 필요로 하는 분들과 함께하고자 한다.

6장

홈스쿨링의 학습 여정, 7~10세

공부 정서가 최우선이다

첫째 나이가 2025년 기준으로 15세다. 아이를 키우면서 학습에 대해 깨닫게 된 점이 있다면 공부에도 감정이 있다는 사실이었다. 우리나라 아이들을 떠올리면 기계적으로, 굉장히 치열하게, 경쟁적으로 하는 모습이 연상되다보니 공부와 감정을 연결지어 생각하기 어려웠다.

공부 정서는 쉽게 말해서 좋은 기분과 마음으로 공부하면 공부에 대한 긍정적인 사고가 심어지고, 자꾸 혼나면서 스트레스 받으며 공부하면 공부에 대한 부정적인 사고가 더해진다는 것이다. 물론 언제까지나 즐겁게만 공부할 수는 없다. 어느 순간에는 어려워지고 힘들지만 그 허들을 넘어서야 할 때도 분명 있다. 여기서 말하는 공부 감정이란 늘 즐겁게 공부하라는 뜻이 아니다. 공부 감정(공부 정서)의 간단한 개념만 알고 있어도 아이들 학습 지도에 도움이 된다.

만약 수학 문제를 풀고 나서 틀릴 때마다 꾸중 듣고 혼이 나는 아이가 있다고 가정해보자. 이 아이에게 수학은 어떤 감정과 의미로 자리 잡을까? 수학은 나를 짜증나게 하고, 스트레스만 받게 하고, 열심히 노력해봤자 혼나기만 하는 하기 싫은 과목으로 느껴질 것이다. 이런 감정과 함께 수학에 대한 마음의 문을 점점 닫게 될 확률이 매우 높아진다.

반대로 수학 문제를 풀고 난 뒤 틀렸다고 야단맞지 않고, 친절하고 알기 쉽게 가르쳐주고, 수학이 원래 조금 어렵지만 노력하다보면 충분히 잘 할 수 있다고 격려 받는 아이에게는 수학이 해볼 만하다는 긍정적인 감정으로 자리 잡히게 될 것이다. 시험과 평가에서 자유로울 수는 없겠지만, 어린 시절부터 결과와 점수로 비교 당하고 야단맞는 일이 최소한으로 줄어들면 좋겠다. 공부 감정이 잘 자리 잡도록 말이다.

큰 아이가 수학 공부할 때 있었던 2가지 에피소드가 생각난다. 3학년 무렵이었다. 수학 문제집을 풀었는데 유독 많이 틀린 날이었다. 문제를 몇 개 맞추고 무엇을 틀렸는지는 그 순간 중요하지 않았다. 그보다 아이의 기분이 신경 쓰였다. 누가 뭐라 하지 않아도 본인 스스로 많이 틀렸다는 사실을 인지한 순간 기분이 좋지 않을 것이다.

어떻게 해야 아이의 공부 감정을 망치지 않고 보다 발전적인 방향으로 나아갈 수 있을지 고민했다. 이런 순간을 앞으로도 많이 마주할 테니까. 별 일 아니니 괜찮다는 사실을 전해주려고 덤덤하게 "오늘은 좀 어려웠나보네" 하고 말을 건넸다. 아이는 썩 좋지 않은 기분으로 여느 때처럼 틀린 문제를 다시 풀기 시작했다. 하지만 같은 문제를 또 다시 틀렸다.

문제를 다시 읽어보고, 모르는 부분을 이해하는 일은 조금 천천히 해도 된다. 그보다는 현재 아이의 마음을 살피는 것이 더 중요하다고 생각했다. 아이에게 오늘은 수학을 그만해야 한다고 말했다. 평소 같으면 한 번만 다시 생각해보자고 했을 엄마가 그만 해야 한다고 말하니, 아이는 조금 이상했는지 나를 빤히 쳐다보았다. 정말 그래도 되는 건지 묻는 눈빛이었다.

"엄마가 보니까, 오늘 네가 공부하겠다고 정한 분량보다 훨씬 더 많이 최선을 다했어. 여기서 조금 더 하려고 무리하지 않는 게 좋겠어."

엄마는 네가 최선을 다하는 모습을 바로 옆에서 지켜보았고, 알고 보면 수학은 재미있는 과목인데 네가 그걸 발견하기도 전에 수학이 싫어질 수 있으니 오늘은 여기까지만 하고, 함께 거실로 나가서 시원한 아이스크림을 먹자고 했다. 이것이 그날 나의 최선이었고, 우리의 최선이었다.

공부를 하다보면 이해가 잘 되지 않는 순간이 있다. 수학은 당연히 어렵다. 틀린 문제를 또 다시 틀릴 수도 있다. 그런데 어른들은 빨리 이해하지 못하면 우리 애가 이러다 수학을 영영 못하게 될까 하는 조바심 때문에 지나치게 걱정을 한다. 같은 유형의 문제를 여러 번 틀리기라도 하면 또 틀렸냐고 몇 번을 설명했냐며 실망스런 눈빛을 보내고, 심지어 혼내는 분들도 많다.

입장을 바꿔 조금만 생각해보면 쉽게 알 수 있는데, 왜 어린 아이들이 배워가는 과정에서 완벽을 추구하려고 하는가. 어른들도 한 번에 모든 것을 척척 다 이해하고 실행하는 것이 아니지 않은가. 하물며 세상에 태어난 지 얼마 되지 않은 아이들은 오죽하겠는가. 하나하나 배워나가는 과정을 기특하게 여기고 옆에서 도와주어야 한다. 특히 옆에서 가장 지지해주어야 할 사람은 바로 '엄마'다.

아이에게는 우리 엄마가 이 세상에서 최고이며 가장 소중하고 중요한 사람이다. 그런 존재인 엄마가 칭찬과 격려는 해주지 않으면서 열심히 하다가 틀렸을 때마다 꾸중하고 나무란다면 아이 마음이 어떨까? 엄마는 선생님이 아니다. 내 아이에게 그저 엄마이면 된다. 그것으로 충분하다. 선생님이 되려는 순간 아이와의 건강한 관계는 물 건너간다. 더 큰 것을 잃을 수도 있다는 사실을 늘 생각해야 한다. 정말 중요한 것, 본질이 무엇인지를, 엄마인 우리는 늘 기억해야 한다.

꾸중한다고 더 빨리 이해할 수 있는 것도 아니지 않은가. 오히려 아이가 긴장감을 느끼는 환경에서는 알고 있던 것마저 잊어버릴 수 있다. 내 아이를 가장 사랑하는 사람이 엄마인데, 얻는 것보다 잃는 게 더 많은 상황을 엄마들이 만들고 있는 것이다. 지금 몇 문제 틀렸다고 아이 인생에서 결코 큰일이 일어나지 않는다. 그러니 아이 마음, 공부 감정(공부 정서)부터 잘 챙겨주자. 그리고 아이 마음보다 먼저 챙겨야 할 것은 바로 '엄마 마음'이다. 엄마 자신부터 잘 돌보고 사랑할 줄 알아야 그 사랑이 흘러넘쳐 아이에게 충분한 사랑으로 전달된다.

아이를 낳고 키우는 위대한 일을 하는 엄마들이 자기 자신을 더욱 아끼고 사랑했으면 좋겠다. 육아가 참 고되고 힘든 여정이다 보니 엄마들의 자존감이 점점 낮아지는 모습을 많이 본다. 엄마들이 최선을 다한다는 것을 잘 알고 있다. 엄마 자존감부터 건강하게 보살피며 사랑해야 한다. 엄마들이 아름답고 건강한 몸과 마음으로 아이를 진정으로 사랑하고 돌볼 수 있도록 언니로서 함께 응원해주고 싶다.

7세,
엄마표 영어와 고전읽기

　첫째 아이는 1학년부터 한글 고전을 읽기 시작했다. 축약본이 아닌 오리지널 고전을 읽으려고 노력했다. 책을 아주 좋아해서 스스로 많은 양의 책을 읽는 아이는 아니었지만 매일 꾸준히 읽었다. 몇 살에는 이런 책을 읽어야 한다는 지침이나 필독서도 중요하지만, 가급적 아이가 읽고 싶어 하는 책이 내 아이에게 맞는 책이라고 생각했다. 그렇다고 아무 책이나 마구 읽게 한 건 아니다. 어느 정도 가이드라인을 주고 그 틀 안에서 자유롭게 볼 수 있도록 했다.

　아이의 독서뿐 아니라 교육에서도 전반적으로 내가 가졌던 가치관 중 하나는 어른의 기준과 생각으로 아이의 한계를 미리 설정하지 말자는 것이었다. '아직 어리니까 이런 책은 어려워서 못 읽을 거야'와 같은 생각으로 사전에 아이의 기회를 차단하지 않기로 했다. 만약 아이가 본인 수준보다 어려운 책을 고르면 고른 대로 일단 읽어보게 했다. 정말 이 책이 아이에게 아직 어렵다면 읽어보다가 스스로 판단하고 읽지 않을 것이라 생각했다. 그러면 다른 책으로 다시 읽고 나중에 좀 더 커서 읽으면 될 것이다.

　책은 책일 뿐이다. 책을 통해서 아이는 세상을 들여다보고 경험한다. 책 안에 어려운 부분이 있을지라도 단 한 가지라도 배우고 느낄 수 있다면 가치가 충분하다고 생각한다. 나 역시 간혹 도움 안 되는 책을 만날 때가 있는데, 그럼에도 불구하고 그 책 안에서 미처 생각지 못했던 부분을 보며 인사이트를 얻기도 한다.

초등 1학년에게 고전이 조금은 어려울 수 있다. 그래서 여덟 살 아들이 잘 읽어나갈 수 있도록 조금씩 옆에서 도왔다. 우리가 읽은 고전은 <mark>'삼성 문학의 탐정'</mark>이라는 72권짜리 전집과 <mark>'시공주니어 네버랜드 클래식'</mark>이었다. 삼성 문학의 탐정은 초등 저학년부터 읽을 수 있는 고전 전집이다. 집중듣기를 시작할 때처럼 타이머를 맞춰 놓고 게임처럼 시작했다. 처음 접하는 책에 대한 부담감을 줄여주면서도, 즐겁고 좋은 기억을 심어주고 싶었다. 그래서 다음과 같은 방법으로 시작해보았다.

1. 책장에 있는 고전 중에서 아무 책이나 한 권 골라보라고 한다.
2. 고른 책이 무엇이든 "엄청 어려운 책을 골랐네"라고 말한다.
3. "이런 책은 최소한 3학년 형들이 보는데, 엄마 생각에는 너도 1~2분 정도는 읽을 수 있을 거야"라고 말했다. 네가 진짜 읽을 수 있는지 한번 실험해보자며 타이머를 1분 또는 2분을 맞춘다(1~2분으로 정한 이유는 아이가 부담 없이 도전해볼 수 있는 시간이었기 때문이다).
4. 타이머가 울리는 순간, 옆에서 매우 놀란 척 대단하다고 격하게 반응하며 물개박수로 칭찬했다.
5. 엄마가 보니까 "너는 5분도 읽을 수 있을 것 같다"고 말하자 칭찬을 받은 아이는 어깨를 으쓱하며 당연히 그 정도는 읽을 수 있다고 자신 있게 말한다. 그럼 다시 해보자며 타이머를 5분으로 맞추었다.

그렇게 조금씩 시간을 늘려가면서 고전을 매일 읽어나갔다. 부담 없이 즐겁게 시작해서 습관을 잘 들일 수 있었던 것 같다. 그 후로 매일 30분씩 고전을 읽었다. 1학년 가을 무렵부터는 시공주니어 네버랜드 클래식으로 이어서 읽어나갔고, 독서 시간은 30분을 넘기지 않았다. 다른 책들도 함께 읽었기 때문에 더 많은 양의 고전을 읽는 것에 욕심 부릴 시기는 아니라고 생각했다. 언제나 아이를 두고 욕심을 부리지 않으려고 노력했다.

어릴 때부터 친숙하게 고전을 읽어서인지 초등 6학년에 영어 원서로 고전을 읽어나가는데도 거부감이 전혀 없었다. 물론 판타지 소설처럼 흥미진진한 책이 아니기 때문에 조금 지루하게 느낄 때도 있었다. 책의 배경이나 주제가 가볍지 않기 때문에 속도도 안 나지만 꾸준히 읽으면서 습관으로 자리 잡았다.

1학년 때의 학습은 엄마표 영어, 수학, 독서, 3가지가 전부였다. 처음에는 과목별 교과서를 전부 구입했는데, 모두 구비할 필요는 없었다. 수학은 학교 진도대로 따라가려고 문제집을 한 권 사서 매일 1쪽 또는 1장씩 풀었다. 7세 가을 무렵부터 수학을 시작했다. 1학년 때는 2학년 수학을 공부했다. 국어 과목은 독서로 대체했고, 대부분의 시간은 레고를 만들며 지냈다.

홈스쿨링을 했으므로 국어 시험을 위한 공부를 따로 하지 않아도 돼서 좋았다. 그저 독서 그 자체로 충분했고, 그것이 더 좋은 방법이라고 생각했다. 5세부터는 레고에 푹 빠졌는데, 레고 사랑이 2학년 초까지 이어졌다. 틈만 나면 레고방에 다녔고, 집에서도 언제나 레고와 함께했다.

이 시기에 했던 다른 활동은 단지 내에 새로 생긴 수학 보드게임 교습소에 가는 거였다. 주 1회 다녔는데 평소 보드게임을 좋아했던 아이라서 굉장히 즐겁게 다녔다. 기존에는 수업 시작 시간이 아이들의 하교 시간에 맞추어 1시였다. 그런데 아이가 홈스쿨링 하는 것을 알게 된 교습소 선생님께서 감사하게도 오전 11시에 1 대 1로 수업할 수 있도록 배려해주셨다. 나중에는 오후로 수업시간을 변경해서 친구들과 함께 수업했다. 인격적으로도 참 좋은 선생님이셨다. 아이도 선생님을 참 좋아했다. 1년간 그렇게 즐겁게 수학 보드게임 수업을 했다.

8세,
바둑과 일상 루틴

    2학년 때도 1학년과 마찬가지로 3학년 수학 문제집 하루 한 장, 엄마표 영어, 독서 3가지를 매일 꾸준히 했다. 2학년에는 바둑학원을 처음으로 다녔다. 친한 친구들이 바둑학원에 다닌다는 이야기를 듣고 가고 싶어 해서 주 3회씩 갔는데 아주 재밌어했다. 진도도 빠르게 나갔고, 대회에서 작은 상도 받았다. 학원에서 본인보다 오래 다닌 형들과 대국해서 이기는 날도 많았다. 그런 날은 신나서 대국 했던 상황을 이야기해주곤 했다.

    3학년에 이사를 가게 되면서 바둑학원을 그만둘 때는 굉장히 아쉬워했다. 이사한 동네에는 가까운 곳에 바둑학원이 없어서 이어가질 못했다. 그 뒤로도 아이는 바둑을 배워보고 싶다고 이야기하곤 했다. 엄마표 영어로 매일 2시간씩 영화 흘려듣기도 즐겁게 이어갔다. 평범하고도 여유로운 나날의 연속이었다. 특별할 것 없는 일상 속에서 아이는 '매일 꾸준히'하는 습관을 다져가고 있었다.

    엄마표 영어와 수학 등 우리가 매일 하는 학습은 주 6일 기준이었다. 6일 동안 열심히 하고 하루는 마음껏 자유롭게 지내는 날로 정했다. 이 루틴은 15살이 된 지금까지도 이어지고 있다. 저학년 때는 수학을 매일 한 장씩만 했기 때문에 20분 정도면 여유롭게 끝이 났다. 엄마표 영어 집중듣기 1시간, 흘려듣기 2시간, 고전 30분, 그 외의 자유 독서 30분~1시간 정도, 주 1회씩 다니는 수학 보드게임학원, 주 3회 바둑학원이 아이 일과의 전부였다.

    나머지 시간은 친구들과 저녁밥을 먹기 전까지 놀았다. 같이 놀다가 아이들은 학원에 갔고 끝나면 다시 우리 집으로 합류하곤 했다. 아이들은 우리 집을 '본부'라고 표현했다. "○○네 본부에서 만나자", "○○네 본부로 와~"라고 재미있게 부르며 우리 집을 편안하게 드나들었다. 아이의 2학년 시기를 되짚어 보았지만, 더 이상 생각나는 게 없다. 그 정도로 단순하고 평범한 일상이었다.

9세,
조용한 성장

　3학년 6월에 이사를 했다. 2년 여간 형제처럼 지내며 밤낮으로 함께 놀던 친구들, 형들과 헤어진다고 생각하니 아이는 굉장히 아쉬워했다. 그런 아이를 보고 있자니 미안했다. 이사 가기 며칠 전에는 우리 집에 다함께 모여서 맛있는 음식을 먹으며 작별인사를 나누었다. 친구들도 아쉬워하기는 마찬가지였다. 다시 이 동네로 돌아오라는 친구들의 순수한 마음이 참 따뜻했다.

　시무룩한 아이에게 이사를 가도 지금처럼 친구들을 초대해서 놀면 되고, 한 번씩 이곳에 놀러올 수도 있다고 설명하며 마음을 달래주었다. 헤어짐은 아이나 어른이나 모두에게 힘든 일이었다.

　3학년 2학기는 새로운 동네에서 맞이하게 되었고, 공간의 변화만 있을 뿐 아이의 일상은 기존처럼 편안하고 여유로운 날들이었다. 수학은 4학년 문제집으로 공부해 나갔고, 집중듣기 1시간은 완벽한 습관으로 자리 잡았다. 집중듣기 1시간이 3학년 아이에게 매우 즐거운 일은 아니었지만, 반드시 해야 하는 일로 잘 이해하고 실천해서 기특했다.

　아이는 친구들에게 듣는 말들 중에 '여러 가지 학원에 다니기 싫다', '엄마가 가라고 해서 억지로 다닌다', '학원 숙제 하기 싫다'는 등의 이야기를 자주 들어서인지 본인의 생활에 더 만족해했다.

새로운 동네로 이사 와서도 우리의 일상은 같았다. 한 가지 달라진 점이 있다면 아직 친구가 없다는 점이었다. 짐 정리를 어느 정도 끝내놓고 일상을 회복한 후 어느 날 창밖으로 보이는 축구장을 아이와 함께 내려다보고 있었다. 몇 명의 아이들이 축구를 하고 있었는데 언뜻 보니 비슷한 또래 같아 보였다.

아이에게 축구장에 가보면 다시 친구들을 사귈 수 있을 것 같다고 말하자 씩씩하게 뛰쳐나갔다. 창밖으로 계속 지켜보고 있었는데, 아이는 축구장 울타리에서 친구들이 축구하는 모습을 잠시 지켜보다가 천천히 다가가 함께해도 되는지 묻는 것 같았다. 친구들이 들어오라고 사인하자, 어느새 친구들과 즐겁게 운동장을 누비며 축구를 즐겼다.

지난 동네에서 이미 많은 친구들을 사귀어 보았기 때문인지, 아니면 10살 남자 아이들 사이에서 인기 있는 축구를 아이가 꽤 잘해서인지 이날을 계기로 축구장에서 여러 친구를 사귈 수 있었다. 오전에 해야 할 일을 마무리해놓고, 친구들이 방과 후 축구장에 올 시간이 되면 축구화를 신고, 축구공을 챙겨서 나가 놀곤 했다. 얼마 지나지 않아 아이는 또 다시 많은 친구들을 집으로 데려오기 시작했다. 그렇게 우리 집은 언제나 그랬듯이 자연스럽게 동네 사랑방이자 아지트가 되었다. 친한 친구들은 6명 정도였고, 가끔 옆 동에 사는 형도 놀러오곤 했다.

불과 몇 개월 후에 국내 코로나 첫 확진자가 발생하게 될 줄은 상상도 못한 채 새로운 동네에서 새로 사귄 친구들과 마냥 즐겁게 놀았다. 주로 게임과 축구를 했고, 다함께 자전거도 타고, 놀이터에서도 놀면서 매일이 방학 같은 일상을 편안하고 행복하게 보냈다.

10세,
미국 교과서로 학습 전환

    2019년 12월 중국 우한에서 발생한 코로나. 국내 첫 코로나는 2020년 1월 20일 인천공항으로 입국한 내국인의 첫 확진으로 시작되었다. 고요했던 일상에 변화가 감지되면서 점차 걷잡을 수 없는 상황으로 흘러가기 시작했다.

    아이들이 학교에 가지 못했고, 어른들은 대부분 재택근무로 전환했다. 자영업자 분들은 힘든 시간을 견뎌야 했다. 모두 마스크를 쓰게 되면서 마스크 품귀현상까지 빚어졌다. 매일 집에 놀러오던 친구들이 더 이상 자유롭게 드나들지 못하는 상황이 되었다. 아이와 친구들은 전처럼 자주 만나지 못했고, 만나는 횟수도 점차 줄어들었다.

    처음 겪는 초유의 사태 앞에서 전 세계가 두려움에 잠식되는 듯했다. 처음에는 평소처럼 친구들과 자유롭게 만나지 못해서 답답함을 느꼈다. 뉴스를 함께 보며 현재 상황에 대해 아이와 이야기를 나누면서 자세히 설명해주었다. 코로나가 무엇인지, 함께 모이면 안 되는 이유가 무엇인지, 어떤 점을 조심해야 하는지.

    친구들을 자주 만나지 못하는 불편함 외에 일상의 큰 변화나 혼란스러운 상황을 겪지는 않았다. 학교에 가는 아이들이 장시간 마스크 착용으로 느낄 답답함을 생각하면 안쓰러웠다. 그동안 편안히 숨 쉬고 언제든지 친구들과 뛰어놀았던 일상이 얼마나 감사하고 소중한 것이었는지 깨닫는 시간이기도 했다. 이렇게 전 세계가 혼란스러웠던 시기에 우리는 집에서 늘 그래왔듯 평상시의 일상을 이어나갔다. 그리고 그해 봄. 원어민 선생님과 화상영어를 시작했다. 아이의 영어 아웃풋은 날로 발전했다(엄마표 영어 관련 내용은 8장에서 다루겠다).

4학년에는 미국 문제집을 구해서 조금씩 풀어봤다. 그동안 영어로 공부해본 적이 없었기 때문에 이 역시 해외 플랫폼을 활용했다. 미국 온라인 스쿨 5학년에 입학하기 전 단계의 워밍업 개념으로 미국 문제집을 활용했다. 아이가 4학년 때 잘 활용했던 교육 플랫폼들을 소개한다.

1. 칸 아카데미

칸 아카데미Khan Academy는 미취학Khan Academy Kids부터 고등학교 과정까지 있다. 수학, 영어예술, 과학, 예술 및 인문학, 컴퓨팅, 경제학, SAT 준비, 생활기술 등 다양한 과목들이 모두 무료다. 한국의 칸 아카데미가 따로 있지만 우리는 영어로 학습을 시작한 단계였기 때문에 처음에 도움을 많이 받았다.

2. 제너레이션 지니어스

홈스쿨링을 하면서 과학 실험 부분에서 늘 아쉬움이 있었다. 늦둥이 둘째를 돌보느라 따로 아이의 과학실험을 챙겨주지 못해 아쉬워하던 차에 제너레이션 지니어스Generation genius라는 곳을 찾아 연간회원 가입 후 4학년 후반부터 잘 활용했다.

굉장히 생생하고 몰입감을 주는 교육 영상을 잘 제작한다. 당시에는 과학 분야만 있었는데 2022년에 수학 분야도 새로 런칭했다. 과학과 수학을 영어로 배우기에 좋은 곳이다. 이곳은 k-8학년까지 대상으로 하는 플랫폼이다. 비디오를 기반으로 퀴즈게임, 읽기자료, 간단한 DIY 활동도 할 수 있다. 30,000개 이상의 학교 선생님들이 수업시간에 활용하는 곳이기도 하다.

우리가 활용할 당시에는 없었던 또 하나 새로운 옵션이 생겼다. 바로 과학실험 키트를 집에서 받아볼 수 있는 구독 서비스다. 화학, 생물학, 공학 등을 실험할 수 있는 모든 준비물이 들어 있는 키트를 집으로 배송 받을 수 있다. 단, 미국 내에서만 배송이 가능한 서비스다. 우리나라에도 이러한 서비스를 진행하는 업체들이 많은 것으로 안다. 아이와 집에서도 얼마든지 쉽게 과학실험을 해볼 수 있는 세상이다.

3. PBS러닝미디어

PBS러닝미디어PBS LearningMedia는 미취학부터 고등학교 과정까지 있다. 이곳 역시 칸아카데미처럼 다양한 주제의 과목을 다룬다. 수학, 과학, 영어예술, 사회, 보건 및 체육, 예술, 세계 언어, 공학기술, 미취학 아동의 신체, 인지, 사회 및 정서발달, 예술까지 모두 무료로 양질의 학습 영상을 볼 수 있다.

4. 브레인팝/브레인팝 주니어

브레인팝

브레인팝 주니어

브레인팝Brain POP/Jr은 미국 학교의 25% 이상이 사용하고 있는 플랫폼이다. k-8학년까지 이용할 수 있다. 무료체험도 가능하다.

Brain POP ELL: 의사소통 능력 향상

Brain POP Jr: 유치원~2학년

Brain POP: 3~10학년

교육적으로 잘 만들어진 영상들이 가득하다. 과목 역시 다양하게 모두 준비되어 있다. 과학, 수학, 사회, 영어예술, 공학, 기술, 건강, 예술, 음악 등이 있다. 일부 국내 영어학원에서는 이 브레인팝 프로그램을 도입해서 병행하는 곳도 있다. 브레인팝은 스페인어와 프랑스어로도 이용 가능하다. 우리가 이용할 당시에는 없었던 새로운 코너 Brain POP Science가 생겼다.

5. 타임포러닝

타임포러닝Time4Learning은 미국에서 홈스쿨링하는 사람들에게 많이 알려져 있는 인지도 높은 플랫폼이다. 홈스쿨링이 아니더라도 학습하기에 좋은 플랫폼이다. 2004년에 온라인 교육 서비스를 시작했으니 20년 역사를 가진 회사다. 미취학부터 고등과정까지 좋은 교육 동영상들이 있다. 수학, 과학, 사회, 역사, 언어예술, 고등학교 선택과목(경제학, 환경과학, 심리학, 개인금융, 미술사, 사회학 등)이 있다.

많은 온라인 외국어 학습 코너도 별도로 있는데, 로제타스톤과 제휴를 맺고 있어서 타임포러닝에서 약간의 추가요금을 내고 다양한 언어를 배울 수도 있다. 로제타스톤 외에도 요즘은 듀오링고와 같은 다양한 언어를 배울 수 있는 어플들이 많다.

6. 아웃스쿨

아웃스쿨 OUTSCHOOL은 원어민 아이들과 소그룹으로 수업하는 플랫폼이다. 요즘은 한국 아이들도 제법 많이 이용하고 있다. 연령별, 주제별로 굉장히 다양한 수업들이 개설되어 있다. 아웃스쿨은 원어민 친구들, 선생님과 함께 영어로 취미생활을 하기에도 좋다. 소그룹 수업뿐 아니라 1 대 1 수업도 다양하게 있다. 잘 활용하면 아이들에게 도움이 될 것이다. 스피킹이 어느 정도 되어야 수업에 참여할 수 있다. 처음에는 아이의 관심사나 취미와 관련한 수업으로 시작해보길 추천한다.

7. 비스트 아카데미

비스트 아카데미 Beast Academy는 6~13세 아이들을 위한 고급 만화 기반 수학 프로그램이다. 수학, 물리학, 화학 경시대회로 미국에서 유명한 AoPS Art of Problem Solving라는 회사에서 운영한다. 수학, 과학, 언어

예술 과목을 배울 수 있으며, 프로그램은 크게 3가지로 나뉜다.

    Beast Academy: 6~13세 대상. 스토리텔링 게임, 진도 보고
    AoPS Online: 중고등학교 수학 경시대회를 위한 온라인 과정
    AoPS Academy: 2~12학년 대상. 미국 지역별 캠퍼스 소그룹 과정

    비스트 아카데미와 AoPS 모두 홈페이지에서 교재도 구입할 수 있다. 비스트 아카데미 책은 만화 형식으로 되어 있지만, 내용은 만만한 수준이 아니다. 수학을 좋아하는 친구들은 한번 봐도 좋을 것 같다.

8. 프로디지 게임

    프로디지 게임Prodigy Game은 흥미진진한 게임 기반 수학 학습 플랫폼이다. 1~8학년이 이용 가능하고, 유료 멤버십도 있지만 무료로 기본적인 부분들을 이용할 수 있다. 우리가 이용했을 당시에는 수학만 있었다. 오랜만에 홈페이지에 방문해보니 영어 부분도 추가로 개설되어 있었다.

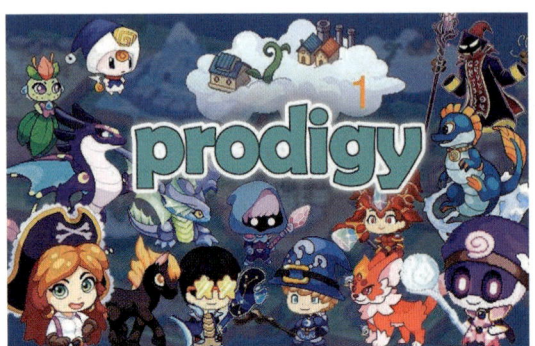

7장

미국 온라인 스쿨 학습 여정, 11~15세

11세,
미국 온라인 스쿨 입학

미국 온라인 스쿨 입학

5학년 되던 11살에는 국내에서 홈스쿨링을 하다가 미국 온라인 스쿨 G5로 입학했다. 아이에게 터닝포인트가 되었던 시기다. 모든 학습을 영어로 전환하게 된 굉장히 의미 있는 해였기 때문이다.

어느 날 미국에 신청했던 학생증이 도착했다. 그간 홈스쿨링을 지속해온 아이에게 이 학생증 카드 하나가 주는 묘한 소속감은 꽤 괜찮았다. 처음에는 온라인 스쿨 공부를 하루 1~2시간 내외로 하다가 학년이 올라가면서 조금씩 학습 시간이 늘어났다. 입학 후 한두 달가량은 온라인 스쿨의 시스템에 익숙해질 때까지 내가 약간의 도움을 주었다. 직접 공부를 하면서부터는 아이가 나보다 더 학교 시스템을 잘 파악했다. 처음에는 부모가 조금씩 도와주지만 어느 순간부터는 스스로 학습을 잘 해나가는 모습을 볼 수 있을 것이다.

온라인 스쿨도 정식 학교이기 때문에 중간중간 테스트가 있다. 과제를 제출하고 중간고사, 기말고사 시험을 본다. 학습하는 주 공간이 온라인일 뿐 학교에서 공부하는 것은 보통 미국의 학교 시스템과 같다고 보면 된다. 온라인 스쿨의 장점이 참 많지만, 그중에서도 부모 입장에서 아이의 학습 상황을 한눈에 볼 수 있는 시스템이 참 편리했다.

학교마다 시스템의 차이는 있겠지만, 아이가 다닌 학교는 시간이 지날수록 여러 가지로 참 마음에 들었다. 부모가 아이의 학습을 관리하기에도 좋았다. 학습 당사자인 아이도 본인이 지금 어느 지점에 있는지, 무엇을 보충해야 하는지, 숙제를 언제까지 제출해야 하는지 등에 대한 관리 및 파악이 편리했다.

온라인 스쿨에 입학하기 전에는 과목, 주제별로 각기 다른 플랫폼에 로그인해서 이곳저곳 이용하느라 조금 불편했다. 온라인 스쿨은 학생 아이디와 비번을 치고 로그인을 하면 전 과목의 학습은 물론 관리와 진행 상황, 시험 성적까지 모두 볼 수 있다. 그 점이 가장 편리했다. 학교 시스템 안에 아이가 들어가니 모든 것이 효율적이고 좋았다. 수업 퀄리티도 만족스러웠다. 무엇보다 아이의 학습 관리가 수월하기 때문에 아이를 이해하고 돕는 데도 효율적이다.

때로는 4~5시간 온라인 스쿨을 매일 하겠다고 한 적도 있었다. 늘 그랬듯 아이가 스스로 본인의 하루 학습량을 정해서 공부했다. 한 번은 아이가 새벽 6시 30분에 알람을 맞추고 일어나서 공부하겠다고 한 적이 있다. 가장 먼저 일어나서 공부하는 날도 몇 달 있었다. 이후 이렇게 저렇게 자신만의 패턴을 찾아가며 시도해보고 수정하기도 했다. 아이주도학습인 이런 시도들을 부담 없이 언제든 할 수 있는 것도 좋았다. 부모로서 아이의 의견을 듣고 그렇게 해보라고 격려해주고 응원해준 일밖에는 한 일이 없다.

홈스쿨링을 하면서 좋았던 것 중 또 한 가지는 언제든 아이의 상황에 맞춰서 '수정'이 가능하다는 점이었다. 아이에게 잘 맞지 않다는 것을 알고도 어쩔 수 없이 수동적으로 따라가는 것이 아니라, 적극적으로 내 아이에게 보다 잘 맞는 '내 아이만의 일대일 맞춤식 교육'을 할 수 있었다는 점은 매우 만족스러웠다. 자신의 하루 일과를 컨트롤하는 아이를 믿고 항상 지지해주고 응원해 주었다. 누군가 나에게 아이를 키우면서 가장 많이 했던 일이 무엇인지 묻는다면 거창한 어떤 것이 아니라 '물개박수'라고 답할 수 있다. 늘 온 맘을 다해 내 아이를 열렬히 응원하는 엄마이고 싶었다.

'내가 아이 입장이라면?' 이 부분을 늘 많이 생각했다. 아이들이 무슨 일을 하든, 무슨 말을 하든 엄마가 항상 물개박수를 쳐주며 반응해주고 귀 기울여 들어준다면 참 좋겠다고 생각했기 때문이다. 교육학을 전공하지 않은 엄마라도 이런 부분은 충분히 할 수 있으니까 말이다.

아이의 당시 학습 패턴은 보통 일어나자마자 1시간 정도 온라인 스쿨 공부를 하고 아침밥을 먹었다. 그리고 바로 이어서 2시간 더 공부했다. 점심에는 영화를 보거나 게임을 하며 휴식 시간을 가졌다. 이후 시간은 독서 1시간, ted-ed 보기, 〈뉴욕타임스〉 기사 읽기 등을 하며 오후 시간을 보냈다. 5학년 때는 코로나로 인해 자전거를 타는 것으로 운동을 대신했다. 아이가 수영 다음으로 좋아했던 운동이 자전거였는데 코로나 시기에 적절한 운동이었기 때문이다.

다양한 수업 경험해보기

5학년 때 했던 해외 온라인 수업으로는 마인크래프트 게임 및 코딩 수업, writing 수업, 과학 수업, 해외여행 수업 등이 있었다. 모두 해외 선생님들과 수업했다. 몇 주 또는 1~2개월 정도의 단기간 수업이었다. 수업은 보통 주 1회씩 했는데, 시차 문제로 주로 저녁에 수업을 들었다. 그중에서 기억에 남는 수업은 해외 여러 국적, 배경과 직업을 가진 선생님들을 만나보는 시간이었다. 아이가 다양한 사람들을 만나면서 보다 넓은 시야를 갖게 되기를 바라며 아이와 상의해가며 진행했다.

1회성 수업 선생님들을 찾기 위해 꽤 공을 들였다. 늘 수업 전에는 선생님들에게 우리의 간단한 소개, 왜 수업을 신청하게 되었는지에 대한 이유를 적어서 메시지를 보냈다. 우리가 원하는 수업 방향을 선생님께 미리 전달하는 것은 중요하다. 어떤 수업을 하든 수업의 주도권은 우리가 갖는 게 좋다. 선생님의 일방적인 수업을 수동적으로 따라가는 것보다는, 지금 우리 아이에게 필요한 수업이 어떠한 것인지를 먼저 정확히 인지한 후에 필요한 부분에 대해 수업을 이러이러하게 하고 싶다는 메시지를 전달하는 것이 훨씬 바람직하다. 이러한 맞춤식 수업으로 홈스쿨링의 장점을 십분 활용할 수 있었다. 우리가 만났던 선생님들을 간단히 소개해본다.

1. 하버드대학교를 졸업한 선생님

다른 선생님들보다 수업료가 2배 이상 비쌌다. 하지만 이 선생님과의 1회성 수업에서의 대화로 아이는 좋은 대학을 나오면 어떤 점이 좋은지, 학창시절 꿈에 대해, 내가 하고 싶은 일을 생각하는 것이 왜 중요한지를 더욱 깊이 느꼈다.

2. 전 구글 직원이었던 선생님

코딩을 왜 배워야 하는지, 코딩이 왜 생활에 필요한지, 구글은 어떤 회사인지, 선생님이 구글 직원으로 있을 때 어떤 점이 좋았는지 등 대화를 나누었다. 코딩 수업을 해보았을 때 아이는 코딩에 큰 흥미를 느끼는 것 같지 않았다. 지속해서 배우고 싶은 마음이 없어서 잠시 수업을 하고 더 이상 코딩 수업을 하지 않았다. 이 선생님을 만나고 나서 그래도 앞으로 살아가는 데 코딩이 필요하겠구나, 스스로 필요하다고 느낄 때 본격적으로 코딩을 배워야겠다고 생각하는 계기가 되었다.

3. 캐나다 재정전문가 선생님

돈에 대한 전반적인 이야기와 저축 관련 대화를 나누면서 아이에게 이런저런 질문도 하셨다. 어린 아이 눈높이에 맞춰 수업을 잘 해주셨다.

4. 태국 국제학교에 재직중이신 수학 선생님

수학을 공부하기 위해 만난 수업이 아니었으므로, 영어로 배우는 수학으로 넘어가는 시점에 선생님과 1 대 1 수업을 하면서 수학을 왜 아이들이 어려워하는지, 선생님은 언제부터 수학을 좋아하고 재미있다고 느꼈는지, 수학을 잘하려면 어떻게 해야 하는지 등에 대한 이야기를 나누었다.

5. 호주의 비즈니스 전문가 선생님

한때 아이가 비즈니스에 관심을 가졌던 적이 있어서 수업을 신청했다. 비즈니스와 경영에 대한 이야기를 나누었고, 선생님이 하는 일에 대해서도 들었다.

6. 네덜란드의 어린이 교육 동영상을 제작하는 선생님

영상 제작에 대한 전반적인 이야기와 아이가 즐겨 이용하는 교육 플랫폼이 어디인지 물으셨다.

이렇게 다양한 국적과 직업을 가진 분들과의 만남이 아이의 성장에 조금이나마 도움이 되었으리라 생각한다. 아이가 커감에 따라 관심 분야가 좁혀지면 그때는 그와 관련한 선생님들을 다시 만나보면 좋겠다고 생각했다.

수업이 없는 날은 보통 저녁식사 이후부터 취침 전까지 3시간 여 동안 좋아하는 판타지 원서를 자유롭게 읽는 편이었다. 때로는 좋아하는 ted-ed, 교육 관련 유튜브 채널을 보거나 보고 싶은 영화가 있는 날은 영화를 좀 더 보기도 하면서 자유롭고 편안한 저녁시간을 보냈다. 독서는 두 가지 패턴으로 나뉘어 있었다. 하루 1시간 영어 원서 집중듣기 역시 '읽기' 시간으로 생각했다. 집중듣기 1시간 후에는 자유 시간으로 구분해서 독서를 했다.

2021년 5학년 6월에 아이는 엄마표 영어의 집중듣기에 드디어 마침표를 찍었다. 매일 1시간 집중듣기는 원서를 '읽는' 것과 같아서 이 시간을 독서 시간으로 포함시켰다. 집중듣기를 끝마친 이후부터는 책을 읽어주는 음원이 더 이상 필요하지 않게 되었다. 이후부터는 모든 원서를 한글 책 읽듯 편안하게 읽어나갔다. 오히려 음원 없이 그냥 읽는 것을 훨씬 편안하게 여겼다. 집중듣기는 끝이 났지만 하루 1시간 독서 시간은 계속되었다. 판타지나 관심사에 따라 자유롭게 책을 골라 읽었다. 주로 5학년부터 읽은 뉴베리 원서, 학습과 연관된 원서들, 역사 관련된 책들이었다.

간혹 책을 굉장히 좋아하고 푹 빠져 읽는 아이들이 있다. 우리 아이는 책을 아주 좋아하는 그런 아이는 아니었다. 매일 하루 1시간 정도 독서 시간을 따로 떼어서 하루 일과로 정해주었고, 루틴으로 만들어 나갔다. 루틴으로 잘 자리 잡기 전까지는 엄마가 세심하게 아이를 살피면서 도와주면 좋다.

미국 과학고 S.T.E.A.M 서머 캠프 참가

5학년 때 특별한 경험을 했다. 미국의 과학고 서머 캠프Summer Camp에 온라인으로 참여한 것이다. 미국 친구들은 여름방학에 서머 캠프에 많이 참여한다. 한국 아이들도 서머 캠프에 참여하기 위해서 해외로 가기도 하는데, 코로나 시기였던 당시에는 서머 캠프가 온라인으로 전환된 학교들이 제법 있었다. 아이가 고학년이 되면 미국 여행 겸 서머 캠프에 한번 참여해보면 좋겠다는 계획을 가지고 있었다. 코로나 팬데믹으로 계획을 접으려던 찰나에 온라인으로 참여 가능한 곳이 있어서 반가운 마음으로 신청했다.

아이가 참여했던 서머 캠프는 미국 과학 고등학교에서 진행하는 STEAM(과학, 기술, 공학, 수학) 캠프였다. 5일간 저녁 10시부터 새벽 1시까지 하루 3시간씩 캠프에 참가했다. 평소 과학에 대해 궁금했던 부분들을 캠프 때 선생님께 질문해서 해결했다. 아이는 해외 친구들과 함께하는 수업이 보다 자연스러워졌다. 어떤 질문에도 많이 격려해주시며 친절하게 답변해주시는 캠프 분위기여서 아이도 적극적으로 참여했다. 3일째에는 선생님께 농담도 하며 캠프를 즐겼다.

불과 1년 전 어색하고 어설프게 원어민 선생님과 화상수업을 하던 때에 비하면 훨씬 발전된 모습이었다. 그동안 여러 해외 선생님들, 친구들과의 만남을 통해서 아이의 영어 실력이 향상된 것은 물론이고 현지 문화도 많이 배울 수 있었다.

마인크래프트 게임 재능 기부

5학년에 했던 또 다른 의미 있는 일은 마인크래프트 게임 재능 기부였다. 평소 아이는 마인크래프트 게임을 즐겨했다. 어느 날 아이와 게임 관련 이야기를 나누다가 머릿속에 한 가지 아이디어가 떠올랐다. 이 게임을 하고 싶어하는 친구들이 많은데 처음 시작하는 단계에서 진입을 조금 어려워하는 경우가 꽤 있다. 그런 동생이나 친구들을 도와주는 일을 해보는 게 어떨지 제안했다. 아이도 긍정적으로 생각해서 시작된 재능 기부 수업이었다. 이것이 아이의 첫 재능 기부이자 인생에서 처음으로 '선생님'이라 불린 수업이었다.

처음 취지는 블로그 이웃 분들의 아이들 몇 명에게 1 대 1로 마인크래프트를 가르쳐주는 재능 기부를 단기간 해보는 것이었다. 그런데 예상 외로 인기가 매우 많아서 비록 적은 금액이었지만 유료 수업으로 진행하기에 이르렀다. 한번은 선착순으로 1명을 추가 모집했는데 이날 오전에 치열했던 엄마들의 경쟁이 지금도 생각난다. 간발의 차이로 놓친 분들은 많이 아쉬워했다. 나 역시 더 많은 친구들과 함께하지 못해서 미안했다.

1 대 1로 수업을 하다보니 아무래도 많은 아이들과 함께하기에 어려움이 있어서 예상했던 기간만큼 수업을 오래 지속하지는 못했다. 수업할 때 언어는 영어와 한국어 중에서 아이들이 원하는 언어를 선택해서 진행했다. 다른 친구들을 돕기 위한 마음에서 출발했는데, 아이 역시 이 수업에서 즐거움, 보람, 책임감 등 많은 것을 느끼고 배울 수 있었다.

5학년에 했던 또 하나의 활동은 영어 이외에 다른 언어를 배우는 것이었다. 영어가 어느 정도 안정권에 진입했다는 생각이 들어서 제2외국어에 도전해 보기로 했다. 나는 언제나 아이에게 제안만 할 뿐이다. 최종 선택은 아이의 몫이었다. 무언가 새로운 일을 시작할 때는 늘 그렇게 해왔다. 항상 선택권을 아이에게 주었고, 나는 아이의 선택을 믿고 존중하며 지지했다.

아이에게 무언가를 소개할 때는 이것이 무엇인지, 너에게 어떤 의미인지, 어떻게 해나가면 되는지 등에 대해 자세하고 구체적으로 말해주려고 노력했다. 동시에 아이의 의견을 잘 귀담아 들으며 대화를 나눴다. 대부분 아이의 의견을 95% 정도 반영한다. 아이는 영어 이외의 또 다른 언어를 배운다는 사실을 흥미롭게 받아들였고, 주저하지 않고 한번 도전해보겠다고 했다. 이런 순간에도 어김없이 물개 박수를 치며 듬뿍 칭찬해주었다. "새로운 영역에 도전하는 것은 어른도 쉽지 않다. 그런데 이렇게 도전을 하겠다고 마음먹은 네가 참 대단하다고 생각한다"고 말해주었다. 진심으로 그랬다. 어린 아이의 용기와 도전 정신이 얼마나 멋있어 보였는지 모른다. 또한 그런 너의 모습을 보면서 엄마도 배운다고, 지금 너의 이런 모습이 너의 굉장한 장점인 것 같다는 말도 덧붙여주었다. 늘 나는 아이의 작은 도전과 노력들에 칭찬을 아끼지 않았다.

특별한 도전만 칭찬한 건 아니다. 아이의 일상 그 자체. 예를 들면 매일 하는 독서, 매일 하는 집중듣기 등의 노력들을 항상 칭찬해주었다. 내 눈에는 정말 그 모든 일들이 대단해보였다. 기특했고, 때로는 경이롭기까지 했다. 이 작은 아이가 매일 일상에서 이렇게 꾸준히 노력한다는 사실 자체가 너무 기특했다. 우리는 때로 아이들이 일상에서 하는 모든 일을 너무 당연하게 바라보지는 않는지 생각해 보면 좋겠다. 아이들의 그 작은 노력들을 당연시 여기지 않기를 바란다. 아마 내가 공부도 잘했고 영어와 수학도 잘했던 엄마였다면 그러지 못했겠다는 생각을 때때로 한 적이 있다.

엄마는 쉽게 잘하던 것들을 아이가 잘 못할 때 굉장히 답답하고 그런 아이가 이해가 잘 안 돼서 화가 난다는 엄마들의 이야기를 자주 듣는다. 그래서 오히려 내가 영어를 못하는 엄마이고, 공부를 매우 잘했던 엄마가 아니라는 사실이 참 좋았다. 아이가 무엇을 하든 내 눈에는 너무 멋지게 보였고, 대단해 보였기 때문이다.

제 2외국어 이야기로 다시 돌아가자. 당시 아이는 스페인어 몇 개월과 프랑스어를 1년 여간 배워 보았지만, 이 언어들에는 크게 매력을 느끼지 못했다. 이후 아이가 선택한 제2외국어는 독일어였다. 이럴 때도 아이에게 왜 한 가지를 꾸준히 하지 못하냐는 말은 하지 않았다. 다양한 언어들을 경험해보는 건 오히려 좋은 일이라고 생각했다. 그렇게 경험해보다가 자신과 잘 맞는 언어를 찾아 이후 꾸준히 하면 된다. 또한 수많은 언어들 중에서 각자 잘 맞는 언어가 있을 것이다. 확실한 것은 기왕이면 두 가지 언어를 할 줄 아는 사람보다 세 가지 언어를 하는 사람이 훨씬 글로벌한 세상에서 경쟁력이 있다는 점이다.

유익한 교육 유튜브 채널들

아이가 주로 즐겨보던 교육 유튜브 채널들을 소개해본다.

1. Extra Credits

게임이 단순한 오락을 넘어 중요한 예술적 · 교육적 · 사회적 가치를 가진다Because Games Matter는 철학을 바탕으로, 게임 디자인의 원리를 분석하고, 역사 속에서 게임과 관련된 요소를 조명하며, 게임이 사회

적 · 문화적 변화에 어떤 영향을 미치는지 탐구하는 교육 콘텐츠를 제공한다. 이를 통해 아이들은 게임이 단순한 놀이가 아니라 더 깊은 의미와 가치를 가질 수 있음을 알 수 있다.

2. It's AumSum Time

어린이와 청소년을 대상으로 과학, 수학, 일반 상식 등을 쉽고 재미있게 설명하는 교육 유튜브 채널이다. 주인공 AumSum(엄섬)이라는 캐릭터가 유쾌하게 질문하고 답변하는 방식의 애니메이션을 통해 복잡한 과학 개념을 어린이도 이해할 수 있도록 단순화하여 설명한다.

3. Kurzgesagt

과학, 우주, 철학, 사회 문제 등을 다루는 독일의 교육 유튜브 채널로 애니메이션을 통해 복잡한 개념을 쉽게 설명해준다. 우주의 미래, AI, 경제 시스템, 질병 등 다양한 주제를 다루며, 단순한 교육을 넘어 시청자가 세상을 더 깊이 이해하도록 도와준다.

4. Ted-ed

교육을 위한 TED의 공식 유튜브 채널. 역사, 과학, 철학, 문학 등 다양한 분야의 교육 콘텐츠를 독창적인 애니메이션과 이야기 방식을 사용하여 시청자에게 재미있고 효과적으로 전달한다. 전 세계 학생과 교사를 위한 무료 교육 리소스를 제공하는 것을 목표로 한다.

5. Crash Course Kids

어린이를 위한 과학과 STEM(과학, 기술, 공학, 수학) 관련 주제를 다룬다. Crash Course의 어린이 버전으로, 교육적이면서도 유머와 창의적인 요소를 가미한 것이 특징이다. 주로 지구과학, 생물학, 물리학, 공학 등의 주제를 다루고 실생활과 연결된 예시를 많이 사용한다.

칸 아카데미 살만 칸

칸 아카데미를 설립한 살만 칸. 워낙 유명한 분이라 많은 사람들이 알고 있지만, 우리나라에서 실제로 만나본 사람은 아마 많지 않을 것이다. 살만 칸은 '칸랩 스쿨Khan Lab School' 사립학교도 설립했다. 칸랩 스쿨에서 열렸던 수학 워크숍에 이틀간 줌으로 참여한 적이 있다. 하루에 6시간 30분 동안 들어야 했다. 시차로 밤 10시부터 새벽 4시 30분까지 깨어 있어야 하는 넘어야 할 큰 산이 있었다. 아무래도 부담스러워서 아이에게 하지 않는 방향으로 권유했는데, 당시 아이는 해보고 싶어 했다. 며칠 후 힘들 텐데도 굳이 참여하는 이유를 듣고, 귀여운 아이의 발상에 웃음이 터져나왔다. 새벽에 수업을 하면 엄마가 야식을 배달시켜줄 텐데, 아이는 그게 기대가 돼서 새벽 워크숍을 듣고 싶었다는 것이다. 얼마나 순수하고 귀여운 발상인가!

    워크숍을 시작하기에 앞서 살만 칸이 기조연설을 하기 위해 줌 화면에 나타났다. 살만 칸을 바로 눈앞에서 보다니! 너무 신기했다. 화면 속 살만 칸은 머리가 희끗한 중년의 모습이었다. 내 아이가 이렇게 컸고, 나도 나이를 먹은 걸 보면 당연했다. 만만한 워크숍은 아니었다. 이틀간 경험하면서 아이는 내게 본인이 앞으로 더 열심히 해서 뭔가를 이루어 나가고, 지금보다 더 높은 목표를 세워봐야겠다고 이야기했다.

    이틀간 낮과 밤이 뒤바뀌어 잠도 잘 못자고 고생스러웠지만 새로운 경험과 도전은 역시 아이에게 어느 영역으로든 우리가 생각지 못한 성장이 뒤따른다는 것을 다시 한 번 느꼈다. 당시 칸랩 스쿨 워크숍을 마치고 11살 아들이 했던 말이 굉장히 인상적이어서 블로그에 포스팅했던 부분을 그대로 가져왔다.

    내가 원하는 무언가를 얻으려면 치러야 하는 대가가 따라요. 그건 사람마다 달라요. 어떤 사람은 그게 돈일 수도 있고, 또 어떤 사람은 시간, 노동이 될 수도 있을 거예요. 하지만 내가 원하는 한 가지를 성취하려면 최소한 한 가지는 포기해야 되는 것 같아요.

세상의 모든 것은 제가 발전하고 앞으로 나아가는 데 도움이 돼요. 무엇이든 간에 내가 성장하기 위해 필요해요. 그 과정에서 너무 감정을 가질 필요는 없어요.

제가 원하는 성취를 하려면 계단 끝까지 가야 하고, 거길 가는 과정에서 여러 가지 어려움, 포기해야 하는 것들도 있겠지만 해낸다면 신이 보상을 해줄 것 같아요.

12세, 언스쿨링과 무크 코세라 수료

무크 코세라 첫 수료증, 3개월의 언스쿨링

G6~7학년을 공부했던 6학년. 이 시기는 또 다른 새로운 도전과 배움의 해였다. 우선 6학년 3월에는 무크 코세라 MOOC-Coursera 첫 강의와 수료증에 도전했다. 모든 강의는 한국어 자막이 아닌 원어로 수강했다. 영어가 편안해진 시기였으므로 아이는 불편함 없이 아니, 오히려 더 편하게 영어로 모든 강의를 자유자재로 들었다.

무크의 모든 강의는 무료이지만 수료증을 받으려면 유료 과정에 등록해야 한다. 아직 어렸기 때문에 대부분 대학생 이상이 듣는 전문 강의들 대신 처음에는 '자기계발'과 관련된 강의를 들었다. 그중에서도 '학습법' 강의들이 공부하면서도 도움이 되었다. 알고 보니 이 강의를 해준 교수님은 학습법으로 유명하신 분이었고, 국내에도 번역서가 있었다.

아이가 처음으로 들었던 강의는 오클랜드 대학교 바버라 오클리 Barbara Oakley 교수의 "Learning How to Learn: Powerful mental tools to help you master tough subjects"였다. 바버라 오클리 교수의 학습법 관련 국내 번역서로는 《학습 천재가 되는 11가지 공부 비결》과 《어떻게 공부할지 막막한 너에게》가 있다. 이 강의 이후 바버라 오클리 교수의 또 다른 강의인 〈Learning How To Learn for Youth〉도

수강했다.

다음으로는 코세라 설립자인 앤드류 응 교수의 인기 강의 중 하나인 〈DeepLearning.AI〉 기초 강의도 수료했다.

이 외에도 다음과 같은 다양한 강의를 수강했다.

Deep Teaching Solutions

Learn How to Learn: Powerful Mental Tools to Help You Master Difficult Subjects

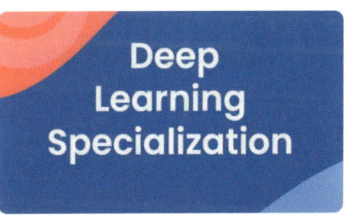

DeepLearning.AI

Deep Learning

Wesleyan University

Creative Writing

Erasmus University Rotterdam

Serious game

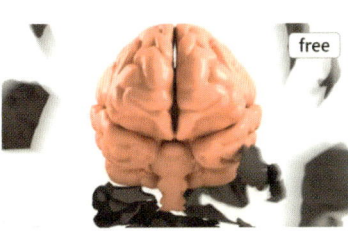

University of Toronto

Mind Control: Managing Mental Health During COVID-19

University of Michigan

The Science of Success: What Researchers Need to Know About the Science of Success

Johns Hopkins University
Preparing for Overseas Travel, Safety and Well-being

★ 무크 코세라에서 받은 수료증들

아이는 모든 과정을 수료증을 받는 유료 과정으로 신청했고, 15세 현재 15개의 수료증을 받았다. 아이가 받은 수료증은 링크드인에 차곡차곡 저장해두었다. 강의를 들은 후 수료증을 받아두면 동기부여 차원에서 아이에게 도움이 될 것 같아서 무료가 아닌 수료증 과정으로 신청했다.

무크를 처음 알게 된 건 아이가 미취학 시절인 6세 무렵이다. 기사를 읽으면서 당시 아이가 영어로부터 자유로워지면 무크에서 전 세계 양질의 강의를 접하면 좋겠다고 생각했다. 그 후 아이가 12살 되던 해 처음 무크 강의를 듣던 날 그동안 간절히 바랐던 아이의 성장에 뿌듯해서 뭉클했던 기억이 난다.

'처음', '첫 순간'은 늘 더 깊이 다가온다. 첫 눈, 첫 사랑처럼 말이다. 아이에게 첫 수료증이 그랬다. 코세라 첫 강의에서 본인 이름이 적힌 첫 수료증을 받자 성취감을 많이 느꼈다. 스스로 13세까지 총 10개의 수료증을 받겠다는 계획을 세웠고 이후 코세라에서 계속 강의를 들었다.

아이가 무크에서 막 강의를 듣기 시작하던 초반에 이런 생각을 했다. 앞으로 아이는 성장하면서 관심 분야가 좁혀질 테고, 그때는 지금보다 더 전문적인 강의를 들으면서 한층 더 깊이 있는 학습이 가능할 거라고. 그때가 약 1년 6개월 후에 현실로 이루어질 것이라고는 전혀 예측하지 못한 채 말이다.

고전 원서읽기

앞서도 말했지만 6학년부터는 축약되지 않은 오리지널 고전을 원서로 읽었다. 고전을 읽으려면 시대적 사회적 배경에 대한 이해와 책에서 이야기하는 주제에 대한 이해도 함께 이루어져야 한다. 아이의 정서적 성숙도 더불어 필요하다. 이제 6학년 된 아이가 읽을 수 있는 고전이 그리 많지는 않았다. 하지만 아이는 원서로 고전을 읽고 싶어 했다. 너무 어려운 책을 골라서 읽다가 덮은 적도 있다.

아이가 제 수준보다 훨씬 높은 책을 고를 때, 너의 리딩 레벨과 나이에 적합한 책을 고르라고 굳이 말하지 않았다. 의지를 사전에 꺾고 싶지 않았고, 직접 읽어보고 어렵다면 스스로 다른 책을 고르면 되기 때문이다. 세상에 좋은 책은 얼마든지 많다. 다시 고르면 그만인데 가끔 아이가 본인 수준보다 높은 책을 고르면 그것 때문에 또 고민하는 분들이 생각보다 많다. 일단 아이의 흥미를 따라가 보는 것도 괜찮다.

육아든 아이 독서든 완벽함을 추구하지 않기를 바란다. 아이를 키우는 일 자체가 변수의 연속이며, 완벽함을 추구한다고 계획대로 되지 않음을 우리는 잘 알고 있다. 이 시기에 읽었던 고전 원서들은 뒤에 '엄마표 영어 실천 편'에서 소개한다.

인권스쿨, 단기간 언스쿨링

6학년에 꾸준히 했던 활동 중 또 하나는 사단법인 휴먼아시아가 주최하는 '청소년 인권스쿨'이었다. 4월 주제는 '자유권과 사회권', 6월 주제는 '사회는 어떻게 인권이 되었나?' 한국 UN 실무자들이 직접 강연을 진행했다. 2시간 동안 줌으로 참여하고 또래 친구들과 함께 인권에 대해 이야기 듣고 나누는 시간을 갖는다.

행사가 끝나고 며칠 후에 이메일로 수료증을 보내준다. 영문 수료증이 필요할 경우 따로 요청하면 된다. 신청 가능한 나이는 13~19세다. 평소에 잘 생각해보지 못했던 다양한 주제를 접하며 생각의 폭을 넓히기를 바라는 마음에서 약 1년 반 정도 주기적으로 참여했다.

글쓰기 몰입의 순간

6학년 시기의 가장 큰 변화와 성장이 있었다면 영어 글쓰기에 매우 몰입하게 되었다는 점이다. 코로나가 지속되면서 동네 사랑방이던 우리 집에도 아이들이 놀러올 수 없는 상황이 되었다. 마스크를 잘 쓰고 가끔 집으로 놀러오던 친구들 중에도 확진자가 발생하거나 친구들 가족 중에 밀접접촉자로 연락받는 경우도 있었다.

축구장에 마스크를 끼지 않는 친구들이 있자, 아이는 불안해했고 그 뒤로 축구장에 나가지 않았다. 집에 있는 시간이 점점 늘어나면서 친구들도 못 만나고, 대체할 취미생활도 딱히 없자 무척 답답해했다. 수영장에서도 확진자가 나와서 좋아하는 수영도 잠시 접은 상황이었는데, 수영을 못해서 가장 불편해했다. 수영 대신 할 수 있는 운동을 생각해봤지만, 어떤 운동이든 마스크를 끼고 해야 하니 좀처럼 의욕이 생기질 않았다. 자전거는 탈 수 있었지만, 친구들의 빈자리를 채우기는 어려워 보였다.

아이와 머리를 맞대고 집에서 할 수 있는 취미생활로 뭐가 좋을지 이리저리 생각해보았지만 딱히 찾을 수 없었다. 오랜 고민 끝에 고학년이 된 아이가 취미도 찾으면서 자기 자신에 대해 생각하는 시간을 갖는 것이 좋겠다고 생각했다. 평소 네 자신이 누구인지, 어떤 일을 하고 싶은지, 어떻게 살고 싶은지 생각하면서 지내는 것이 중요하다는 말을 아이에게 자주 해주곤 했다. 공부를 더 하는 것보다 이런 시간이 아이에게 훨씬 더 중요하고 유익할 거라 생각했다.

그래서 그해 1월부터 3월까지 3개월 동안 의도적으로 우리만의 언스쿨링을 시작했다. 언스쿨링이란 일정한 커리큘럼 없이 오로지 아이의 관심사를 따라 배워나가는 것이다. 오전에는 온라인 스쿨만 하고 점심을 먹고 난 이후부터 잠들기 전까지는 언스쿨링 형식처럼 여유로운 시간 속에서 자유롭게 하고 싶은 일을 하는 것으로 정했다. 아이는 언스쿨링이 무엇인지 이미 알고 있었고, 오후 시간이 완벽한 자유라는 사실에 좋아했다. 처음 한 달간 지켜보니 별다른 취미생활이 없던 아이여서인지 하루에 6~7시간씩 영화를 보곤 했다.

식사와 간식을 챙겨주며 아이가 어떤 시간을 보내는지 편안한 마음으로 지켜보았다. 일본 애니메이션을 즐겁게 보면서 일본어의 매력을 조금씩 느끼는 것 같았는데 나중에는 일본어도 한번 배워봐야겠다는 계획을 세웠다. 현재 중학교 3년이 된 아이는 그때의 계획처럼 일본어에 대한 흥미를 지금도 유지하며 하루의 일정 시간을 일본어에 쓰고 있다. 좀 더 지켜보니 영화만 보는 게 지루했는지 2월경에는 영화 시청 시간을 3시간 정도로 점차 줄이고, 책을 좀 더 읽는 모습을 볼 수 있었다. 이후 판타지로 글을 한번 써봐야겠다며 컴퓨터에 앉아 글을 쓰기 시작했다. 영어 글쓰기는 종일 남는 시간이 심심해서 시작했던 취미생활이었다.

그런데 3월부터 아이는 글쓰기에 깊이 몰입하기 시작했다. 아이의 첫 몰입을 옆에서 지켜보는 일은 꽤 흥미진진했다. 얼마나 몰입했는지 하루는 저녁 9시에 미국에 계시는 선생님과 글쓰기 줌 수업이 예정되어 있었는데, 8시에 글을 조금만 더 쓰다가 수업을 하겠다던 아이는 1시간 새에 수업이 있다는 사실을 까맣게 잊을 정도로 글쓰기에 심취해 그날 수업을 못한 날도 있었다. 그런 아이를 보고 놀라기도 했지만 한편으론 참 재미있었다.

'그 정도로 글쓰기에 몰입할 수도 있구나….'

사실 아이가 초등학교 저학년 때 가장 싫어했던 것이 글쓰기였다. 쓰고 그리는 것을 싫어해서 억지로 시키지 않았는데 초등학교 3학년쯤 됐을 때 글씨를 너무 못 써서 걱정될 정도였다. 그랬던 아이가 심심할 정도로 여유 있는 시간과 환경을 제공해주자 글 쓰는 재미에 빠져든 것이다. 참 신기했다. 그 뒤로도 아이는 영어로 본인만의 판타지 책 쓰기에 몰입하며 하루에 3~4시간씩 글을 쓰며 지냈다. 글쓰기가 아이에게는 휴식이자 즐거운 취미가 된 것이다.

6월에 가족여행을 갔을 때, 그곳에서 아이는 처음으로 나에게 꿈을 이야기했다. 당시 아이가 얘기한 꿈은 작가였다. '해리포터'를 쓴 JK롤링과 같은 판타지 작가가 되고 싶다고 했다. 당시 한참 writing 세계에 빠져 있었으니 자연스러운 상황이었지만, 아이가 태어나 처음으로 꿈에 대해 생각해보고 이야기했다는 사실 자체가 참 감격스러웠다. 무엇이든 네가 하고 싶은 일을 하면 된다고 말해주며 아이의 꿈을 기쁜 마음으로 격려해주었다.

요즘 청소년들에게 꿈을 물어보면 "꿈이 없다"고 대답하는 아이들이 많다고 한다. 꿈에 대해 생각해볼 겨를도 없이 너무 분주한 하루하루를 살아가기 때문이기도 하겠지만, 아이의 꿈에 대해 진지하게 귀 기울여 주는 어른이 많지 않아서는 아닐까. 때론 부모가 원하는 일을 은근히 강요하는 경우도 많다. 나는 당시 아이가 무언가 하고 싶은 일이 생겼다는 사실 자체로 기뻤다. 그것이 무엇이 되었든 말이다.

7월 방학 기간이 되어서 2주간 자체 방학을 갖기로 했다. 온라인 스쿨은 별도의 방학이 없기 때문에 스스로 자유롭게 정할 수 있다는 점도 좋았다. 방학 기간은 늘 그랬듯 아이 스스로 정하곤 했는데, 2주면 좋을 것 같다고 했다. '너무 오래 쉬면 흐름이 끊겨서 다시 시작할 때 힘들 것 같다'는 아이 의견을 듣고, "어떻게 그런 멋진 생각을 할 수 있냐"고 칭찬해주었다.

방학 기간에는 지난번 언스쿨링 때처럼 자유롭게 지내도록 했다. 단 하나의 규칙이 있다면 언스쿨링 기간에 게임은 하루 2시간만 하는 것이었다. 처음에 한 주는 영화를 아주 많이 볼 거라고 했었는데 방학 첫날 하루 13시간 책 쓰고 읽고를 반복하며 지냈다. 누군가 시켜서 읽고 쓰라고 한다면 힘들어서라도 못 할 텐데, 스스로 동기부여가 되어 긴 시간 읽고 쓰는 아이를 지켜보면서 너무 신기했다.

취미로 시작한 일이 몇 달 동안 몰입 과정을 거쳐 꿈이 되다니. 지속적인 몰입 과정을 지켜보면서 할 수 있는 일은 그저 식사와 간식을 챙겨주는 일뿐이었다. 점차 돌봐줄 일이 줄어들었다. 아이는 스스로 자신의 관심사에 빠져들었다. 그렇게 아이 곁에서 지금도 함께 배우고 성장해가고 있다. 새로운 아이의 꿈을 응원하면서.

13세,
다양한 경험과
진로 탐색

청소년 유럽 인문학 여행 (프랑스, 영국, 벨기에)

영어가 자유로워진 후 아이는 넓은 세상으로 나가고 싶어 했다. 영어를 쓰는 나라로 이사를 가자고 할 만큼 아이의 마음과 시선은 해외로 향해가고 있었다. 어린 동생과 다함께 해외여행을 가기에 여러 가지 제약이 있어서 아이 혼자서 갈 수 있는 청소년 해외여행을 알아보았다. 선생님과 함께 하는 청소년 인문학 여행이 있었다. 당시 한 번도 해외에 나가본 적 없던 아이는 다행히 가족이 아닌 친구들과 떠나는 여행을 두려워하지 않았다. 사전 신청을 6학년 5월에 하고, 중1에 떠난 여행이었기 때문에 이런 대화를 나눈 시점은 6학년 봄이었다.

그렇게 오랜 시간 기다렸던 아이는 드디어 생애 첫 유럽여행을 떠났다. 10박 12일간 프랑스, 영국, 벨기에를 신나게 여행하고 돌아왔다. 학교에 다니지 않은 아이였지만 그곳에서 같은 조 친구들은 물론 많은 사람들과 잘 지내며 추억을 쌓고 돌아왔다. 당시 블로그에 올린 여행 포스팅에 아이를 혼자 해외여행에 보낸 게 놀라우셨는지 강심장 엄마다, 대단하다는 댓글이 많이 달렸다. 내가 강심장이라서 대단해서가 아니었다. 나도 대부분 엄마들처럼 염려되는 부분이 없지 않았다. 하지만 아이가 넓은 세상으로 나가고 싶어 하는 열망이 강했고, 그런 아이 마음을 너무 잘 알기 때문에 용기를 냈던 것이다.

매일 아침 학부모 단톡방에 선생님이 현지에서 올려주시는 수많은 사진 속에서 아이를 열심히 찾아보곤 했다. 즐겁게 잘 지내고 있는 아이의 표정과 몸짓을 보며 감사했다. 더불어 아들이 훌쩍 자라서 엄마 없이도 씩씩하고 즐겁게 유럽에서 잘 지내는 모습이 감동이었다. 여행을 마치고 돌아온 아이는 신나게 여행 이야기를 들려주었다. 비록 긴 시간은 아니었지만 처음으로 부모와 오랜 시간 떨어져 있던 터라 아이가 얼마나 반가웠는지 모른다. 늘 반복되던 일상을 벗어나 경험해본 특별한 여행 덕분에 아이는 또 한 번 성장했다.

글로벌 청소년 환경 에세이 대회

중학생이 된 아이를 바라보면 한 번씩 믿기지 않을 때가 있다. 아이가 어릴 때는 시간이 참 더디게 느껴졌는데, 초등 고학년 이후로는 시간이 훅훅 지나갔다.

중1 나이인 13세 때, 아이는 미국 온라인 스쿨에서 G8, 9학년 공부를 했다. 이 시기에는 영어 에세이를 써보는 '글로벌 청소년 환경 에세이 대회 The Global Youth Environment Essay Competition 2023'에 처음 도전해보았다. 수상하지는 못했지만, 아이는 이 대회를 준비하던 모든 시간들, 결과에 대해서도 배운 것이 많아보였다. 늘 그랬듯 참가하는 데 의의를 두고 시작했다. 모든 도전에는 의미가 있기 때문이다. 잘하면 잘하는 대로 안 되면 안 되는대로 왜 잘 안 됐을까를 생각해봤다. 그러면 다음에는 어떻게 하면 더 좋은 결과가 나올지도 생각해볼 수 있기 때문이다.

'기후변화' 국제 토론 발표 캠프

이 시기에 의미 있게 참여했던 외부 활동들이 몇 가지 있다.

YMCA와 여성가족부 주최로 개최된 'A Debate Camp On Climate Change Response 2023'이라는 청소년 국제교류였다.

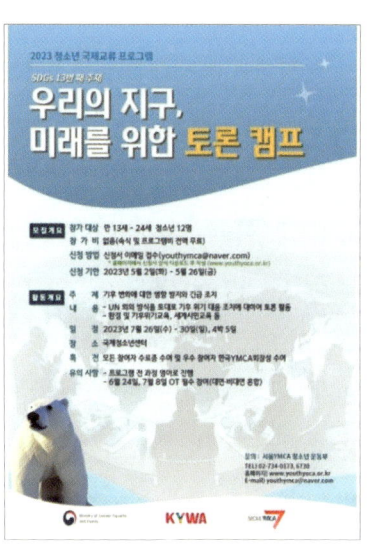

2023 청소년 국제교류 프로그램
국내 참가자 모집 포스터

여러 나라 친구들이 한국에 와서 4박 5일간 함께 '기후변화'를 주제로 토론하고 발표하는 캠프 A Debate Camp On Climate Change Response 2023이었다. 국제교류 프로그램이었기 때문에 신청 자격조건 중 가장 중요한 사항은 영어였다. 당시 아이는 한국어보다 영어가 더 편안했으므로 신청할 수 있었고, 합격 안내를 받아 참가할 수 있었다.

조별로 발표하고 토론하고 장기자랑도 했다. 외국 친구들과 함께 경복궁에서 한복도 입어보고, 명동도 다녀왔다. 참가자 중에 영국에서 살다온 형이 있었는데, 당시 아이 눈에는 이 형의 적극성, 토론 실력, 매너,

유머 등 모든 것이 멋지게 보였던 것 같다. 캠프 이후 형 이야기를 자주 하면서 좋은 점들을 본받고 싶어 했다. 집을 떠나 새로운 환경과 사람들 속에서 함께 배우며 받는 자극들이 아이를 한층 더 성장시켰다.

TED 번역 봉사

중학생이 되어 새롭게 도전해본 영역은 '봉사'였다. 집에서 온라인으로 할 수 있는 것을 찾다가 TED 번역 봉사를 선택했다. 아이가 하는 모든 활동은 내가 먼저 아이가 원하는 종류의 활동들 위주로 알아보고 권유했지만 최종 선택은 늘 아이 몫이었다. 즉 아이가 해보겠다고 결정하고 도전한 것들이었다.

처음에는 매일 30분 정도 번역에 할애하다가 점점 시간 여유가 없어져서 주 2회로 변경해서 1주일에 1시간, 월 4시간 정도 봉사했다. 그런데 번역 봉사를 하면서 생각지도 못했던 장점을 발견했다. 아이는 영어가 더 편해지면서 한국어의 특정 단어가 가끔씩 기억이 안 나는지 묻곤 했는데, 번역봉사를 하면서 한국어 실력을 유지하고 발전시키는 데 오히려 도움을 받은 것이다. 번역을 다 한 후에 전송하면, 검토 후 일정 부분을 다시 수정해달라는 안내가 온다. 처음에는 몇 번 수정 요청이 있었는데 이후로는 거의 되돌아오는 부분이 없었다.

'국제 청소년 학술 컨퍼런스' 은상 수상

중1 시기에 아이는 '국제 청소년 학술 컨퍼런스The International Young Scholars Conference'에 참가했다. 학술 컨퍼런스 분야 역시 아이가 처음으로 도전해본 영역이었다. 국제 청소년 대회이므로 기본 전제 조건은 '영어'였다. 참가 가능 연령은 중1부터였고 중고등 학생들이 참가하는 대회였다. 그 사이 아이의 영어가 좀 더 능숙해졌고, 준비 과정에서 또 배우고 성장할 수 있다는 기대감으로 신청해 보았다.

당시 참가한 아이들의 학교와 학년 등을 홈페이지에서 볼 수 있었다. 가만 보니 대부분 학교 이름만 들어도 알 만한 유명한 국제학교 학생들이었고, 연령대는 고등학생이었다. 아이는 이때 중1이었으니 참가 연령 중 최연소였는데, 2명에게만 수여하는 은상을 받는 기쁨도 누렸다.

이 상이 주는 의미는 생각보다 컸다. '열심히 하면 되는구나, 도전하면 좋은 결과가 나오는구나.' 이런 것들을 깨닫게 해주는 과정이기도 했다. 자신에 대한 보다 긍정적인 자아상을 만들어주는 귀한 상이었다. 수상자 명단을 확인한 후 행복한 마음으로 케이크를 사서 우리만의 작은 축하파티 시간을 가졌다.

13세에 전공을 찾다

아이의 학업 속도가 빨라지고 있었다. 그에 발맞추어 엄마로서 준비 역시 늘 앞섰다. 사실 아이가 12세 때부터 진로를 탐색했다.

무크MOOC에서 강의를 들을 때였다. 코세라Coursera 홈페이지에서 강의를 둘러보던 어느 날 문득 좋은 힌트를 하나 얻었다. 무크에는 전 세계 유명 대학의 양질의 강의와 모든 전공들이 모여 있다. '그렇지! 차

후 아이의 전공 또는 진로 탐색은 이 코세라를 활용해야겠다!'는 생각이 머리를 스쳤다. 이 전공들이 무엇인지, 무엇을 공부하는지, 본인 자신이 무엇을 공부하고 싶은지를 명확하게 알기에는 아이는 아직 어렸다. 그래서 생각했다. '어떻게 아이를 도울 수 있을까?' 아이를 키우면서 어떻게 가르칠까, 어떻게 하면 이 아이가 더 잘하게 할까보다는 '어떻게 아이를 도울까'를 많이 생각했다.

엄마의 역할은 인위적으로 앞서 끌고 가거나 무언가를 억지로 주입하는 것이 아닌, 그저 아이를 늘 관찰하고 그때그때 필요한 것들을 공급해주는 것이라고 생각했다. 그래서 이번에도 진로와 관련해서 어떻게 도와주는 것이 좋을지 곰곰이 생각해 보았다. 아이가 자신에 대해 좀 더 잘 알기를 원하는 마음으로, 즐겁게 게임하고 있는 아이에게 "Who Are You?" 뜬금없이 툭 질문을 던지곤 했다. "너는 누구니? 너는 어떤 사람이니?" 이런 질문을 받은 아이는 잠시나마 자기 자신에 대해 생각하게 되지 않을까 하는 마음에서였다. 아이들에게 기왕이면 좋은 질문을 하는 엄마가 되고 싶었다. 홈스쿨링을 하며 늘 집에서 함께 지내다보면 우리의 일상도 말도 늘 비슷할 수 있다. 그래서 아이들에게 가급적 좀 더 색다른 대화, 즐거운 대화를 나누려고 노력했다. 그렇게 우리의 나날을 채워나갔다.

아이에게 코세라 홈페이지에 있는 다양한 전공들을 먼저 보여주었다. 이 중에서 네가 앞으로 공부해보고 싶은 분야가 무엇일지 살펴보면서 '네 안에 숨겨진 보석'을 찾아가는 여행을 떠나보자고 했다. 네 안에 어떤 보석이 숨겨져 있을지 엄마도 너무 궁금하다고. 그렇게 아이의 진로를 찾아나가는 우리만의 '숨은 보석 찾기' 여정이 시작되었다.

첫 번째로는 잘 맞지 않는 분야, 매력적이지 않은 분야를 먼저 지워나갔다. 다음에는 관심이 조금 가는 분야를 정해서 무료 강의를 들어봤다. 직접 강의를 듣고 경험을 해봐야 이 전공이 무엇을 배우는 것인지 좀 더 명확히 알 수 있을 테니 말이다. 아이가 직접 추린 몇 개 강의들을 들어보고 그중에서 본인이 생각했던 것과 다른 전공들을 지워나가며 점차 범위를 줄여나갔다. 그 과정에서 아이가 조금 관심이 가는 분야라고 얘기하면, 나는 따로 그 전공에 대해 알아보았다. 아이는 아이대로 계속 자신의 관심사를 찾아 시도해보며 강의를 들어보는 날들이 이어졌다.

 공부해보고 싶은 분야를 찾지 못한 채 탐색 시간이 흐르던 7개월 차. 어느 날 아이는 드디어 본인이 공부하고 싶은 분야를 찾았다며 상기된 표정으로 나를 불렀다. 깜짝 놀라 아이 방으로 달려갔다. 아이가 찾아낸 분야는 바로 심리학psychology이었다. 세상에! 아들이 찾은 분야가 나에겐 전혀 중요하지 않았다. 오랜 시간 공을 들여 본인이 공부하고 싶은 분야를 찾았다는 것 자체가 정말이지 너무나 기쁘고 대견했다. 심지어 해외의 심리학은 내가 생각하던 우리나라의 심리학과는 완전히 다른 분야였다.

 유학 계획이 있는 아이였다. 해외의 심리학은 대부분 이과학위가 나오고, 공부가 생각보다 힘든 분야였다. 게다가 영어 실력이 좋지 않은 유학생이 공부하기에 어려운 분야가 심리학이라는 글을 보았다. 의대에 지원하는 학생들이 공부하는 분야이기도 했다. 내 아이가 이런 분야를 공부하고 싶어 할 줄이야! 정말 신기했고 기뻤다. 그날도 물개박수는 어김없이 이어졌다. 공부하고 싶은 분야를 중1 나이에 찾았다는 건 축하할 일이었기 때문에 역시나 이날 우리만의 작은 파티를 열었다. 소소한 작은 파티는 우리 집만의 문화였다.

 아이는 이후 코세라에서 심리학 관련 강의들을 굉장히 진지하게 들었다. 강의를 듣고 나서 그날 배우고 알게 된 것들을 흥미롭다는 듯이 설명해주곤 했다. 영어로 심리학 전문 용어들을 섞어가며 이야기했기 때문에 잘 못 알아들어서 한국어로 다시 말해달라고 요청하기도 했다.

이렇게 심리학 강의들을 재미있게 듣던 어느 날, 아이의 관심사가 생각지도 못한 분야로 뻗어나가고 있었다. 아이가 13세 때 관심을 보인 심리학이 14세 무렵부터는 '뇌과학'으로 흘러갔다. 뇌과학을 잘 몰랐던 나는 검색을 하면서 이 분야 역시 공부가 굉장히 어렵고 앞으로 전망도 좋은 분야라는 것을 알게 되었다. 놀라웠다. 심리학에서 시작한 관심사가 뇌과학으로 뻗어갈 줄이야!

그 후로 지금까지 코세라에서 뇌과학 관련 강의들을 들으며 지적 호기심을 충족하고 있다. 아이의 반응을 가만히 지켜보면 심리학 분야가 아이와 잘 맞는다는 것을 느낄 수 있다. 그간 진로 탐색을 적극적으로 해온 보람을 느꼈다. 물론 아직도 어린 나이기 때문에 지금 관심사가 또다시 어디로 흘러갈지는 알 수 없지만 이러한 과정을 거쳐 아이가 성장하고 있는 것은 분명했다. 어릴 적부터 어떠한 분야에 일찌감치 관심을 보이고 두각을 보이는 아이들도 있지만, 우리 아이처럼 전혀 보이지 않는 아이들도 있다. 그럴수록 좀 더 적극적으로 아이만의 보석을 찾아가는 여정을 시작해보면 좋을 것 같다. 아이들은 저마다 귀한 보물을 갖고 태어났다.

귀한 보물이라서 꽁꽁 숨겨져 있어 한 번에 찾지 못할 확률이 높다. 아이를 잘 관찰하며 대화를 나누고 적극적으로 진로 탐색 과정을 가지다보면 언젠가는 그 보물을 만나게 될 것이다.

14세,
세계 여행과
세미나 참여

두 번째 청소년 유럽 인문학 여행(프랑스, 독일, 스위스)

아이는 중학교 2학년이 되었다. 작년에 다녀온 청소년 유럽 인문학 여행이 좋은 기억으로 남았는지 가보지 않은 다른 나라로 한 번 더 가보고 싶어 했다. 그래서 유럽 프로그램 중에서 가급적 작년과 겹치지 않는 패키지를 선택했는데, 이번엔 프랑스, 독일, 스위스였다. 작년 여행과 프랑스만 겹치고 독일과 스위스는 처음이었다.

이번 여행이 작년과 달라진 점이 있다면, 이번에는 블로그 이웃의 아이들 몇 명과 함께 떠난다는 점이었다. 작년에 처음으로 아이 혼자 여행을 보내보면서 부모로서의 근심, 걱정 등을 미리 경험해봤다. 얼마나 좋은 시간이었는지 알기에 다른 아이들도 경험해보면 좋겠다는 생각에 블로그에 함께 갈 동생과 친구들을 모집했다. 그렇게 4명의 동생, 친구들과 동행하게 되었다.

아이는 이번 여행에서는 조장을 해야겠다고 결심한 듯 보였다. 호텔에 도착해서 다같이 모인 후에 선생님께서 조장 하고 싶은 사람 손들어 보라고 하면 재빨리 손을 들겠다는 나름 야무진 계획을 세우고 들뜬 마음으로 여행길에 올랐다. 하루하루 올라오는 현지 사진들을 작년보다는 편안한 마음으로 지켜볼 수 있었다. 사진 속 아이를 가만히 살펴보니 손에 무언가를 꼭 쥐고 있었다. 다름 아닌 무전기였다. 그 무전기는 바로 조장이라는 증거였다. 계획한대로 조장이 되어 리더십을 펼치고 있을 아이를 생각하니 귀여워서 웃음이 났다.

돌아온 아이의 짐 속에는 가족을 위한 기념품들이 많이 들어 있었다. 인형을 좋아하는 어린 동생을 위한 선물도 잊지 않고 챙겼다. 동생을 사랑하는 마음이 느껴져 흐뭇했다. 아이가 여행에서 돌아올 때마다 굉장히 많은 것들을 보고 배우고 왔다는 것을 진하게 느낄 수 있었다.

두 번의 일본여행

G10~11학년을 공부했던 14세. 유럽을 다녀온 아이는 이번에는 일본여행을 가고 싶어 했다. 중학생이 된 이후 부쩍 일본어에 호감을 느끼고 있었기 때문에 일본에 한번 다녀오는 것도 좋을 것 같았다. 청소년 여행단체를 또 알아보았다. 이번에도 또래 친구들, 선생님과 5박 6일간 즐겁게 여행을 다녀왔다. 그런데 기간이 조금 짧아서 아쉬웠는지 아이는 한 번 더 일본 여행을 가고 싶어 했다. 그래서 약 2개월여 후에 한 번 더 일본 여행 계획을 세우게 되었다.

두 번째 일본 여행은 방학 기간이 아닌 5월. 아무래도 학기중이다보니 신청자가 우리밖에 없어서 여행이 취소될 것이라 예상했는데, 감사하게도 선생님께서는 자신과 단둘이 자유로운 일본 여행을 제안해주셨다. 여행 계획이 취소되어 실망할 아이의 마음을 읽으시고 배려해주신 마음이 너무 감사했다. 덕분에 우리 아이만을 위한 특별한 여행 스케줄을 선생님과 함께 의논하며 계획했고, 매우 좋은 시간을 보냈다.

사교육비를 절약해서 아이가 넓은 세상을 볼 수 있는 이런 여행을 가는 것이 훨씬 더 좋다고 생각한다. 가급적 필요 이상의 사교육을 지양하고, 아이들이 다양한 친구들과 함께 넓은 세상을 마주하는 것이 좁은 교실에 매여 있는 것보다 좋지 않을까. 부모를 떠나 또래들과 함께 하는 경험으로 아이들은 한층 더 성장하기 때문이다. 가족과 늘 함께하는 여행과는 또 다른 관점을 아이들에게 선사해줄 수 있다. 아이를 혼자 보내는 것이 염려가 될 것이다. 하지만 때론 아이를 키우면서 용기를 내고 마음을 좀 더 강하게 먹어야 하는 순간들에 직면한다. 그런 순간에 아이를 믿고 한 번 도전해보기를 추천한다.

글로벌 리더를 꿈꾼다면? 미국 WLC

아이의 14살 여름은 매우 특별했다. 2024년은 우리에게 더욱 특별했던 해로 기억될 만한 해였다. 아이가 미국의 리더십 캠프에 7박 8일간 참가했다. 미국 역시 이 캠프 덕분에 처음으로 가게 되었다. 이 캠프는 미국의 인지도 있는 청소년 단체에서 매년 개최한다. 지원 과정은 학교 성적GPA, 그간의 활동들, 에세이를 제출해야 했다. 지난 20여 년간 대한민국의 내로라하는 청소년들이 참가했던 캠프였다. 이 사실을 합격 후 담당 선생님에게 들었다.

이 캠프가 더 특별했던 이유는 흔한 미국의 서머 캠프가 아닌, 자원봉사자만 약 100여 명, 참가자가 약 400명에 육박하는 규모 때문이었다. 평생 단 한 번밖에 참가할 수 없는 특별한 캠프였다. 다시 참가하고 싶어도 할 수 없는 캠프에 아이가 참가 자격을 얻어 한국 대표단으로 출국할 수 있어서 정말 기뻤다. 정치, 경제, 사회, 과학, 의료, 국제관계, 교육 등 다양한 각계각층의 세계 리더들이 함께 했다. 이 캠프 출신들이 차후 글로벌 네트워크를 형성하기도 했다. 실제로 아이도 이 캠프에서 만난 친구들과 지속적으로 연락을 주고받으며 글로벌 인맥을 쌓아가고 있다. 인스타그램으로 친구들을 만나고, 전화통화도 하면서 같은 그룹이었던 친구들과 우정을 이어가고 있다.

★ 미국 리더십 캠프에서 활동했던 모습

같은 그룹의 고등학생인 타이완의 한 여자친구가 올해 6월에 친구와 함께 한국 여행이 계획되어 있다고 한다. 한국에 오면 아이와 만나 투어를 하기로 했는데, 이때를 위해 외국 친구에게 어떤 코스가 좋을지 이모저모 생각하고 있다. 다양한 국적의 청소년들, 각 분야의 전문가들과 함께하는 동안 긍정적인 동기부여를 받고 아이는 자신의 잠재력을 확인했다. 반면, 자신의 부족한 점과 앞으로 발전시키면 좋을 부분들 또한 느끼고 온 듯했다. 여러모로 좋은 시간이었다. 무엇보다 글로벌한 리더십과 국제적인 역량을 한층 키울 수 있었던 소중한 시간이었다.

캠프에서 돌아온 아이와 대화를 나누던 중 감격스럽고 감동받았던 말을 이 책에 꼭 기록하고 싶다. 아들에게 엄마의 첫 책에 이 말을 꼭 담아 선물해주고 싶다.

많은 걸 느꼈지만…, 느끼기만 하면 소용없고 실제로 뭔가를 해야 해요. 대단한 사람들을 보고 많은 걸 느꼈어요. 새롭게 느낀 점들과 동기부여 받은 것을 새기면서 제 인생을 더 열심히 살아보고 싶어요. 왠지 지금의 내 모습으로는 부족한 느낌이에요. 더 어메이징해져야죠.

지금 하고 있는 것들, 배우고 싶은 것들은 여전히 이어가겠지만…, 뭔가 훨씬 더 똑똑해지고 싶어요. 모든 분야에서 박식해지고 싶고, 새로운 운동도 도전해보고 싶어요.

거기서 만난 친구들은 운동을 많이 했어요. 우리 그룹의 ○○는 여자 고등학생이었는데, 미국 올림픽에도 진출했대요. 취미로 했는데요. 한국에서 같이 간 ○○도 ○○스포츠에서 한국 전체 상위권이었어요. 나는 사실 운동에 진심은 아니었어요. 그런데 친구들 이야기를 듣다 보니 운동을 할수록 정신도 건강해지고, 마인드셋도 되고, 에너지가 더 활발해지는 것 같았어요.

또 감동받은 건 사람들이 정말 착했어요. 같은 그룹에 있었던, ○○(부모님이 한국 분이고, 미국 영주권자. 한국어도 잘하고 한국 이름도 있는)는 목소리도 정말 좋고 굉장히 친절하고 젠틀했어요. 제가 항상 되고 싶었던 이미지였어요. 너무 아웃고잉하진 않으면서요. 그동안은 지금의 나로 충분히 만족했지만, 더 나은 버전의 내가 되고 싶다는 생각을 하게 해준 친구였어요.

조력자facilitator 라이언도 너무 좋았어요. 저에게 해준 말 중에서 특히 감사하고 와 닿았던 건, '동등한 문화'였어요. 학생들 대부분은 만 17~18세였고, 저만 최연소로 만 14세였어요. 그럼에도 대회를 주최하고 진행하는 분들도 저희 모두를 존경한다고 했어요. 30~40대 어른들이 우리를 어른처럼 대해주고 존경한다는 것이 굉장히 놀라웠고 새로웠어요.

그야말로 문화 충격이었죠. 한국 어른들은 보통 그렇게 안 하거든요. 그래서 너무 좋았어요.

저에게는 나이에 비해 어른스럽고 mature, 성숙하고 똑똑하다며 존경한다고 말했어요. 다른 친구들도 내가 어리다는 걸 알기 전과 후에도 아무런 태도 변화 없이 어린애 대하듯 하지 않고 동등하게 대해주었어요. 다음은 라이언이 전체 참가자에게 한 말이에요.

"지금 너희들은 대부분 어른들이 서른 살이 돼도 얻지 못하는 퀄리티를 갖고 있다. 여기서 너희들은 많이 변화되었고 성장했다. 하지만 집으로 돌아가면 모든 환경은 그대로일 것이다."

오빠로서 동생에게도 더 잘해주려고 노력할 거예요. 그리고 유니크한 사람이 되고 싶어요. 뛰어난 애들을 보면서 저도 더 높이 올라가고 싶다는 생각이 들었어요. 더 멋있는 사람이 되고 싶어요.

그동안은 공부해야 하니까, 시간이 부족하니까 하는 핑계를 대곤 했어요. 그런데 캠프에 있는 동안 깨달았어요. 시간이 부족한 게 아니라 단순히 하기 싫었다는 것을요. 노력을 안 했던 거예요. 정말 하고 싶은 것이 있으면 좀 더 노력해야 한다는, 한 단계 더 나아갈 수 있는 동기부여를 얻었어요. 느끼는 것만으로는 부족해요. 실제로 뭔가 행동을 해야 해요. 그리고 영어 하나로는 부족해요. 다른 언어를 하나 더 해야겠어요. 일본어를 본격적으로 해보려고요. 지금도 늦지 않았어요!

청소년 일본 국제교류 참가

미국 시카고에서 돌아온 지 1개월도 채 되지 않아 아이는 또 다시 비행기를 타고 일본으로 갔다. 국제교류 사업으로 진행되는 청소년 대상 프로그램에 참여했다. 신청 단계에서는 역시 영어로 의사소통이 자유로워야 한다는 조건이 있었다. 많은 인원이 참가하는 것이 아닌 대학생 4명(스텝)과 한국 중고등학생 5명이 총 참가 인원이었다. 그 5명 중에 한 명이 우리 아이였다.

출발하기 전에 오리엔테이션을 다녀왔고, 함께 갈 친구들과의 단톡방도 만들어졌다. 출국 전에 준비해야 할 사항들을 단톡방에서 주고받았다. 나라 간 사업이어서 모든 일정에 포함된 숙박, 식사, 행사 등의 비용은 나라에서 지원을 받았고, 비행기 티켓만 부담했다.

★ 일본 국제교류 참가 활동 모습

이런저런 프로그램에 적극적으로 참여했던 아이의 14살, 2024년은 꽤 분주했고 활기가 넘쳤던 한 해였다. 귀국 후 다녀온 소감을 기관에 제출했다. 기관에서는 아이들의 기록이 담긴 기념 책자 〈청년〉을 집으로 보내주었다. 가만히 보니 우리 아이만 소감문을 영어로 작성한 것을 발견했다. 한국어보다 영어가 더 편하다 보니 자연스럽게 제출했던 것이다.

일본의 호스트 가정에서의 경험도 특별했다고 한다. 한국 아이가 온다고 호스트 가정에서 한국 말과 태극기로 그림을 그려 벽에 붙여주시고 아이를 환영해주셨다. 인사동에서 일본 친구들에게 줄 선물과 간식

을 준비해갔는데 다행히 친구들이 좋아해주었다고 한다. 홈스테이 경험도 해보고, 많은 분들로부터 환영도 받고, 다른 문화를 가까이에서 체험해보는 소중한 시간들이었다.

홈스쿨링을 하며 아이에게 맞는 활동들을 하나씩 해나갈 수 있었던 이런 시간들이 어느새 추억이 되고 있는 걸 보면, 아이들은 참 금방 크는 것 같다.

〈2024 국제 청소년 학술 컨퍼런스〉 교수상 3등

'2024 국제 청소년 학술 컨퍼런스 The International Young Scholars Response'에 한 번 더 참가했다. 이번에도 아이는 참여했던 트랙 내에서 가장 최연소였다. 그 트랙에만 총 60명이 있는데, 아이는 교수상 3등을 수상하는 기쁨도 누렸다. 수상한 것을 확률로 계산하면 100명 중 8명 안에 든 것과 같았다. 대부분 고등학생들이 참가했다. 아이보다 한 살 많은 중3 학생이 한 명 있었다. 그 안에서 상을 받았다는 것 자체가 감사하고 기쁜 일이었다.

Q&A 세션에서는 참가자들이 교수님들에게 평소 궁금했던 점들을 질문할 수 있어서 좋았다고 했다. 홈스쿨링을 하면서 아무래도 다른 사

람들과 의견을 나누거나 견주어볼 일이 별로 없었는데, 함께 참여했던 친구들 생각도 들어보면서 비교해볼 수 있는 점도 굉장히 즐거웠다고 했다. 국제적으로 명성 있는 미국의 단체에서 주관한 청소년 학술 컨퍼런스에서 2년 연속으로 수상했다는 점은 의미가 컸다. 열심히 참여한 아이에게 고맙고, 이렇게 좋은 기회를 갖게 되어 감사했다.

아이들은 이렇게 매년 성장하며 그 과정에서 노력하고 결심도 하며 최선을 다한다. 그런 아이들을 우리는 언제나 지지해주고 진심을 다해 칭찬해주어야 한다. 그리고 엄마인 우리들도 아이들과 함께 성장해 나가도록 곁에서 노력해야 한다.

요리와 복싱을
좋아하게 되다

　아이를 키우면서 생각지도 못한 의외의 모습을 발견하는 순간 참 놀랍고 신기하게 여겨질 때가 많다. 아들이 요리에 관심을 가질 것이라고는 상상도 못했다. 그것도 중2 남자아이가 요리를 해보겠다고 할 줄은 정말 몰랐다. 아이는 원하는 재료와 칼로리로 본인 스타일에 맞는 요리를 만들어서 먹기를 원했다.

　요리가 처음인 아이였기 때문에 요리의 기본부터 조금씩 가르쳐 주었다. 아이와 주방에서 함께 요리하는 시간이 즐겁고 행복했다. 엄마 것도 만들어주고, 설거지도 했다. 요리할 때마다 보조를 해주었지만, 여러 번 만들어본 음식은 처음부터 끝까지 혼자서 척척 만들기도 했다. 요즘은 요리 준비 처음부터 설거지 마무리 단계까지 모든 과정을 주방에서 혼자 한다.

　홈스쿨링을 하면서 밥을 준비하는데 시간과 에너지가 꽤 들었는데, 어느새 아이가 커서 엄마 밥을 챙겨준다는 사실이 감격스러웠다. 아이도 스스로 음식을 준비하고 치우면서 그간 엄마가 홈스쿨링을 하며 15년간 밥을 해주었다는 사실이 대단하다고 여기는 것 같았다.

　어느 날 주방에서 함께 요리를 하다가 아이가 나에게 홈스쿨링을 하면서 하루에 수차례 식사를 차리고 치우는 일을 반복하는 일이 힘들지 않았는지 물은 적이 있다. 당연히 손이 많이 가고 정성이 들어가는 일이기 때문에 힘들지만, 이 세상의 모든 엄마들은 사랑으로 내 아이가 먹을 음식을 준비한다는 이야기를 나눈 적이 있다.

아이가 중2 나이에 새롭게 시작한 운동은 복싱이었다. 복싱을 너무 좋아했고, 매우 즐겁게 주 5일씩 복싱장에 다녔다. 가까운 곳에 복싱장이 있는데도 굳이 한 정거장 거리의 복싱장으로 선택을 하길래 처음엔 이해가 되지 않아 물어보니 이유가 있었다. 운동량을 늘려야 하기 때문에 가까운 곳보다 일부러 거리가 있는 곳으로 정했다고 했다. 오고가는 길에 강제 운동의 효과랄까.

부모 생각으로는 이해되지 않는 아이들의 행동 이면에는 늘 아이들 나름의 생각과 계획이 있는 것 같다. 아이는 그렇게 지하철 한 정거장 거리의 복싱장을 매일 걷고 뛰며 신나게 운동을 하러 다닌다. 날씨가 춥거나 눈, 비가 오는 날은 지하철을 타지만, 대부분은 오고가는 길에도 운동을 즐기는 편이다. 스스로 식단을 관리하고, 운동으로 기초 체력을 챙기는 아이가 웬만한 어른보다 낫다 싶었다.

대단한 무언가를 해준 것도 없는데, 아이가 잘 크고 있는 걸 깨달을 때마다 그저 고마웠다. 아이들이 이 세상에 태어난 날 모든 엄마의 바람은 같다. 건강하게 잘 자라길 바라는 마음. 기특한 우리 아이들에게 하나둘 욕심이 들어가면서부터 많은 것이 힘들어지기 시작할 뿐이다. 아이들을 향해 많은 욕심을 부리지 않도록 순간순간 리마인드가 필요하다. 아이들이 이 세상에 건강하게 태어난 것만으로도 감사하던 그 순간을 잊지 말자.

기여와 봉사의 가치, 베트남 봉사활동

중2 가을 어느 날 아이는 갑자기 해외로 봉사활동을 가고 싶다고 했다. 스스로 봉사활동을 가고 싶다고 말한 아이가 기특하면서도 국내가 아닌 해외 봉사활동을 14세 아이가 갈 수 있는지 궁금했다.

검색해보았지만, 14세 아이가 혼자 떠날 수 있는 해외 봉사활동은 찾을 수 없었다. 아주 가끔 부모 동반 조건이나 대부분 대학생 이상이 참가하는 프로그램만 있었다. 최소 16세 이상이어야 참가할 수 있었다. 그렇게 이리저리 알아보다가 문득 오래 전에 알아두었던 갭이어Gap Year가 떠올랐다. 갭이어는 해외에서는 많이 보편화되어 있는데, 우리나라에서는 조금 생소하다. 이해를 위해서 위키백과에 나온 갭이어에 대한 설명을 소개한다.

갭이어Gap Year는 학업을 병행하거나 잠시 중단하고 봉사, 여행, 진로 탐색, 교육, 인턴, 창업 등의 다양한 활동을 직접 체험하고 이를 통해 향후 자신이 나아갈 방향을 설정하는 시간을 말한다. 영국을 포함한 여러 서구 지역의 나라들은 학생들이 고등학교를 졸업하면 바로 대학에 진학하지 않고 1년간의 기간에 걸쳐 다양한 경험을 쌓는 갭이어를 가진다. 유명인 중에서는 엠마 왓슨과 해리 왕자가 갭이어를 가진 대표 사례다.

갭이어는 대학 입학 전 다양한 활동을 체험하여 자신이 나아갈 방향을 설정하는 기간이다. 하버드, MIT, 프린스턴, 동경대 등 세계 주요 대학들은 입학 전 갭이어 프로그램을 경험해볼 수 있도록 권장하고 있다.

전 오바마 대통령의 딸도 갭이어를 했다는 기사를 본 적이 있다. 갭이어를 알게 되었던 당시 굉장히 신선했다. 청소년은 물론 평생 열심히 일하고 퇴직한 어른들에게도 굉장히 좋은 시간을 줄 수 있는 의미 있는 프로그램이라고 생각했다. 아이가 조금 빨리 성장하면서 고등학교 조기졸업이 예상될 무렵, 바로 대학에 진학하지 않고 갭이어를 통해 여행을 다녀도 좋겠다는 생각을 했었다. 그런데 그것이 봉사활동이 될 것이라고는 전혀 예상하지 못했다.

다음날 갭이어 측에 문의를 드렸으나 예상대로 나이가 어려서 일부 부모 동반 프로그램만 참석이 가능하다는 답변을 받았다. 하지만 아쉬운 마음에 아이가 영어가 자유로워서 미국의 온라인 스쿨에서 공부하고 있고, 그간 부모 동반이 아닌 청소년 해외여행으로 8개국을 다녀왔다고 말씀드렸다. 이 부분이 담당자에게 잘 전달되었는지 현지 기관에서 최대한 긍정적으로 검토해보겠다는 감사한 답변을 주셨다.

별 기대하지 않고 기다리던 어느 날, 베트남의 어린이집 봉사활동이 가능하다는 답변을 받고 많이 놀라고 기뻤다. 나이 제한을 뛰어넘어 이런저런 상황을 고려해가며 갈 수 있도록 도와주신 담당자 분에게 많이 감사했다. 기존에 다녀왔던 청소년 해외여행은 공항에서 선생님과 친구들이 다함께 만나 선생님 인솔 하에 출국했었다. 이번 베트남 봉사활동은 온전히 아이 혼자서 비행기를 타고 현지 공항에서 선생님과 만남 장소까지 가는 것이었다.

출국 전에 갭이어 사무실에서 오리엔테이션을 받으면서 여러 가지 상세한 안내를 받은 덕분에 아이는 씩씩하게 혼자서 베트남까지 비행기를 타고 갈 수 있었다. 그곳에서도 역시나 아이는 최연소였다. 미국과 캐나다에서 각각 참가한 룸메이트와 모녀도 만났다. 기숙사에는 의료봉사를 하러 온 대학생 누나, 형들도 있었다고 한다.

★ 14세 때 참여했던 베트남 봉사활동 모습

어느 정도 그곳 생활이 적응된 후에는 아이 혼자서 주말에 택시를 타고 쇼핑센터에도 다녀왔다고 한다. 만약 영어를 잘 못하는 아이였다면 처음 가보는 베트남에서 혼자 자유롭게 다닐 수 있었을까? 언어의 위력을 다시 한 번 실감할 수 있었다. 2주간의 봉사활동도 잘 하고 돌아왔다. 이번 경험으로 아이는 한층 더 자신감을 갖게 되었고, 다른 이들을 돕는 일에 대한 생각도 더 많이 하게 되었다.

★ 갭이어 수료증

무엇보다 그곳에서 만난 캐나다 누나와 지속적으로 연락하는데 이 누나도 올해 한국 여행 일정이 잡혀 있다고 한다. 해외에 살고 있는 두 명의 누나들과 한국에서 다시 만나게 되는 것이다. 얼마나 반갑고 좋을까! 이 누나는 올 가을에 대학생이 되는데, 입학 전에 여행 일정을 잡은 것이다. 다가오는 한국 여행을 위해 몇 개월 전부터 듀오링고에서 한국어 공부를 시작했다는 이야기를 전해 듣고는 재미있어했다. 본인은 영어를 잘 하기 위해서 그동안 노력했는데, 영어를 잘하는 누나가 반대로 한국어를 잘하기 위해 노력한다는 사실이 말이다. 2025년 4월 원고 막바지 작업중인 시점에 고등학교 과정을 모두 마친 1호는 베트남에 이어 발리로 영어 봉사활동을 떠난다. 이렇게 아이의 세상은 점점 더 다양해지고 넓어졌다.

엄마표 영어 실전 편

8장

1호의 엄마표 영어
6년간 기록

초등 6년간
엄마표 영어 기록

국내에서 영어 유치원도, 학교도, 영어학원도, 해외도 한 번 안 가본 아이였다. 아이 인생의 기관 생활은 어린이집 3개월이 전부였다. 그것도 오전반만 갔었다. 그야말로 순수 국내파 아이가 어떻게 영어를 원어민처럼 자유롭게 잘 하게 되었는지 그 이야기를 해보려고 한다.

영어가 자유롭다는 것은 그저 외국인과의 프리토킹을 자유자재로 할 수 있다는 뜻을 넘어, 미국 현지 또래 친구들과 제 학년의 모든 수업을 100% 영어로 하고 있다는 뜻이다. 즉, 영어를 도구로 배우고자 하는 지식을 한계 없이 마음껏 배우고, 전 세계 논문을 자유롭게 보고, 영어로 논문을 쓰는 것이다.

아이의 진짜 영어 실력의 배경에는 엄마표 영어가 있었다. 엄마표 영어를 시작하기 위해서 아이가 어렸을 때부터 사전에 엄마표 영어 관련 책들은 거의 다 읽어보았고, 검색도 많이 했다. 여러 가지 방법이 있었지만 결국 엄마표 영어의 기본은 같았다. 그중에서 가장 중요한 것은 '일희일비 하지 않는 꾸준함'이라고 생각한다.

1호는《엄마표 영어 이제 시작합니다》책을 근간으로 엄마표 영어를 시작했다. 이와 같은 방법으로 인풋 시기를 진행했고 이후 아웃풋 단계부터는 나만의 방식으로 덧입히고 재해석하면서 우리 아이 '맞춤형 엄마표 영어'로 진행해 나갔다.

==첫째, 엄마표 영어의 기본 규칙은 '주 6일 매일 3시간'이었다.==

1시간의 집중듣기(음원과 함께 원서읽기)와 2시간 흘려듣기(영화 보기)를 주 6일 동안 하고, 주 1회는 쉬었다. 감기에 걸리거나 컨디션이 유독 안 좋은 날 또는 여행 갈 때는 아무것도 하지 않고 편하게 쉬도록 했다. 영어를 모국어로 사용하지 않는 나라에서 엄마표 영어 방식은 '영어 몰입 환경'을 집에서 만들어주는 아주 좋은 방법이었다. 한마디로 우리 집을 '미국 환경'으로 만들어주는 것이고, 아이의 하루 3시간은 미국 환경으로 들어간다고 생각했다. 엄마표 영어에서 매일 3시간이라는 말 자체에 거부감을 갖는 분들도 있다. 전혀 생각해보지 않았던 부분이었는데, 일부 부모님 중에는 3시간이 아이에게 굉장히 고될 거라고 여겼다.

반대로 매일 영어학원에 가고, 영어학원 숙제를 하고, 단어를 외우는 것보다 집에서 편하게 원서를 읽고, 소파에 앉아 맛있는 간식을 먹으면서 좋아하는 애니메이션이나 영화를 보는 것이 훨씬 더 편하고 좋은 방법이라고 생각했다. 실제로 이 방법이 훨씬 편하고 효과도 좋으면서 가성비까지 뛰어난 방법이니 지레 오해해서 이 좋은 방법을 버리는 카드로 만들지 않았으면 좋겠다.

==둘째, 모국어를 배우는 과정과 동일한 방법으로 진행했다.==

이 부분은 뒤에 나온다. 어린 아이를 3시간 동안 힘들게 '영어 공부'를 시킨다는 생각은 완벽한 오해다. 1시간 집중듣기는 원음과 함께 원서를 '읽는 것'이고, 흘려듣기는 원어로 영화를 보고 듣는 것이다. 영어학원뿐 아니라 다른 학원을 다닌다 해도 아이가 하루에 1시간은 기본으로 배운다. 습득이 아닌 학습으로 말이다. 그러니 영어학원에 가기 싫어하는 아이들이 많을 수밖에 없다. 집중듣기를 처음 할 때는 조금 힘들 수 있겠지만 점차 습관으로 자리가 잡히면 일상의 루틴으로 잘해 나갈 수 있다.

하지만 이 집중듣기 행위를 유독 어려워하고 맞지 않는 아이들도 꽤 많다. 집중듣기를 하지 않고도 영어를 잘 하는 아이들도 많다. 집중듣기 말고 그냥 원서를 많이 읽고 영어 환경에 많이 노출된 것만으로 영어를 잘 하는 아이들도 많다. 엄마표 영어 책을 출간한 작가님도 집중듣기가 아이들에게 힘든 행위이며, 그렇게 하지 않아도 된다고 했다. 엄마표 영어 역시 다양한 방법이 있다. 유명한 분들의 다양한 방법 중에서 나와 내 아이가 할 수 있는 방법을 선택해서 꾸준히 실천하면 된다. 단 하나의 방법만 정답은 아니기 때문이다.

나의 경우에는 영알못 엄마이고 엄마가 무언가 많은 준비를 해야 하는 복잡한 방법을 원치 않았기 때문에, 현재 둘째의 엄마표 영어는 가장 단순하고 쉬운 방법을 선택해서 하고 있다. 흘려듣기는 아이가 좋아하는 애니메이션과 영화를 소파에 앉아 간식을 먹으며 즐겁게 보고 듣는 것이다. 괴롭고 힘든 3시간이 아니라 심플하고 부담 없는 하루 3시간이다.

진짜 문제는 아이들의 하루하루가 너무 바쁘다는 데 있다. 좋은 건 알지만 이것저것 하다보면 하루 3시간을 확보하기가 어렵다는 것도 아주 많이 들었다. 가장 어려운 질문이었다. 왜냐하면 아이들의 스케줄은 내가 조정해줄 수 없고, 하루 24시간을 30시간으로 늘려줄 수도 없으니 말이다. 아이의 우선순위를 잘 생각해보면 좋겠다. 아니 깊이 생각할 것도 없이 언어는 시기적으로 타이밍이 중요하다. 초등 시기에 집중하는 것이 장기적으로도 나와 아이를 위해서도 좋기 때문에 하루 빨리 시작하기를 권하고 싶다.

선택과 집중의 문제다. 너무 바쁘고 정신없는 일상보다는 단순하고 심플한 생활이 좋다. 그래야 본질에 집중할 수 있다. 아이의 초등 시기에 무엇이 가장 중요한지에 대한 우선순위를 잘 정해놓으면 흔들림 없이 뚝심 있게 걸어갈 수 있다. 그러한 확신이 없기 때문에 이리저리 흔들리면서 남들이 좋다는 대로 그냥 따라가게 되는 것이다. 그것이 꼭 나쁘다는 것은 아니지만 아이의 지나간 시간은 돌아오지 않기 때문에 그 시기와 시간을 최대한 잘 활용하려면 이 부분에 대해 진지하게 생각해 봐야 한다.

뒤늦게 엄마표 영어를 하고 싶어서 진입하는 분들도 많다. 그분들의 한결같은 후회는 '그때 시작했어야 했어요'이다. 엄마표 영어를 전혀 몰랐던 분들 말고, 들어보고 관심도 가져본 적이 있는데 제대로 알아보지 않고 그냥 흘려버린 시간에 대해 깊이 후회하는 분들이 아주 많다. 그중에는 아이가 힘들까봐 지레 겁먹고 시도하지 않은 분들도 있었다. 아이가 힘들까봐 시도하지 않았기 때문에 뒤늦게 따라잡느라 아이도 엄마도 더 힘들어질 수 있다는 것도 생각해보면 좋겠다.

아이가 자전거를 처음 배울 때를 생각해보자. 처음에는 중심 잡기도 힘들어서 비틀거리고 넘어지기도 한다. 힘드니 자전거를 배우지 말라는 부모는 없을 것이다. 왜냐하면 지금 연습하고 힘을 내서 다시 도전하면 곧 자전거를 신나게 탈 수 있다는 것을 잘 알고 있기 때문이다.

'처음에는 힘들지만 곧 잘 탈 수 있게 될 테니 해보자, 엄마가 도와줄게!'라고 격려하며 뒤에서 잡아주고 함께 뛰어주기도 한다. 엄마표 영어도 마찬가지다. 많은 돈을 들여 해외로 나가지 않아도, 기러기 가족이 되지 않아도 국내에서 자연스럽게 얼마든지 영어를 '습득'해 나갈 수 있다. 우리처럼 영어로부터 완벽하게 자유로워질 수 있다. '학습'이 아닌 '습득' 방향으로 포기하지 않고 시간을 쌓아나가면 된다.

물론 엄마표 영어만 정답은 아니다. 엄마표 영어 중에서도 우리가 했던 방식만 정답도 아니다. 세상에는 그것이 무엇이든 여러 가지 방법과 길이 있다. 큰 아이는 이러한 방법으로 영어로부터 자유로워졌지만, 앞에서 말한 대로 다른 방법으로 영어로부터 자유로워진 아이들 사례도 수없이 많다.

우리 둘째는 첫째와는 조금 다른 방식으로 진행하고 있지만 이 아이 역시 결론은 같다. 영어가 자유롭고 더 편안하다. 그러니 유독 집중듣기를 힘겨워 한다든가, 우리가 했던 방식이 맞지 않는 아이들이 있다면 꾸역꾸역 그 방법을 고집하느라 아이와 진을 빼면서 관계를 망치지 않기를 바란다. 뒤 챕터에 소개하는 둘째 아이의 엄마표 영어 방식도 참고해보기를 바란다. 어떤 방법이 되었든 가장 중요한 포인트는 다시 한 번 말하지만 '포기하지 않기'다.

엄마는 아이의 엄마표 영어 첫 순간, 아이가 잘 정착해나가고 습관으로 자리 잡을 수 있도록 도와주어야 한다. 앞으로 우리가 어떻게 할 것인지, 어떻게 하는 방법인지 자세히 알려주고 아이의 일상에서 습관으로 정착할 때까지 옆에서 함께 뛰어주는 마라톤 코치 역할을 해야 한다. 이름 그대로 '엄마표 영어'이기 때문이다.

이 길을 뚜벅뚜벅 걸어갈 주인공은 아이지만, 어린 아이가 갈 길을 헤매지 않도록 방향을 제시해주고, 넘어지면 손잡아 일으켜주고, 슬럼프가 오면 잘 극복할 수 있도록 도와주는 역할을 해줄 사람은 바로 '엄마'다. 엄마표 영어가 무엇인지, 어떻게 하는 것이 올바른 방법인지 엄마가 먼저 정확하게 이해해야 한다. 이후에는 '엄마가 도와줄게 우리 함께 해보자!' 응원해주며 아이와 손잡고 같이 나아가는 길이다. 그것이면 충분하다.

"the limits of my language are the limits of my world meaning"
내 언어의 한계는 내 세계의 한계를 의미한다.

내가 좋아하는 말이다. 루트비히 요제프 요한 비트겐슈타인Ludwig Josef Johann Wittgenstein은 주로 논리학, 수학 철학, 언어 철학 분야에서 활동한 오스트리아, 영국 철학자다. 루트비히 비트겐슈타인의 "내 언어의 한계는 내 세계의 한계를 의미한다"는 말을 아이가 영어로부터 완벽히 자유롭게 되는 과정을 지켜보면서 확실하게 이해하고 깊이 공감했다. 아이를 둘러싼 세계와 한계가 완벽히 허물어지는 것을 바로 옆에서 매순간 경험했다. 그야말로 '언어의 위력'을 진정 실감하게 되었다.

영어는 언어다. 즉 수학, 과학, 사회 과목처럼 '학습' 영역이 아닌 '언어'인 것이다. 그러므로 학습 과목들과는 다르게 접근해야 한다. 학습이 아닌 '습득'의 방향성을 가지고 나아가는 것이 바람직하다. 우리가 공부를 하거나 일을 할 때, 또는 그 외 어떤 일을 할 때 언제나 방향이 중요하다는 사실은 누구나 알고 있다. 그런데 방향과 더불어 중요한 것이 또 있다. 바로 '분명한 목표 정하기'와 '절실함'이다.

아이들이 영어를 잘 배워나가기 위해서는 영어가 무엇인지, 어떻게 접근하는 것이 효과적인 방법인지 잘 생각해보고 알아보는 시간을 가져야 한다. 중요한 점은, 영어교육의 최종 목표가 무엇인지를 먼저 확실하게 정해야 한다는 것이다. 목적과 목표가 분명히 있어야 그에 맞는 방향으로 계획을 세우고, 그에 적합한 실천을 이어갈 수 있기 때문이다. 방향성은 매우 중요하다.

학교에서 영어시험을 잘 보고, 수능에서 고득점의 영어 점수 획득이 최종 목표인지, 아니면 아이가 영어를 자유롭게 활용해 지식 습득과 소통의 도구로 삼아 글로벌 인재로 성장할 것인지를 말이다. 언어는 한두 해 정도의 노력만으로는 어느 정도 궤도에 오를 수 없다. 사실 언어뿐 아니라 우리가 배워야 할 모든 것들은 대부분 단시간에 이루지지 않는다. 누구나 알고 있듯 언어는 꾸준한 시간이 투입되어야 하는 영역이다.

엄마표 영어를 선택했다면 최소한 초등 시기인 6년 동안 지속적이고 한결같은 걸음으로 걸어나가야 한다. 중간 중간 헤매거나 길을 잃지 않기 위해서는 목표를 분명히 해야 한다. 목적과 목표를 분명히 해도 언제든지 흔들릴 수 있고, 길을 잠시 잃을 수도 있다. 하지만 내가 나아가고자 하는 길에 대한 목적과 최종 목표를 분명히 정해두면 제자리로 잘 찾아올 수 있다.

누구나 영어학원을 다니니까 우리 아이도 당연히 다녀야 한다는 생각에서 한걸음 더 나아가서 영어학원의 장단점, 엄마표 영어의 장단점 등을 꼼꼼하게 비교 분석해보는 과정을 거치면 더 좋을 것 같다. 학원을 다니지 말라는 이야기가 아니다.

다만, 아이 일생에서 정말 중요한 언어를 배우는 일, 영어로부터 완벽하게 자유로워지는 위대한 일 앞에서 그저 모든 아이들이 학원에 다니니까, 또는 막연히 학원에 보내면 영어를 잘하게 되겠지 하는 생각으로 보내지는 않기를 바란다. 엄마표 영어는 우리가 보통 '영어 공부'라고 생각하는 것처럼 영어 단어를 달달 암기하고, 문법을 외우는 그런 방식과는 애초에 다른 방법이다.

아기가 세상에 태어나서 처음 말을 하게 되는 모국어 과정을 가만히 생각해 보면 쉽다. 아기는 태어나서 바로 말을 하지는 못하지만 주위의 수많은 단어와 대화들을 '들으며' 성장한다. 엄마 아빠의 대화 소리, 할머니 할아버지의 대화 소리, 텔레비전에서 나오는 소리 등등 수많은 소리에 자연스럽게 노출되면서 굉장히 많은 소리를 '듣는다'. 이 모든 소리들은 아기 안에 계속되는 인풋으로 쌓이다가 일정 시간이 지나 어느 날 "엄마!" 하고 첫 단어를 말하는 원리와 같다. 많이 들으면 말하게 된다. 이것은 진리다.

어설프게 조금 많이 말고, 정말 많이 차고 넘치게 들어야 한다. 이러한 듣기를 위한 '미국 환경'을 조성해주는 일은 매우 중요하다. 그 환경을 위해서 미국으로 가지 않아도 국내에서도 얼마든지 충분히 가능하다. 그러한 듣기 환경을 조성하는 일이 바로 엄마표 영어가 추구하는 방식이다. 원서를 소리와 함께 매치해서 들으며 읽고, 영화를 자막 없이 원어로 보고 듣는 것이다. 영어를 공부하듯이 단어를 외우고 쓰는 방식으로 접근하면 학교에서의 시험 점수는 당장 좋을지 모르겠다.

하지만 우리 어른들도 오랜 시간 영어를 배웠지만 정작 외국인을 만나면 말 한 마디 편안하게 하지 못하는 우리나라 영어 교육의 현실을 잘 알고 있다. 이러한 현실을 우리는 이미 경험했고 알고 있음에도 불구하고 여전히 우리가 배우던 영어 교육 방식과 별반 다르지 않은 방법으로 아이들이 배우고 있다는 사실이 놀랍다. 내가 배웠던 효과 없는 '가짜 영어' 말고, '진짜 영어'를 아이들에게 소개해주고 싶다. 글로벌한 세상을 살아나갈 아이들이 진정한 영어 실력을 도구로 확실하게 장착할 수 있도록 엄마표 영어로 말이다.

오랜 시간 듣기와 영어원서 읽기로 말하고, 읽고, 쓰는 과정은 자연스럽게 발전한다. 그렇게 많은 아이들이 영어로부터 자유로워져서 글로벌한 세상으로 나아가 마음껏 꿈을 펼치는 글로벌 인재로 자라가기를 진심으로 바란다.

엄마의 인풋과 아웃풋이 먼저

우리가 엄마표 영어를 시작했던 약 8~9년 전보다 엄마표 영어가 더 대중화되었고, 많은 분들에게 익숙한 단어가 되었다. 엄마표 영어를 선택하는 가정이 많아진 만큼 더불어 많아진 것이 있다. 엄마표 영어를 진행하는 도중에 자꾸만 불안한 마음이 들고, 중간중간 계속 흔들리고, 이게 맞는지 길을 잃고 헤매고 있다는 말들이 정말 많이 들린다.

엄마표 영어를 어떻게 하는 것인지 이미 많이 알아보고 선택한 길이지만, 엄마들 역시 이 길이 처음이다 보니 불안한 것도 충분히 이해한다. 엄마표 영어는 인풋을 쌓기만 하는 시기에는 아이의 발전이 당장 눈에 보이지 않는다. 때문에 많은 분들이 불안해 하고, 정말 되는 것인지 자꾸만 의심하게 된다.

하지만 요즘은 우리 집 사례뿐 아니라 엄마표 영어로 좋은 결과를 보여주는 아이들이 많다. 엄마들의 불안을 깊이 이해하고 있지만 이러한 현상이 초반에 잠시 있다가 사라지는 것이 아니라 몇 년간 지속적으로 반복되는 이유가 무엇일까 곰곰이 생각해 보았다. '아이의 인풋이 충분히 쌓인 후에 비로소 아웃풋이 나오듯이, 엄마의 인풋이 충분하지 않아서'라는 사실을 깨달았다. 여기서 인풋이란 엄마의 독서와 배움이다. 엄마의 독서와 배움이 멈추는 순간 의심과 불안이 자꾸만 올라온다. 나는 이를 육아 과정에서 느꼈다. 아이가 많이 어렸을 때 육아를 하면서 지친 몸과 마음으로 아이에게 너그럽지 못할 때가 있었다.

그런데 가만히 보니 내가 아이에게 미안해지는 일이 생기는 때는 주로 독서를 하지 않을 때였다. 연료 공급이 중단되니 앞으로 나아갈 힘이 없었던 것이다. 잠시 시간을 내어 독서를 하면서 깨달음을 얻고 마음을 정돈하는 날에는 힘들어도 아이와 잘 지내지만, 피곤하다는 핑계로 책을 잠시 멀리 했을 때는 아이의 작은 실수에도 크게 꾸짖거나 원망했던 기억이 있다. 지금 생각해도 미안한 순간이다.

어려운 전문 지식을 배우자는 것이 아니다. 양육하면서 도움 되는 다양한 책을 읽으면서 마음을 다듬어 나가고, 아이들에게 필요한 교육서들을 함께 보면 좋다. 엄마표 영어에서 흔히 말하는 인풋이 아이에게만 필요한 것이 아님을 엄마들이 기억하면 좋겠다.

엄마의 인풋이 일시정지 상태가 될 때도 있을 텐데 그럴 때마다 간단히 일시정지를 풀기 위한 플레이 버튼을 눌러주자. 이러한 독서와 배움을 통한 인풋이 엄마 안에 쌓이면 그것이 엄마의 아웃풋으로 연결된다. 머리로만 알고 있고 실천하지 않는 지식은 소용이 없다. 독서를 하다 보면 염려와 불안 대신 나와 내 아이가 어떠한 방향으로 나아가야 하는지 비로소 정리가 된다. 더 이상 수시로 흔들리지 않는다.

엄마표 영어를 하면서 흔들리지 않는 사람은 없다. 그러나 너무 자주 흔들리거나 끊임없이 염려한다면 그 불안과 염려는 아이에게 고스란히 전달된다. 아이는 엄마의 확신을 느껴야 한다. 이 확신이 아이에게 전달되기 위해서 필요한 것이 바로 엄마의 인풋과 아웃풋이다.

엄마의 확신을 느낀 아이는 안정감을 느끼며 매일 본인이 무엇을 해야 하는지 잘 이해하고, 잘 실천하게 된다. 비록 조금 힘든 날도 있고, 어려운 날도 있겠지만 작은 고비들을 엄마와 함께 잘 넘기며 앞으로 나아간다. 그러니 엄마의 안정적인 인풋과 아웃풋을 먼저 챙기면 좋겠다.

아이는 매일 투입되는 인풋의 시간을 통해 어느 순간 차고 넘치는 상태가 된다. 그 이후 아이의 적절한 타이밍에 아웃풋은 나오게 되어 있다. 걱정하지 않기를 바란다. 아이가 잘 듣고는 있는지, 잘 집중하는지에 대한 염려는 내려놓고 아이가 매일 힘을 내서 나아갈수 있도록 격려해주고 칭찬해주자.

다시 한 번 말하지만 제발 아이가 잘 듣고 있는지에 대한 관심은 끊기를 바란다. 일희일비 하지 말고 하루하루 충실하게 쌓아가면 된다. 엄마의 인풋과 아웃풋을 잘 챙긴다면, 아이의 인풋과 아웃풋은 머지않아 좋은 결과로 마주하게 될 것이다. 나와 내 아이를 믿자.

초등 고학년, 중고등학생, 성인도 가능한 엄마표 영어

 언어는 당연히 한 살이라도 어렸을 때 시작하는 것이 유리하다. 내가 이 책에서 말하는 방법은 영어듣기 환경을 일찍 노출해주는 것을 의미한다. 영어유치원이나 학습식 영어로 일찍 접하게 해주는 조기 영어 교육이 아님을 밝혀둔다.

 우리 집 두 아이들을 엄마표 영어로 키우면서 언어, 그중에서도 영어에 대해 많이 알아보고 공부했고, 주변 사례들도 많이 보고 들었다. 이 방법은 아이들에게만 적용되지 않는다는 사실을 알게 되었다. 다만, 뒤늦게 진입하는 고학년 및 큰 아이들은 보다 좋은 결과를 얻기 위해서는 다른 아이들이 편안하게 하루 1시간 원서를 읽는 것과 동일한 방법으로는 안 된다. 목표를 크게 세우려면 보다 큰 실천이 뒤따라야 함은 당연한 이치다. 그러한 실천을 하기로 마음먹었다면 두세 배 이상의 시간을 투입해야 한다.

 그야말로 압도적으로 시간을 투입해야 한다. 사실 굉장히 어려운 방법도 아니다. 단 하나의 문제가 있다면 고학년으로 올라갈수록 다른 과목에 할애할 시간이 상대적으로 많아지기 때문에 영어에 충분한 시간을 쏟을 수 있을까가 관건이다. 그럼에도 불구하고 엄마표 영어로 '진짜 영어'를 장착하고 싶다면 스케줄을 잘 조정해서 해볼 수 있다. 전혀 불가능한 이야기는 아니라는 것이다.

    성인의 경우에는 조금 여유롭게 진행이 가능하다. 다만 성인 역시 일도 해야 하고, 모두 바쁜 일상이기 때문에 장기적으로 꾸준히 지속하는 것이 관건이다. 엄마표 영어를 전혀 모르고 자란 대학생들도 엄마표 영어 방식으로 영어 동화책 1단계부터 시작해서 차곡차곡 시간을 쌓아나가 영어를 잘 하게 된 케이스는 무수히 많다. 이처럼 어린 아이부터 성인까지 가장 효율적이고 좋은 방법이 엄마표 영어다.

    낮은 단계의 영어 동화책은 알다시피 글밥이 거의 없고 10권을 읽어도 시간이 별로 안 걸린다. 이런 단계에서 책을 다 사기에는 부담이 되고 도서관에 보유하고 있는 원서들도 한계가 있기 때문에 수만 권의 책이 들어 있는 '온라인 영어 도서관'을 추천한다. 취향대로 아이 입맛에 맞추어 골라볼 수 있는 온라인 영어 도서관을 잘 활용하길 바란다.

아웃풋은
대체 어떻게 해야 하나요?

　오랜 시간 엄마표 영어를 해보니 기본 베이스(인풋 단계)는 대부분 비슷하게 진행된다. 하지만 이후의 시간, 즉 아웃풋이 나오는 지점부터가 어찌 보면 진짜 시작이다. 이때부터 아이를 어떻게 이끌어주느냐에 따라 엄마표 영어의 퀄리티에서 상당히 많은 차이가 날 수 있다는 사실을 알게 되었다. 같은 시기, 같은 방법과 실천으로 엄마표 영어를 진행했는데 왜 몇 년 후 많은 차이가 나는 걸까? 정말 궁금했다.

　'왜 그런 걸까?'
　'무엇이 문제일까?'
　'무엇 때문에 이런 고민 댓글들이 계속 이어지는 걸까?'

　블로그 댓글로 전해지는 수많은 고민들 속에서 발견한 커다란 공통점은 바로 '아웃풋'과 관련 있었다. 엄마들이 열심히 아이와 손잡고 지난 시간 엄마표 영어를 시작했고 최선을 다해 노력했다. 여기서 궁금했던 케이스들은 엄마표 영어를 오늘은 열심히 했다가 내일은 건너뛰거나 제대로 진행하지 않은 가정의 경우를 말하는 것이 아니다. 정말 열심히 한 케이스가 많은데 그분들의 이후 시간이 왜 보람 대신 고민과 한숨으로 가득한 걸까? 물론 우리처럼 좋은 결과를 보여주는 가정도 있다.

하지만 나는 그렇지 않은 수많은 아이들과 엄마들에게 관심이 가기 시작했다. 정말 궁금했고 돕고 싶었다. 그래서 생각하고 또 생각했다. 원인은 다양하겠지만 그중에서 아웃풋과 관련된 부분만큼은 어느 정도 도움을 드릴 수 있겠다는 생각이 들었다. 그동안 내 아이의 아웃풋을 이끌어주기 위해 알아보고 시도했던 모든 시간과 정보들을 우리 집의 두 아이에게만 적용할 것이 아니라 영어로 힘들어하고 괴로워하는 수많은 아이와 엄마들에게 적용해서 도움이 되고 싶었다.

나는 성실하고 묵묵히 쌓아온 인풋의 시기 이후 아이의 아웃풋을 보다 풍성하고 효과적으로 이끌어주기 위해서 굉장히 많은 공을 들였다. 사실 시작은 누구나 쉽다. 매일 1시간씩 집중듣기를 하고, 2시간씩 영화를 보는 것도 물론 가장 기본이 되는 부분이기 때문에 잘 습관화해서 규칙적으로 지켜나가는 것도 훌륭하다. 하지만 정작 더 중요한 것은 기본기를 잘 갈고 닦은(인풋 시기) 이후의 시간(아웃풋 시기)을 어떻게 풀어나가느냐. 이 지점에서 많은 차이가 발생한다.

내가 만나본 엄마표 영어를 하는 수많은 분들이 아웃풋에 대한 준비 없이 그저 순진하게 매일 원서를 읽고 있는 아이를 보며 흐뭇해 하신다는 것을 알게 되었다. 물론 기특하고 흐뭇하다. 그러나 거기서 머무르면 안 된다. 애초 엄마표 영어의 목표가 단지 아이가 원서를 좀 잘 읽는 아이는 아니지 않은가? 그냥 원서 좀 읽는 아이들은 많다. 아이가 성실하게 쌓아온 그 시간들이 빛을 발하고 더 높은 지점으로 점프하기 위해서는 인풋을 아웃풋으로 잘 '연결'해야 한다. 이 '연결'을 어떻게 해야 할지 모르겠다, 막막하다는 분들이 굉장히 많은 것이다. 그래서 아웃풋으로 잘 연결해 나가는 일, 아웃풋으로 잘 이끌어주는 일을 좀 도와드리면 그

고비를 잘 넘기고 아이가 영어 날개를 달고 마음껏 비상할 수 있을 것이라 생각한다.

한국어로 생각해보면 쉽다. 한글을 모르던 아이가 어느 날 글을 읽기 시작했다. 이럴 때 모든 부모는 박수를 쳐주고 기뻐한다. '우리 아이가 책을 읽다니!' 하면서 감격한다. 그런데 '아이가 한글 책을 잘 읽네? 끝~.' 이렇게 하고 끝나는 사람이 있는가? 글자(책)와 소리에 계속 노출되다보면 어느 순간 누구나 글을 읽을 수 있게 된다. 마찬가지로 영어를 전혀 모르던 아이가 점점 글을 읽으면 매우 기쁘고 흐뭇한 것은 사실이나 《해리포터》 같이 두꺼운 벽돌책을 아이가 읽을 수 있다고 해서 거기서 만족하고 그 수준에 머무르면 안 된다.

아이의 성장을 크게 바라볼 줄 알아야 한다. 당장 눈앞에 보이는 8살, 10살 아이가 아닌, 이 아이들이 앞으로 뻗어나갈 시간들을 기대하며 더 넓은 시야로 볼 줄 알아야 한다. 아이들은 생각보다 훨씬 더 대단한 존재이며, 무한한 가능성을 가졌다. 우리의 좁은 생각으로 아이들을 판단하거나 작은 세상 안에 가두면 안 된다. 바로 이어지는 우리 아이들의 연령대별 실천 기록을 참고하면서 즐거운 엄마표 영어를 계획해 보면 좋겠다.

엄마표 영어 6년간 연령대별 실천 기록

우리의 엄마표 영어 실천 기록을 연차별로 기록했다. 시작하기 전에 밝혀둘 점이 있다면 파닉스, 연따, 쉐도잉 등의 다른 활동은 전혀 한 적이 없다. 그야말로 심플하고 단순한 방법이지만 매일 꾸준히 했다. 오로지 주 6일, 매일 3시간(집중듣기 1시간, 흘려듣기 2시간) 기본에 충실했다. 블로그에 올려주시는 많은 질문 중에 정말 다른 활동들을 안 했는지 묻는 질문이 많았다. 단어 암기, 단어 쓰기, 연따, 쉐도잉 등의 활동을 단 한번도 하지 않았다. 하나 더 추가한다면 요즘 많이 한다는 레벨 테스트다.

5학년 때 처음으로 토플 주니어를 본 것이 전부다. 학원도 다니지 않고 오로지 인풋에만 집중했기 때문에 중간 점검 겸 궁금해서 한번 응시해본 것이다. 오로지 집중듣기와 흘려듣기를 꾸준히 열심히 했을 뿐이다. 이 길은 생각보다 단순하다. 모든 일이 그렇겠지만 기본기를 충실히 하는 것이 가장 중요하다.

기본기 이야기를 하면 생각나는 사람이 있다. 전 국민이 다 아는 손흥민 선수다. 손흥민 선수를 키운 아버지 손웅정 감독은 축구를 배우는데 기본기가 가장 중요하다는 생각으로 아들에게 곧바로 축구 기술을 가르치지 않았다고 한다. 축구공과 한 몸이 될 정도로 기본기가 탄탄해야 어떤 기술도 빠르게 습득할 수 있다는 생각으로 손흥민 선수에게 공을 떨어뜨리지 않고 리프팅만으로 운동장을 한 바퀴 도는 훈련, 매일 슈팅 1000번, 줄넘기로 체력 단련을 하는 훈련 등의 기본기와 강도가 둘 다 높은 훈련을 시켰다고 한다.

손흥민 선수가 기본기를 배우는 데만 7년의 세월이 걸렸다. 이러한 훈련 시간이 뒷받침되었기에 지금의 손흥민 선수가 있는 게 아닐까? 엄마표 영어도 마찬가지다. 손흥민 선수가 기본기에 들인 7년의 시간에 비하면 엄마표 영어는 훨씬 쉬운 길이다.

6세,
엄마의 확신과
아이 설득시키기

아이가 여섯 살일 때는 일곱 살에 엄마표 영어를 시작하기 위해 준비하며 기다리는 시기다. 이 준비 기간에는 주로 엄마인 내가 먼저 엄마표 영어가 무엇인지 정확하게 이해하고 확신을 갖는 시간이었다. 엄마표 영어에서 엄마의 확신은 매우 중요하기 때문이다.

6세 여름. 엄마가 먼저 확신하고 알고 있는 엄마표 영어를 아이에게 설명해주었다. 집중듣기와 흘려듣기가 중심이 되는 매일 실천의 중요성을 아이가 알 수 있도록 아이에게 설명하고 설득하는 시간을 가졌다. 이때 설명이 보다 아이에게 잘 전달되기 위해서 위에서 언급한 대로 엄마의 확신이 먼저 필요했다. 엄마의 확신에 찬 말과 태도에서 아이는 안정감을 느끼고, 엄마와 앞으로 잘 해보겠다는 마음을 먹기 때문이다.

앞으로 걸어갈 이 길이 어떠한 길인지를 아이에게 자세히 설명해 주는 일 또한 중요하다. 엄마표 영어가 무엇인지, 매일 얼마나 어떻게 해야 하는지를 어린 아이를 앉혀놓고 진지하게 설명해주었다. 집중듣기는 무엇인지, 어떻게 하는 것인지에 대한 정의부터 굉장히 디테일한 방법까지 이야기해주어야 한다. 처음부터 1시간씩 하지는 않을 것이고, 10분, 20분 이렇게 조금씩 해보다가 점점 익숙해지면 매일 1시간씩 집중듣기를 하게 될 것이라는 설명도 함께했다.

아이가 5세 무렵 모든 DVD 영상을 거부했던 시기가 있었다. 어떤 영상도 싫다고 했기 때문에 강요하지 않고 기다리면서 1년 여 동안 영상을 보지 않고 지냈던 적이 있다. 약 1년 후인 6세부터는 원어 애니메이션을 즐겁게 보기 시작했다. 흘려듣기는 좋아하는 영화나 애니메이션을 재미있게 보되, 자막 없이 그냥 보는 것임을 설명했다. 처음에는 늘 아이 옆에 앉아 함께 간식도 먹으며 흘려듣기 습관을 잡아나갔다. 이무렵 우리 가정에 7살 아래 늦둥이 동생이 찾아오면서 몸이 점점 무거워지고 졸음이 마구 쏟아지기 시작했다.

큰 아이 옆에 앉아 졸음을 참으며 함께 보다가 졸기도 하고, 나중에는 내 의지와 상관없이 침대에 누워서 꼬박 잠이 들 때도 있었다. 아이에게 엄마의 상황을 잘 설명했다. 다행히 그 무렵 아이의 흘려듣기는 습관화되어 있었다. 졸음이 유난히 쏟아지던 일정 기간에 아이가 2시간 영화를 보는 동안 나는 옆에서 잠을 자곤 했다. 아이와 24시간 모든 것을 늘 함께 하다가 아이 혼자 영화를 보거나 책을 보는 상황에 조금 미안한 마음이 들었다.

한편으로는 아이가 영화를 보는 동안 잠시 잠을 청할 수 있어서 다행이라는 생각도 들었다. 기관에 다니지 않는 아이를 대신 돌봐줄 분이 없어 혼자서 모든 것을 하다 보니 어쩔 수 없었다. 친정엄마의 도움도 있었지만 급할 때 한 번씩 와주시는 정도였다. 잠이 쏟아지던 시기가 지나고 난 후 출산일 전까지는 다시 첫째 아이에게 더욱 집중했다. 그동안 잠시 엄마를 기다려준 아이에게 많이 고마웠다. 동생이 태어나면 지금까지 그랬던 것처럼 엄마와의 시간을 온전히 혼자서 누리지 못하고 동생과 나누어야 할 아이를 생각하니 조금이라도 아이와 시간을 최대한 밀도 있게 보내고 싶었다.

엄마표 영어에서 집중듣기 1시간, 흘려듣기 2시간. 하루 3시간의 규칙에 대한 설명을 아이에게 단 한 번으로 끝내지는 않았다. 8세가 되기 전까지 중간중간 한 번씩 상기시켜주었다. 곧 우리는 엄마표 영어를 시작한다는 사실을 일종의 예고처럼 한 번씩 가볍게 환기시켜주는 정도였다. 이 길은 엄마가 먼저 이해하고 아이에게 설명해주지만, 정작 이 길을 걸어가야 하는 주인공은 아이 본인이다. 그러므로 아이가 스스로 앞으로 어떻게 하게 될 것인지에 대한 방향성을 잘 이해하고 알고 있어야 한다고 생각했다.

워밍업 기간에 꼭 챙겨주어야 하는 한 가지는 앞에서도 강조했던 '아이와의 관계'다. 엄마표 영어뿐만이 아니다. 무엇을 하든 엄마와 아이의 관계가 편안하고 좋아야 순조롭게 진행되는 것은 당연한 이치다. 아이와의 관계가 좋지 않은 상태에서 느닷없이 엄마가 집중듣기를 하자고 하면 아이 입장에서는 좋을 리 없다. 평소 엄마에 대한 신뢰와 사랑이 바탕에 깔려 있어야 엄마가 권유하는 일을 잘 받아들일 수 있다. 엄마표 영어를 시작하기 전에 아이 마음을 먼저 살피면 좋겠다.

우리가 워밍업 기간에 했던 것은, 영어 학습용으로 제작된 게임 형식의 CD-ROM이었다. 당시 우리 집 노트북은 윈도우10을 사용했는데, 이 CD-ROM들이 나온 지 좀 되다보니 노트북에서 잘 작동되지 않는 것이 많았다. 윈도우7에서 잘 작동된다고 적혀 있어서 동네 컴퓨터 사설 매장에 서 윈도우7로 노트북 프로그램을 다운해서 사용했다. 덕분에 아이가 부담 없이 재미있게 영어의 세계로 첫 발을 내딛을 수 있었다. 지금은 이러한 CD-ROM이 아니어도 더 좋은 플랫폼들이 많으므로 우리의 기록을 보고 굳이 구입하지는 않아도 된다.

당시 우리가 활용했던 학습용 CD-ROM은 리더 래빗 유치원Reader

Rabbit kindergarten 시리즈, 까이유Caillou 시리즈, 점프 스타트 유치원 JUMP START kindergarten 시리즈, 스폰지밥 농구Spongebob basketball 시리즈였다. 이 중에서 아이는 스폰지밥 농구 시리즈를 가장 좋아했다. 하루 20~30분 정도씩 나란히 앉아 CD-ROM 게임을 했는데, 덕분에 영어에 대한 거부감이나 부담이 줄었다.

그동안 영어 노출이 많은 아이가 아니었다. 영어 시작 단계에서 즐겁고 긍정적으로 생각하기를 바라는 마음에 아이와 그냥 즐겁게 놀았다. 처음에는 이 CD-ROM들을 영어 원서 대여업체에서 몇 차례 대여했다. 아이가 좋아하는 것은 구입하고 싶었으나 당시에는 네이버에서만 검색하던 시절이라 잘 찾을 수 없었다. 아마존을 알았다면 바로 구입했을 텐데 아쉽게도 당시는 아마존을 이용하기 전이었다.

혹시 구입처를 아실까 싶어 대여업체 사장님께 여쭈어 보았는데, 이

★ 6세 워밍업 시기에 봤던 CD-ROM

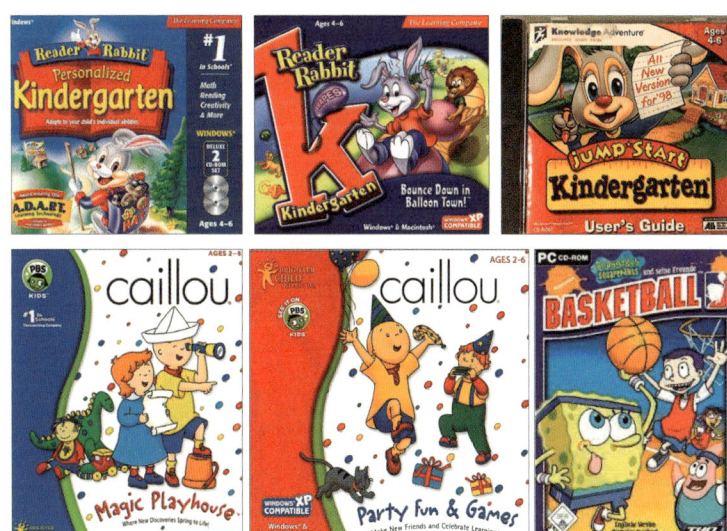

CD-ROM을 찾는 사람들이 거의 없으니 혹시 살 의향이 있는지 물어보셨다. 그래서 굉장히 저렴한 가격으로 사장님께 10개 정도의 CD-ROM을 구입해서 아이와 한동안 즐겁게 게임을 하며 놀았다.

동시에 곧 7세가 될 아이에게 학교와 홈스쿨링의 장단점을 자세히 비교하면서 설명해주었다. 이와 마찬가지로 영어학원과 엄마표 영어도 자세하게 비교하면서 설명해주었다. 영어학원은 어떤 곳인지, 어떤 식으로 수업하고, 일주일에 몇 번이나 가는지, 숙제와 시험이 있는 것 등등 최대한 상세하게 설명해주었다. 엄마표 영어는 시험과 숙제가 없다는 것 또한 말해주었다. 아이는 학교 대신 홈스쿨링을, 영어학원 대신 엄마표 영어를 선택했다. 중요한 설명과 워밍업이 끝나고 그해 무더운 여름에 동생이 태어났다.

7세, 1년 차
리틀팍스, 챕터북 시작

아이는 드디어 7세가 되었다. 처음에는 아이가 익숙하지 않은 영어로 집중듣기를 한다고 생각하니 힘들어 하지는 않을지 염려가 되었다. 처음 해보는 일 앞에서 나는 약간의 긴장감을 느꼈지만, 엄마의 긴장을 아이가 느끼지 않도록 덤덤한 척 아이와 대화를 나누었다.

우리는 이 길을 선택했다. 조금 힘들어도 포기하지 않겠다는 다짐을 다시 한 번 마음속으로 되새겼다. 아이 역시 나처럼 낯설고 조금은 두려울 듯해서 긴장을 풀어주고자 여러 가지 간식을 준비해두었다. 집중듣기 하는 데 방해되지 않는 껌, 음료수, 작은 캔디 등을 준비했다. 덤덤하게 우리가 할 일을 다시 한 번 설명해주었고, 잘 할 수 있다고 격려해주었다. 아이와 나란히 의자를 놓고 첫 집중듣기를 했던 날이 생생하게 떠오른다.

첫 시작은 리틀팍스였다. 3개월가량 이용한 후 챕터북으로 넘어갔다. 리틀팍스를 6개월 이상 이용할 생각은 애초부터 하지 않았지만, 예상보다 빠르게 챕터북으로 넘어갔다. 지금은 리틀팍스가 아니어도 비슷한 플랫폼들이 많다. 비교해보고 선택하면 된다.

집중듣기 첫날은 10분 정도만 하려고 했는데, 아이를 살펴보니 전혀 힘든 기색이 없었다. 준비해둔 캔디를 입에 넣어주며 엄지손가락을 치

켜들어 "최고!" 사인을 해주었다. 아이 옆에서 잘 하고 있다는 뉘앙스를 전달해주고 싶어서 한 번씩 고개를 끄덕끄덕하거나 머리를 쓰다듬어주기도 했다. 내가 할 수 있는 건 그것뿐이었다. 사실 그게 전부다. 아이가 시작할 수 있도록 도와주고, 환경을 만들어주고, 격려와 칭찬을 해주면 된다. 집중듣기에 방해되지 않도록 소리 내지 않으면서 아이가 느낄 수 있도록 수시로 긍정적인 반응을 보여주었다.

화면을 잘 보았고, 붓으로 화면에 표시되는 글자를 가끔 놓칠 때면 얼른 손으로 짚어주었다. 붓으로 따라가는 것은 아이가 불편해 해서 내가 대신 붓을 들고 글자를 따라갔는데 이 역시 오래 하지는 않았다. 왜냐하면 아이는 그냥 눈으로 따라가는 것이 더 편하다고 했기 때문이다.

지금은 온라인 전자도서관을 활용하면 붓도 필요 없이 글자에 색이 입혀지는 하이라이트 기능이 있어 눈으로만 따라가면 되니 훨씬 편해졌다. 첫 10분 집중듣기를 성공적으로 마치자 맞춰두었던 타이머가 울렸다. 물개박수를 쳐주었고, 무슨 일이든 처음이 더 힘든 법인데 너무 잘했고, 엄마가 볼 때 너는 앞으로 더 잘할 수 있을 거라고 격려해주었다.

힘들지 않았는지 묻자, 아이는 아무 문제없다는 듯이 조금 더 할 수 있다고 했다. 이후 10분을 더 함께 하며 첫날 20분 정도 집중듣기를 성공적으로 끝냈다. 그 뒤로 20분, 30분, 40분…, 점차 시간을 늘려갔고 3개월 후 리틀팍스를 끝내고 챕터북으로 들어가면서부터는 1시간씩 집중듣기를 해나갔다. 집중듣기에서 우리가 보통 가정들과 조금 다른 점이 있었다면, 다른 가정에 비해 일찍 독립시켰다는 점이다. 여기서 독립이란 엄마가 아이의 집중듣기 1시간 내내 함께하지 않고 아이 혼자 해나가기 시작했다는 말이다.

3개월간 리틀팍스로 집중듣기를 하는 동안은 어린 동생이 낮잠 자는 시간을 이용해서 함께 했다. 챕터북으로 들어간 이후 아이는 원음을 초반에 가끔씩 놓쳐서 찾아주곤 했는데, 그리 잦은 횟수는 아니었다. 나중에는 아이가 스스로 놓친 부분을 다시 찾아가기도 했다.

챕터북으로 진입한 이후 약 9개월 정도 집중듣기를 함께 했다. 사실 몇 년씩이나 이 시간을 엄마가 함께해 주지 않아도 아이들 스스로 잘 할 수 있다. 장기적으로 볼 때 처음에 습관만 잘 자리 잡도록 도와준 뒤 아이 스스로 혼자 할 수 있도록 엄마는 코치 역할만 하면 된다. 수년간 엄마가 아이 옆에서 그 시간을 함께하는 가정이 많다. 그 시간이 너무 고역이라는 말도 많이 들린다. 아이 성향마다 다를 테니 내 아이 스타일에 맞춰서 하면 된다.

우리의 기록을 보고 9개월에만 포커스를 맞추지 않기 바란다. 물론 기본은 매우 중요하다. 하지만 아이 성향도, 가정환경도 모두 다르다. 그러니 그에 따른 실천도 아이와 가정에 맞게 조금씩 달라질 수밖에 없다. 그게 바로 '엄마표'의 매력이다.

많은 분들이 우리가 참고했던 책을 보면서 남들이 하는 대로 똑같이 하지 않았다는 사실에 놀라곤 한다. 나는 그분들의 놀라는 반응을 보며 또 놀랐다. 아이들과 환경이 모두 다른데 획일적으로 똑같이 하는 것이 더 이상한 게 아닌가. 아이를 잘 지켜보며 그때그때 융통성을 발휘하고, 수정이 필요한 순간에는 수정하면서 그렇게 나아가면 된다. 언제나 기준은 '내 아이'지 다른 아이, 이 책에 나오는 우리 집 아이도 아니다. 나도 엄마표 영어를 처음 하던 초창기에는 누군가의 성공 케이스를 보면 그대로 따라해야만 성공할 수 있을 것 같았다. 하지만 한 가정의 예를 일반화시켜서 맹목적으로 따라하는 것은 오히려 좋지 않다. 이 점을 잘 기억하기 바란다.

아이들마다 집중듣기를 하는 원서도, 흘려듣기 하는 영화도 같을 수 없다. 좋은 점은 본받고 참고하되 내 아이에게 가장 적합하고 잘 맞는 방향으로 꾸준히 해나가면 된다. 기본 전제 조건을 잘 지키되 실천 과정에서 아이들만의 또 다른 길을 만들어나가길 기대한다.

1년 차 집중듣기 시기에 가장 신경 쓰며 정성 들인 3가지가 있다. 앞에서 언급한대로 첫째, 매일 집중듣기 하는 게 얼마나 중요한지를 지속적으로 이야기 나눈 것, 둘째, 관계를 잘 유지하기 위해서 아이 마음을 읽고자 잘 관찰한 것, 셋째, 아이의 노력을 당연시 여기지 않고 항상 칭찬과 격려를 적극적으로 해주었다는 점이다.

1년 차에 보았던 원서를 소개한다. 요즘은 다양한 원서들이 훨씬 더 많다. 내 아이에게 잘 맞는 원서를 찾아보자. 자꾸 보다보면 원서 표지가 점점 눈에 들어오고 익숙해진다.

FLY GUY 시리즈

KUNG POW CHICKEN 시리즈

MIGHTY ROBOT 시리즈

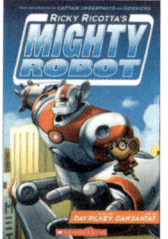 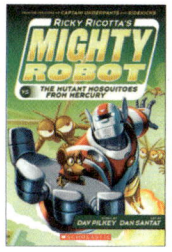 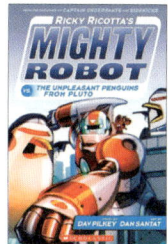 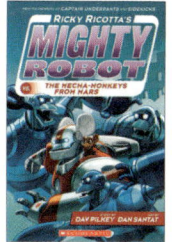

PRESS START! 시리즈

   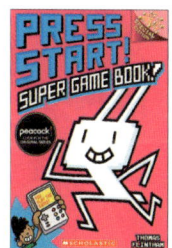

BLACK LAGOON 시리즈

  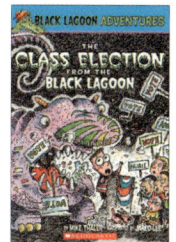 

8세, 2년 차
엉덩이 힘이 길러진 시기

    2년 차에는 집중듣기가 자연스러운 일상으로 자리 잡히고 있었다. 1년 차와 동일한 방법으로 진행해나갔는데, 특징이 있다면 엉덩이 힘이 길러졌다는 것이다. 7세에 비해 확실히 더 안정적인 느낌이었다. 이때부터는 더 이상 집중듣기의 중요성에 대해 설명하지 않았다. 스스로 고른 챕터북 시리즈를 즐겁게 들으며 읽고 또 읽었다. 2년 차에 보았던 원서를 소개한다.

MAGIC TREE HOUSE 시리즈

 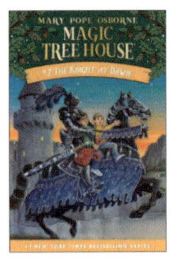 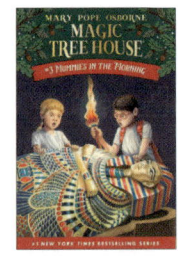 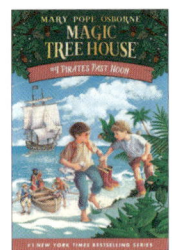

THE ZACK FILES 시리즈

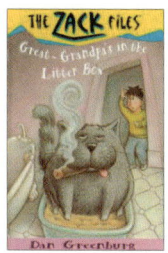 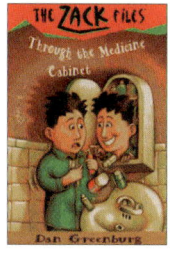 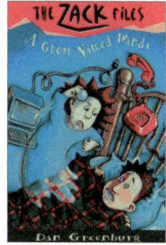 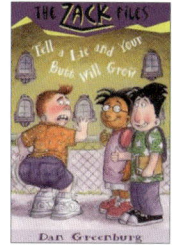

JIGSAW JONES MYSTERY 시리즈

 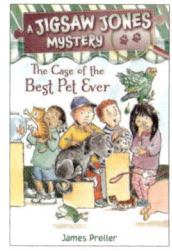 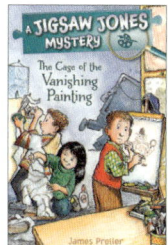 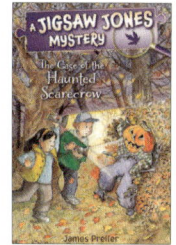

CALENDAR MYSTERIES 시리즈

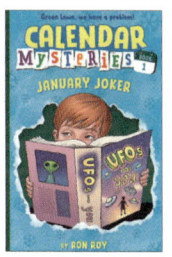  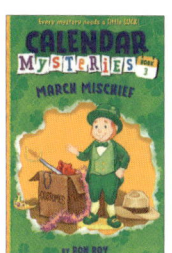 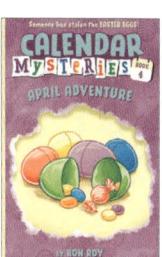

A TO Z MYSTERY DRAGON MASTERS 시리즈

DRAGON MASTERS 시리즈

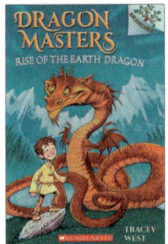  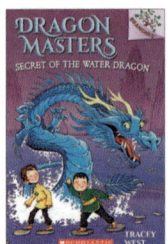 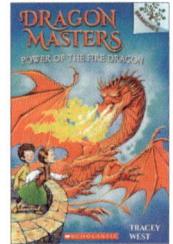

Nate The Great 시리즈

GARFIELD 시리즈

 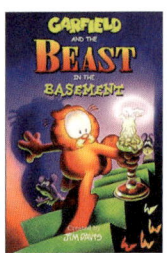 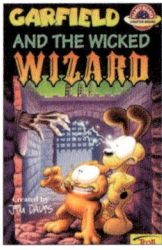 

9세, 3년 차 완벽한 안정기, 미국 교과서 집중듣기

3년 차는 엄마표 영어가 안정기로 완벽히 들어선 시기였다. 중간에 조금의 영어 중얼거림도 없던 아이였는데, 3년을 꽉 채운 3학년 후반 어느 날 아이는 영어로 짧은 잠꼬대를 했다. 내가 잠꼬대를 직접 들은 것은 찰나의 한 번이었지만, 아이 안에 영어가 차곡차곡 쌓이고 있음을 충분히 짐작할 수 있었다. 무엇보다 집중듣기 할 때 읽었던 원서들 대부분을 아이가 굉장히 좋아하며 즐겁게 집중듣기하는 모습을 보았다.

3년 차에는 비문학 원서와 미국 교과서로 집중듣기를 시작한 시기다. 비문학 원서는 포 코너스 Four Corners, 미국 교과서는 스콜라스틱 출판사 리터러시 플레이스 LITERACY PLACE grade 2-3, 과학 비문학 원서로는 let's read and find out science 시리즈를 활용했다.

아이가 해리포터 영화에 푹 빠진 시기였다. 〈해리포터〉 영화를 원음으로 보고 또 보기 시작했다. 얼마나 몰입해서 보는지 신기할 정도였다. 처음 〈해리포터〉 영화를 보기 시작할 때 영어 자막이나 한국어 자막이 보이게 할지 물었는데, 자막이 화면 일부분을 가려서 오히려 싫다고 했다. 무 자막으로 영화를 즐기는 것도 굉장히 안정적으로 자리 잡았다. 1, 2년 차에는 챕터북으로만 집중듣기를 했는데, 3년 차부터는 약간의 변화가 생기는 시점이었다.

아이가 매우 좋아했던 원서 중에 《The Secrets of Droon》이 있었다. 오래된 책이어서 구하기 어려웠다. 알라딘 중고매장에서 1, 2권을 겨우 구입했는데 빠르게 읽었다. 나머지 시리즈를 구입하려고 중고책을 검색해보니 책값보다 배송료가 더 비쌌다. 이 책을 가장 많이 보유하고 있는 매장을 일일이 검색해 보았다. 서울의 한 매장을 확인한 후 한걸음에 달려갔다. 음원과 세트로 있는 책도 꽤 있었다. 가능한 만큼 모두 구입해서 택배로 신청했다. 아이가 이 책들로 즐겁게 집중듣기 할 생각을 하니 기분이 참 좋았다. 모든 권수를 완벽히 맞출 수는 없었다. 음원이 없는 책은 묵독으로 읽었다. 이 시리즈로 집중듣기를 끝낸 후에는 번역본《드룬의 비밀》중고 세트도 저렴한 가격에 구입해서 잘 읽었다.

3년 차 초반에 잠깐 학습서도 했다. 아이가 학교와 학원을 전혀 다니지 않았기 때문에 시험이나 테스트를 본 경험이 전무했던 터라, 지난 2년간의 인풋에 대한 실력이 궁금해졌다. 그래서 능률출판사의 서브젝트 링크subject link 교재를 구입해 보았다. 조금 더 어린 연령의 스타터 시리즈도 있는데, 우리는 스타터 말고, 바로 L1~L3을 선택했다. 처음부터 끝까지 공부하듯 푼 것이 아니라 각 권의 일부만 정해서 풀어봤다.

신기했던 건 중간 점검 차원과 궁금증으로 한번 시도해본 건데 아이는 지문을 거의 다 이해했고 문제도 잘 풀었다. 교재를 끝까지 풀어볼 필요성을 느끼지 못해서 3권까지만 확인용으로 일부 활용한 후 끝냈다. 5년 차 2월에 가장 마지막 단계인 L7을 꺼내서 다시 풀어 보았는데 역시 다 이해하고 있어서 테스트용으로 한 장만 풀어본 후 그만했다.

처음 이 학습서를 구입할 당시에는 L7권을 보면서 이걸 푸는 아이들은 영어 실력이 정말 좋겠다 생각했는데, 이 정도는 5학년이 되자 쉬운 학습서였다. 3년 차에 보았던 원서를 소개한다.

THE SECRETS OF DROON 시리즈

   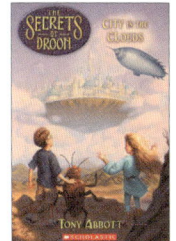

Goosebumps Horrorland 시리즈

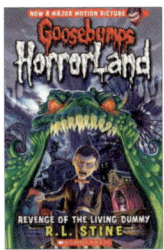 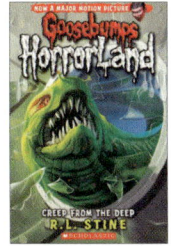 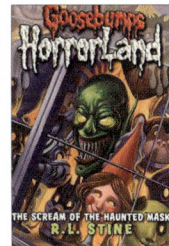 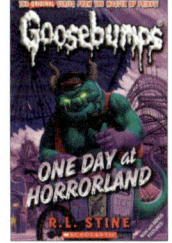

MAGIC TREE HOUSE MERLIN MISSIONS 시리즈

 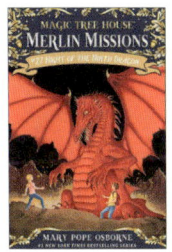 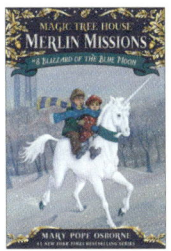 

GEORGE BROWN 시리즈

 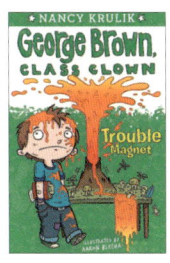  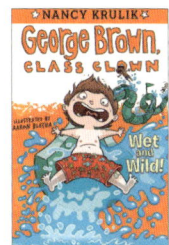

TREE HOUSE 시리즈

 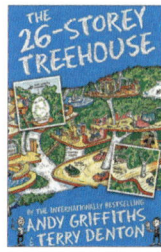  

FOUR CORNERS 시리즈

  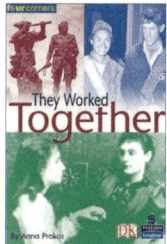 

LITERACY PLACE grade2, grade3

Terry Deary's—greek tales, tudor rales, viking tales

 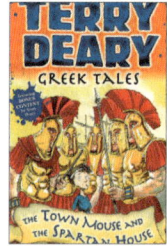 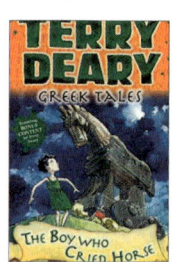 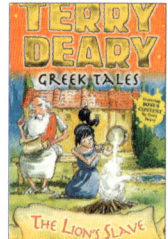

학습서: SUBJECT link

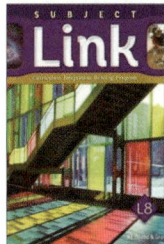   

LET'S READ AND FIND OUT SCIENCE

 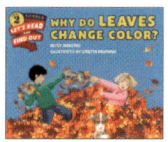  

10세, 4년 차 아웃풋 폭발, 미국 커리큘럼으로 전환

    4년 차는 기다리던 아웃풋이 시작됨과 동시에 폭발적인 아웃풋을 보여주었던 해였다. 차곡차곡 쌓아온 영어 인풋이 임계점을 넘어서는 경험을 했다. 또한 모든 공부를 영어로 전환했다. 미국 교과서를 활용한 미국 커리큘럼으로 바뀐 것이다. 툭 건드리기만 해도 터질 것 같은 인풋이 쌓여 있음을 직감하고 프리토킹 수업을 위한 화상영어도 시작했다.

    첫 아웃풋 시도는 엄마표 영어에서 아이가 한 단계 성장했음을 의미하는 것이기에 자세히 적어본다. 아이의 인풋이 많이 쌓이다 보면 옆에서 살짝만 건드려도 터질 듯한 느낌이 올 때가 있다. 그 느낌은 아이와 손잡고 오랜 시간 함께한 엄마만 알아차릴 수 있다. 말하기 아웃풋을 위한 화상영어가 도움이 된다. 물론 아웃풋 시도 시기는 모든 아이들마다 다를 것이다.

    한 가지 기억할 것은 엄마의 조바심으로 아직 인풋이 덜 된 아이에게 조급하게 시도해보지는 않았으면 하는 점이다. 내 생각에 엄마표 영어를 하면서 2~3년 차가 엄마들의 의심과 불안이 증폭되는 시기인 것 같다. 이 시기를 조심해야 한다. 아직 준비가 되지 않은 아이에게 아웃풋을 막연히 기대하게 되고, 엄마의 기대만큼 확인되지 않으면 실망하거나 굉장히 염려한다. 하지만 이 시기는 계속 더 들으면서 '인풋을 더 쌓아야 하는 때'라는 사실을 잊지 않았으면 좋겠다. 시기적으로 2~3년 차는 아웃풋보다 여전히 인풋을 부지런히 쌓을 시기다. 일희일비 하지 말고 내 아이만의 그때를 기다려야 한다. 각 아이마다 모두 다른 양상을 보인다. 조금 빠른 아웃풋을 보여주는 아이도 있고, 조금 늦게 보여주는 아이도 있다.

우리의 4년 차는 '정말 되는구나!'를 온 마음으로 느끼며 발전했던 시기다. 이때를 기점으로 아이의 영어 성장은 더 이상 거칠 것이 없었다. 마치 이날을 기다려온 아이처럼 거침없는 성장을 보여주기 시작했다. 한 마디로 '눈부신 성장'이었다. 영어가 자유롭다는 것이 어떤 느낌인지 전혀 경험해보지 못했던 나는 아이를 통해 간접적으로나마 조금씩 알게 되었다.

엄마표 영어로 3년간의 시간을 쌓아가는 동안 다른 아이들처럼 영어로 조금씩 중얼거리는 아웃풋 조짐이 전혀 없었다. 너무 조용해서 살짝 불안하기도 했던 당시에는 얼마나 큰 아웃풋으로 이어질지 전혀 상상하지 못했다. 그저 잘 듣고 읽으며 쌓아가는 이 시간이 지나면 언젠가는 우리 아이도 영어를 잘 하게 될 것이라는 기본적인 믿음은 있었다.

나 역시 많은 엄마들과 마찬가지로 처음에는 '과연 정말 책에서 본 것처럼 우리도 잘 할 수 있을까?' 생각했다. 하지만 그러한 생각과 염려들은 잠시였다. 이 길에 대한 확신과 반드시 내 아이가 영어로부터 완벽히 자유로워지기를 바라는 절실함이 있었기 때문이다. 뭔가 일을 해낼 때 절실함은 굉장히 중요하다. 절실함이 있는 사람과 없는 사람은 그 일을 해나가는 과정은 물론이고 이후 결과에서도 차이가 크다.

평상시처럼 조용하던 3년 차 하반기. 아이가 문을 열어두고 잠이 들었다. 거실 소파에 앉아 있다가 처음으로 딱 두 문장, 영어로 잠꼬대 하는 소리를 들었다. 엄마표 영어를 시작한 지 3년 만에 처음으로 아이 입에서 나오는 영어 소리를 들은 것이다. 그러니 그 소리가 얼마나 반가웠을까! 당장 보이고, 들리는 것이 없어서 막연함이 수시로 찾아오겠지만 우리처럼 조금의 영어 중얼거림도 없던 아이도 있으니 염려하지 마시길 바란다. 인풋이 잘 쌓이고 있음을 확인했으니, 또다시 아이의 때를 기다리기로 했다. 조용히 아이의 아웃풋 시도를 위한 그때에 도움이 될 만한 화상수업을 검색해보기 시작했다. 많은 화상업체들을 비교해보면서 5~6개월 정도의 시간이 흘렀다.

아이에게 지난 시간 많은 원서들을 읽고 들으면서 네 안에 아주 많은 영어 인풋들이 쌓여 있으니 이제 영어로 말하기를 시도해보기에 좋은 타이밍이 된 것 같다고 이야기했다. 집에서 화상으로 프리토킹 수업을 해보자고 제안했다. 엄마 아빠는 영어를 잘 못하기 때문에 너의 영어 대화 상대를 해줄 수 없지만, 해외에는 좋은 선생님들이 많이 계시니 너의 스피킹을 도와줄 수 있다는 이야기를 나누었다.

아이는 그동안 한 번도 외국인을 만나본 적이 없었고, 영어로 말을 해본 적이 없어서인지 처음에는 하지 않겠다고 했다. 아이의 마음이 충분히 이해되어서 당시에는 더 이상 권하지 않았다. 그럴 수 있겠다는 공감과 함께 다음에 다시 용기를 내보자며 대화를 마무리했다.

또다시 아이의 때를 기다렸다. 아이를 키우는 모든 일련의 과정은 기다림의 연속이라고 해도 과언이 아닌 것 같다. 그날 이후로 3개월여를 더 기다리던 4학년 봄 따뜻한 어느 날, 아무래도 '지금이 타이밍이야!'라는 느낌을 점점 많이 받다가 아이에게 한 번 더 권유해보았다.

"1호야, 때가 된 것 같아! 지금 네 안에 어마어마한 영어가 쌓여 있으니 그것들이 너의 입 밖으로 나올 수 있게 도와줘야 할 것 같아. 여러 선생님의 소개 영상을 보면서 목소리도 들어보고, 선생님 인상도 보면서 네가 마음에 드는 선생님을 두세 분 정도 골라보자. 네가 직접 선생님을 선택하면 돼. 우선 체험수업을 30분씩 두 번만 해보고 그때 다시 이야기해보자. 직접 시도해보기 전에는 알 수 없는 것들이 많거든."

수업 후 게임시간을 1시간 더 주기로 하고 아이와 협상에 성공했다. 당시 아이에게는 게임이 동기부여였기 때문에 추가 시간을 주기로 한 것이다. 그렇게 프리토킹 첫 화상수업을 시작했다. 오로지 그동안 쌓인 영어 인풋을 툭 건드리며 터트려 보자는 목적이었다.

드디어 떨리는 첫 프리토킹 수업 날이 되었다. 당시 스카이프를 처음 사용해 보기에 컴퓨터를 미리 체크해두고, 나는 카메라에 잡히지 않는 책상 아래에 앉았다. 혹시라도 연결이 안 되면 아이가 당황할 수 있기에 도움을 주기 위해서였다. 첫 수업이다 보니 아이도 나만큼 긴장 반, 설렘 반으로 컴퓨터 앞에 앉았다. 아이를 응원하는 마음으로 함께 했다. 선생님과 연결이 잘 되었고, "hello~" 부드러운 목소리와 함께 젊은 백인 남자 선생님이 등장했다. 그때의 떨림과 설렘이란!

온라인 수업도 처음, 외국인 선생님도 처음인 아이는 다소 긴장한 모습이었는데 15분 정도 지나자 목소리가 조금 더 커지고, 영어로 점점 더 말을 많이 하기 시작했다. 어느덧 선생님과 편안하게 웃으며 처음보다 자연스럽게 이야기를 주고받았다. 물론 그 당시의 대화는 지금과는 비교도 안 될 정도로 간단하고 어눌했다. 하지만 그 당시 아이의 모습이 내 눈에는 얼마나 멋져 보였는지 모른다. 더 이상 수년간 조용히 인풋만 쌓던 아이가 아니었다.

수업이 안정적으로 진행되는 것을 확인한 후, 수업 시간이 얼마 남지 않은 상황에서 동네 제과점으로 재빨리 달려갔다. 아이를 키우면서 아이의 새로운 도전이나 용기를 내는 첫 순간에 늘 의미를 부여해주고 싶었다. '긍정적인 의미 부여' 그것이 비록 작은 용기와 도전일지라도 어린아이의 첫 시도인 그 순간을 평소와 다름없이 흘려보내고 싶지 않았다. 케이크를 하나 사서 집에 왔는데 다행히 수업이 끝나기 전이라 부랴부랴 아이 나이에 맞게 초에 불을 켰다.

수업이 끝난 후 방문을 열고 나온 아이는 "짜잔!" 하면서 엄마가 내민 케이크를 보며 눈이 휘둥그레졌다. '외국인과 첫 프리토킹 수업의 첫발을 잘 뗐고, 두려웠을 텐데도 멋지게 도전한 너를 위한 축하 파티'라고 했더니 아이 얼굴이 환해졌다. 그렇게 기뻐하며 깜짝 놀라는 아이 모습이 좋아서 자주 케이크를 샀던 것 같다. 홈스쿨링을 하면서 아이들의 성장을 바로 옆에서 가장 생생하게 지켜볼 수 있어서 참 좋았다. 학교에 다니고, 여기저기 학원에 많이 다녔다면 아이들과 함께하는 이런 일상이 어려웠을 것이다.

5학년 겨울 어느 날, 아이에게 물어본 적이 있다. 네 안에 영어가 많이 쌓여 있었는데 왜 중간에 영어로 말하지 않았는지. 아이 대답은 굉장히 단순했다. 우리 집에 영어로 말할 수 있는 사람이 없어서였다고. 듣고 보니 아이 입장에서는 그럴 수도 있었겠구나 싶었다.

첫 화상수업이 잘 끝나고 아이가 잠든 후에 하루를 마무리하며 한숨 돌리는데, 엄마표 영어를 열심히 해온 지난 시간들이 하나둘 스쳐지나갔다. 아이가 그동안 해온 노력이 보상받는 것 같아 기쁘고 감사했다. 영어 방향성을 엄마표 영어로 정한 후로는 뒤돌아보지 않고 매일 꾸준하게 쌓아왔던 아이와 나의 지난 시간들에 대해 스스로 칭찬했다. 첫 화상

수업 이후로 아이는 같은 선생님과 계속 수업하고 싶어 했다. 주 1회에서 주 2~3회로 수업 횟수를 늘렸다. 스피킹이 점점 더 유창해졌고, 억양이나 발음도 다듬어졌다.

수업을 시작한 지 불과 약 2개월여 만에 아이는 스피킹에 대한 자신감이 굉장히 높아져 있었다. 이후 프리토킹 선생님을 업그레이드해서 다시 구했다. 처음 아웃풋을 시도한 아이의 프리토킹 수업의 주제는 좁을 수밖에 없었다. 나이, 좋아하는 운동, 음식, 취미, 요즘 읽는 책, 한국에 대한 이야기 등인데 언제까지 단순한 이야기만 반복할 수는 없었다. 비슷한 패턴의 프리토킹 수업에서 좀 더 대화 주제가 발전될 수 있는 방법을 생각하게 되었다.

고민 끝에 지식 습득을 위한 수업으로 전환했다. 아이들이 발전해나감에 따라 그에 맞는 선생님으로 변경해서 연결해주는 것이 좋다. 오래전부터 알고 있던 무료 플랫폼 칸 아카데미를 아이에게 보여주었다. 이때도 감회가 남달랐다. 아이가 어릴 때 알게 된 칸 아카데미. 이곳에서 양질의 공부를 영어로 할 수 있는 날이 오기를 기대했는데, 드디어 아이 10살 되는 해에 현실로 이루어졌기 때문이다.

그리고 미국 문제집을 과목별로 접해보기도 했다. 미국에서 홈스쿨링 하는 친구들이 많이 이용하는 웹사이트들을 하나씩 소개해주며 아이에게 잘 맞는 몇 가지 플랫폼을 정해서 매일 꾸준히 들어봤다.

3년 차에는 〈해리포터〉 영화에 빠졌었다면, 4년 차에는 《해리포터》 원서에 푹 빠졌다. 아이는 3학년 말부터 《해리포터》 원서로 집중듣기를 시작했다. 《해리포터》가 엄마표 영어의 최종 목표는 아니다. 다만 많은 엄마들의 로망처럼 나 역시 아이가 《해리포터》를 원서로 읽는다는 사실 자체가 기쁘고 뿌듯했다. 두꺼운 책을 끝까지 읽은 이후로 책 두께에 압

도당하지 않게 된 것은 예상치 못한 보너스였다.

4년 차에 활용했던 학습서는 어휘vocabulary 교재《워들리 와이즈 Wordly Wise》였다. K1부터 4단계까지 있다. 예를 들어 4권은 미국 현지 4학년 수준이다. 이 시기에는 1~4권까지 빠르게 훑어봤다. 아이는 이미 많은 단어들을 알고 있었다. 그동안 쌓아 놓은 단어들을 한번 정리하는 시간이었다. 4년 차에 보았던 원서들을 소개한다.

THE 39 CLUES 시리즈

  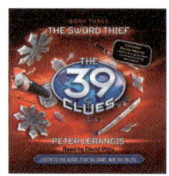 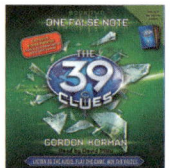

HARRY POTTER 시리즈

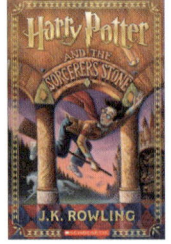 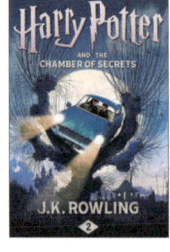 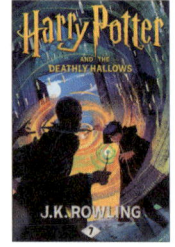 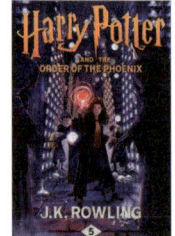

ROALD DAHL 시리즈

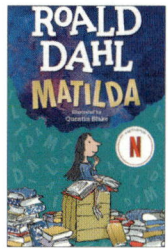   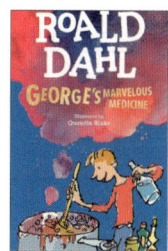

학습서: Wordly Wise(1~4권)

SPECTRUM Math GRADE4/SPECTRUM Science GRADE4
SPECTRUM Language Arts GRADE4

11세, 5년 차 미국 온라인 스쿨 입학, 엄마표 영어 졸업

5년 차에는 4년 차 폭발적인 아웃풋이 연쇄 폭발하며 또 다른 성장이 있던 해였다. 미국 온라인 스쿨에 입학해도 좋겠다고 생각했다. 아이의 영어 실력은 현지 또래 아이들과 동일한 수준이었으므로 같은 학년으로 입학했다. 홈스쿨링 패턴을 유지하면서 모든 책은 원서로 읽기 시작했다.

어느 날 아이 방 책장을 보니 모든 책이 100퍼센트 원서로 채워져 있었다. 아이의 모든 일상이 영어 몰입 환경으로 가득 채워져 있어서 더 이상 집중듣기의 필요성을 느끼지 못했다. 그렇게 5년 차 6월에 드디어 엄마표 영어를 졸업할 수 있었다. 그간 열심히 해온 아이의 수고를 칭찬해주면서 우리의 집중듣기는 끝이 났다.

이 길은 분명히 끝이 있다. 굉장히 오랜 시간이 걸리는 것이 아니다. 엄마도 아이도 이 길에 끝이 있음을 처음부터 정확하게 이해해야 한다. 엄마가 먼저 잘 이해해야 한다. 그래야 집중듣기는 영원히 하는 것이 아니며 수년 후면 반드시 끝을 보게 될 것이라고 구체적으로 설명해줄 수 있기 때문이다.

이후 아이는 지적 호기심을 채우며 영어를 제대로 활용하기 시작했다. 그동안 집중듣기 했던 음원이 더 이상 필요하지 않게 되자, 모든 원서를 한국어 책을 읽듯이 묵독으로 편안하게 읽었다. 이때를 기점으로 독서량도 늘기 시작했다. 온라인 스쿨로 공부했지만 홈스쿨링으로 지내던 때와 크게 다를 바 없었기 때문에 시간적으로도 늘 여유가 있었다.

그리고 5년 차 6월에 처음으로 토플 주니어TOEFL JUNIOR 공인 시험에 응시해보았다. 아이의 현재 실력이 궁금해서였다. 토플 주니어 시험은 2가지로 나뉜다. 토플 프라이머리와 토플 주니어 스탠다드. 프라이머리는 저학년 친구들이 보는 시험이었기 때문에 스탠다드로 응시했다. 듣기, 언어 형태와 의미, 읽기 파트 총 3가지 영역이며 각 300점씩 총 900점 만점이다. 디지털 시험으로 응시했다.

별도의 준비 없이 기본 사항만 숙지하고 시험을 보았다. 시험 시간은 115분 거의 2시간이었다. 생각보다 긴 시간에 힘들지 않을까 염려했는데 시험 시작 30~40분 후에 아이가 방문을 열고 나왔다. 왜 벌써 나왔냐고 물으니 너무 쉬워서 금방 끝냈다는 것이다. 결과를 받아보니 900점 만점에 근접한 점수를 받았다. 첫 공식 시험에서 좋은 점수를 받아서 아이도 나도 무척 뿌듯했다.

5년 차 가을과 겨울에는 쌓인 어휘를 한 번 더 정리하기 위해 《Wordly Wise》 5~10권을 활용했다. 그동안 알고 있던 단어들과 새로운 단어들이 문장에서 어떻게 쓰이는지 다시 한 번 확인해보는 시간이었다. 우리의 이러한 여정이 엄마표 영어를 하며 뒤따라오는 아이와 엄마들에게 또 하나의 이정표가 되고 용기와 확신을 얻기를 바란다. 5년 차에 보았던 원서를 소개한다.

the Story of the World 시리즈

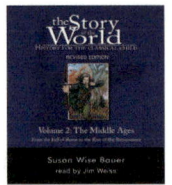  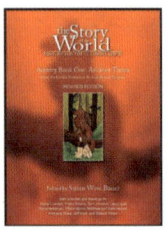 

LARRY GONICK cartoon 시리즈

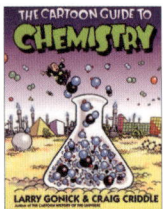 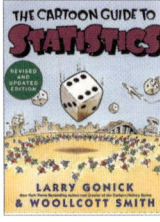 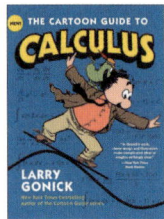 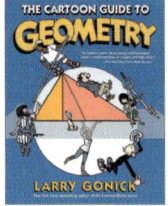

DK HELP YOUR KIDS WITH 시리즈

   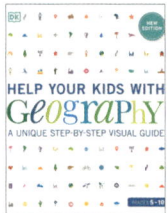

DK Eyewitness collection books 시리즈

 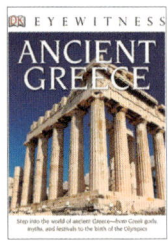 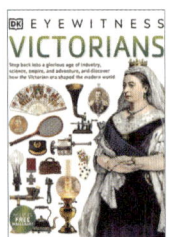 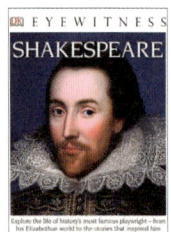

MINECRAFT DIARY OF AN 8 BIT WARRIOR 시리즈

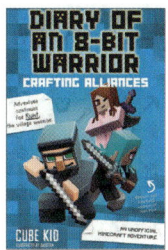

CRISPIN 시리즈

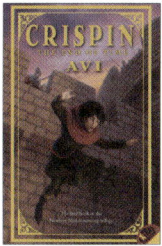

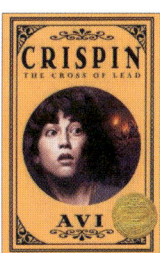

The Chronicles of Narnia 시리즈

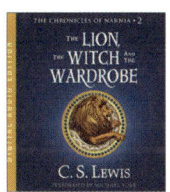

WINGS OF FIRE 시리즈

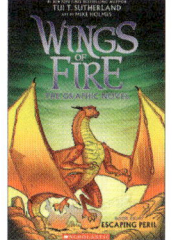
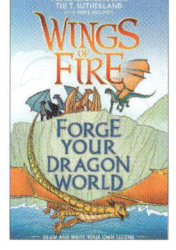
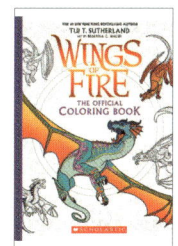

MY FATHER'S DRAGON

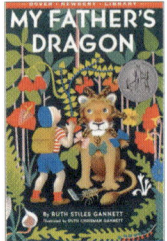 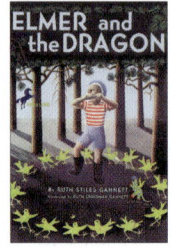 

학습서: WORDLY WISE(5~9권)

180 Days of~ Grade 5 시리즈

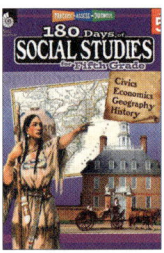  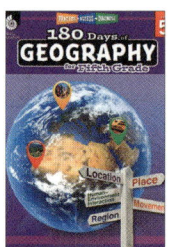 

Savvy/A Wrinkle in Time/BEOWULF/GILGAMESH

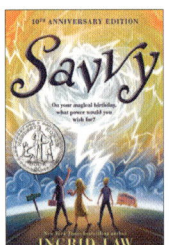 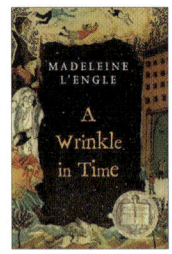 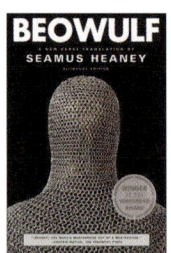 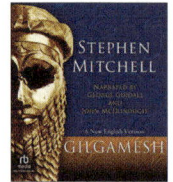

DK Elements Book/DK for everyone English Idioms/DK English Vocabulary builder/DK How to Be Good at Math

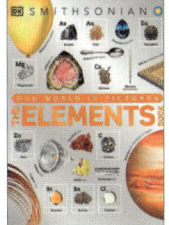 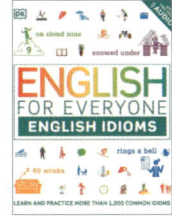 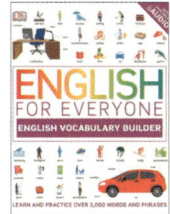 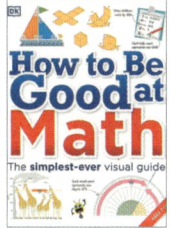

DK how to be a math wizard/DK EXPLANATORIUM OF SCIENCE/ 〈The New York Times〉 newspaper/Bridge to Terabithia

   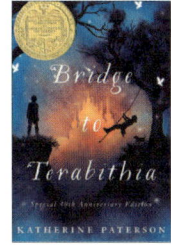

Inside Out & Back Again/SOUNDER/The Whipping Boy

 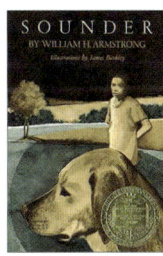 

NEIL GAIMAN/JULIE of the WOLVES/Sarah, Plain and Tall/Walk Two Moons

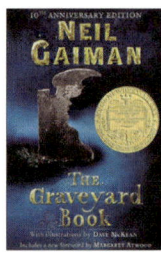 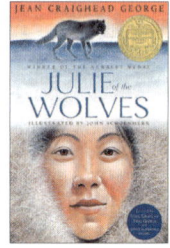 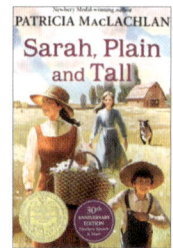 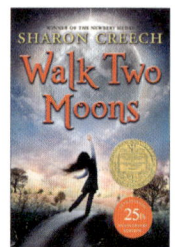

BOMB/KING OF THE WIND/The DRAGONS of the BLUELAND/ELMER and the DRAGON

 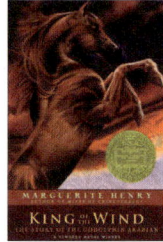  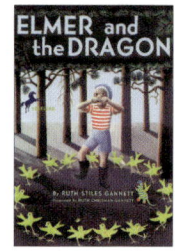

HOLES/THE GIVER

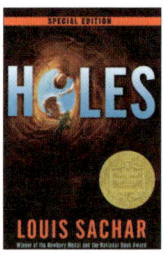 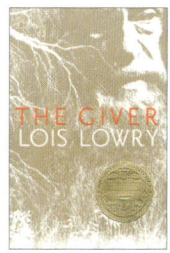

12세, 6년 차
고전문학 꾸준히 읽기

　5년 차에 엄마표 영어를 졸업했지만 집중듣기만 하지 않았을 뿐, 영어 독서는 계속 이어졌다. 엄마표 영어가 아니더라도 독서는 꾸준히 해야 한다. 원서 읽기의 최종 단계는 고전문학이라고 생각했다. 뉴베리 수상작들을 좀 더 많이 읽은 후에 고전문학으로 넘어가고자 했으나 아이 의견은 달랐다. 그래서 6학년 시기에 뉴베리가 아닌 오리지널 고전 원서들을 본격적으로 읽기 시작했다. 100년 이상의 역사를 가진 고전들이다 보니 12살 아이가 읽기에는 조금 이르지 않을까 염려했지만 아이는 상관없다고 했다. 엄마표 영어에서 뉴베리 수상작을 읽는 게 필수는 아니다. 우리 아이처럼 좋아하지 않는 경우도 있으니까. 좋은 책은 얼마든지 있기 때문에 조금 유연하게 아이의 진행 과정을 지켜봐도 좋겠다 싶었다.

　6년 차에 가장 눈에 띄는 성장은 언어 발달 4단계 중 가장 마지막 단계인 쓰기writing였다. 6년 차 봄이 되자 아이는 본인만의 판타지 책을 쓰겠다며 컴퓨터에 앉아 있는 시간이 점점 더 늘어났다. 초반에는 무조건 많이 써보는 것이 중요하다. 대부분 아이들이 그런 단계를 거친다.

　아이가 쓰기에 재미를 느낀 계기가 있었다. 4년 차에《해리포터》원서에 심취하고 나서는 해리포터 이야기를 자주 들려주곤 했다. 그런데 당시 늦둥이 둘째까지 돌봐야 해서 나는 늘 분주했다. 그러다보니 여유 있게 앉아서 아이 이야기를 듣고 있을 수 없었다. 본의 아니게 이야기를 자꾸 끊게 돼서 아이에게 이렇게 부탁했다.

"네 얘기가 너무 재미있어서 계속 듣고 싶은데 지금 동생을 돌보느라 차분히 들을 수 없어서 너무 아쉽다. 대신 이 흥미진진한 이야기를 타이핑해주면 둘째가 잠든 후에 차분히 읽어볼 수 있겠다."

아이는 그때 해리포터 이야기를 쓰면서 글쓰기가 즐겁다는 사실을 깨달았다. 아이 입에서 처음으로 글쓰기가 재미있다고 말한 시기였다. 처음에는 내 귀를 의심했다. '글쓰기가 재미있다고?' 초등 저학년 때는 글쓰기를 굉장히 싫어했기 때문에 그 말이 더욱더 놀랍게 들렸던 것 같다.

한편 키보드 영타 실력도 급성장했다. 해외 친구들과 마인크래프트 게임을 하면서부터였다. 게임하면서 채팅을 하는데, 처음엔 영타가 익숙치 않아서 스펠링도 틀리고, 키보드 속도도 느리다보니 자꾸 뒷북을 치게 되는 것이다. 급하면 된다고 했던가. 친구들과 게임을 즐기고 싶은 마음에 짧은 순간 스펠링 정확도와 영타 실력이 급격하게 좋아졌다.

이렇게 4, 5년 차에 글쓰기 실력이 점차 늘게 되었고, 6년 차에 쓰기 아웃풋이 폭발했다. 이후 판타지 쓰기에 몰입하기 시작했는데, 하루에 5시간 이상 쓰는 날도 꽤 많았다. 매일 해야 하는 온라인 스쿨 학습량과 독서 시간을 제외하고는 여유가 있었기 때문에 가능했다.

본인이 쓰고 있는 판타지 스토리에 굉장히 만족하며 즐기는 모습이었다. 글의 스토리라인을 흥미로워하며 등장인물과 내용을 수시로 이야기해주었다. 판타지를 쓰면서 스스로도 writing 실력이 많이 늘고 있음을 느꼈다. 그 모습이 참 보기 좋았다.

　문법적으로 오류가 있는 경우나 어휘 등은 구글에 검색해보면서 깨닫는다고 했다. 잊고 있던 단어들을 다시 한 번 확인하기도 했다. 글쓰기 하는 모습을 지켜보니 그야말로 '초몰입' 상태였다. 단순한 취미로 하는 것이 아니었다. 아이디어가 떠오르면 그 이야기를 글쓰기로 풀어내는데 200페이지를 훌쩍 넘겼다. 틈만 나면 컴퓨터 책상에 앉아 글을 쓰는 아이 모습이 마치 전업 작가 같았다. 본격적으로 writing 수업을 해볼 수 있는 적절한 타이밍이기도 했다.

　아웃풋 영역에 해당되는 말하기와 쓰기는 선생님의 도움이 필요하다. 차후 본격적인 글쓰기 수업에 앞서 5년 차에 글쓰기 기본 수업을 몇 회 했고, 6년 차에는 본격적인 academic writing 수업을 했다.

　미국의 글쓰기 전문 선생님에게 줌zoom으로 에세이 수업을 주 2회씩 20회 진행했다. 선생님은 수업 후에 글쓰기에 도움되는 자료들을 이메일로 보내주셨다. 또한 궁금한 점들을 메시지로 보내면 빠른 시간 안에 자세하게 답해주셨다. 아이에게 주말을 잘 보내라는 메시지도 항상 보내주셨다. 나이에 비해 조금 높은 수준의 수업을 진행하는데도 잘 하고 있다는 피드백도 주기적으로 해주셨다. 늘 격려해주시며 이끌어가시는 선생님 덕분에 즐겁고 유익한 수업을 지속할 수 있었다. 이 시기에 영문법grammar도 가볍게 한 번 정리했다.

　저학년 아이들의 영문법 문제로 고민하는 경우가 많다. 문법은 좋은 글을 쓰기 위해 필요한 것이다. 학교 시험 때문에 필요성을 느끼지만 뭔가 앞뒤가 안 맞는 것 같다. 아이는 당시에 좋아했던 dummies 시리즈의 grammar 교재를 영문법 교재로 결정했다. 다양한 주제로 구성되어 있어서 마음에 들어 했다. 6년 차에 보았던 원서들을 소개한다.

NATIONAL GEOGRAPHIC GLOBAL ISSUES

WARRIORS 시리즈

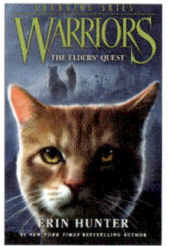 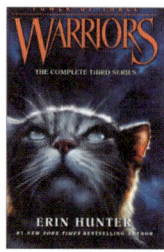 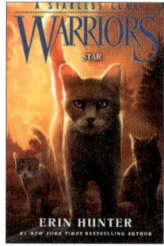 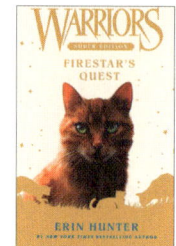

KEEPER OF THE LOST CITIES

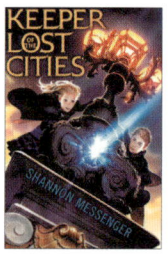   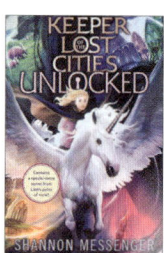

THE PRINCE AND THE PAUPER/THE CALL OF THE WILD/Writing Sci-Fi, Fantasy, & Horror for dummies/English Grammar for dummies

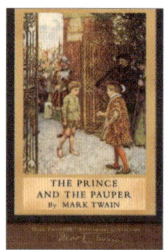 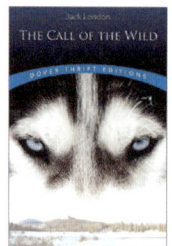  

EARTHSEA 시리즈

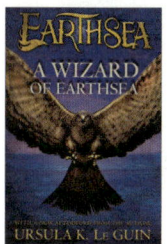 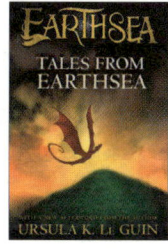 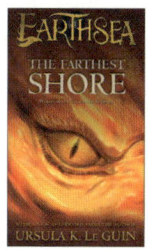 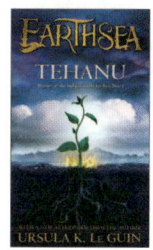

SCHOOL OF SWORDS AND SERPENTS 시리즈

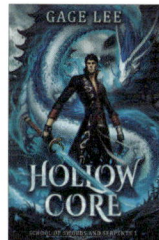 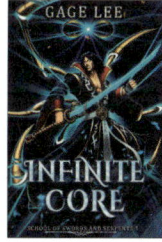 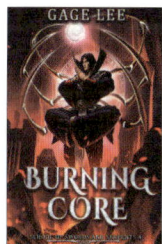 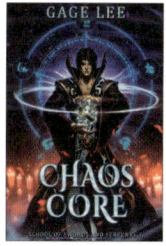

THE SKY FALL 시리즈/NATIONAL GEOGRAPHIC ULTIMATE VISUAL HISTORY OF THE WORLD

   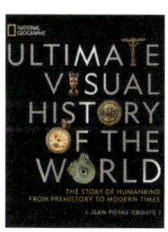

Creative Writing FOR DUMMIES/DK ENGLISH FOR EVERYONE English grammar guide/DK BATTLES THAT CHANGED HISTORY/NATIONAL GEOGRAPHIC HISTORY 정기구독

 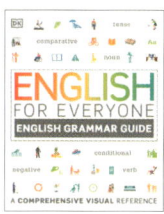 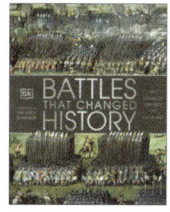 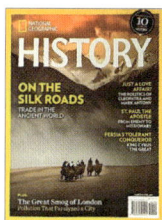

쓰기에 대한
염려

초등 저학년 자녀를 둔 엄마들이 쓰기에 대한 염려를 많이 한다. 물론 지금은 듣기에 집중해야 하는 시기지만, 언젠가 하게 될 쓰기에 대해 막연하게 걱정되는 것이다. 이러한 염려를 조금이나마 잠재워줄 수 있는 책 《크라센의 읽기혁명》을 소개한다. 세계 최고의 언어학자인 저자 크라센은 다음과 같이 말한다.

"읽기는 언어를 배우는 최상의 방법이 아니다. 유일한 방법이다."

이 책 58쪽에 보면 '쓰기에 대한 불안감을 줄이려면'이라는 파트가 있다. 리Lee와 크라센은 많이 읽는 사람일수록 쓰기를 자유자재로 할 수 있기 때문에 '쓰기에 대한 불안감이 적다'고 말한다. 쓰기 아웃풋을 고민하기 이전에 읽기 인풋을 채워야 한다. 이 말을 반대로 하면, 읽기 인풋을 충분히 채우면 쓰기 아웃풋도 상당 부분 도움이 된다는 것이다. 언어 발달 과정에서 듣기-말하기-읽기-쓰기의 전 과정에 대한 보다 자세한 개념을 정립하고 있으면 불필요한 염려가 줄어든다. '시간이 지나면 언젠가는 쓰기를 하겠지, 쓸 때 되면 쓰겠지'라고 막연히 생각만 하기보다는 쓰기란 무엇인지, 어떠한 준비를 하고 교재는 무엇이 좋을지 여러 각도로 정리해 나가면 좋다.

　이러한 개념을 정립하고 나면 지금 나와 내 아이가 무엇에 집중해야 하는지 좀 더 명확해진다. 그리고 그 방향으로 꾸준히 실천하면 된다. 아이를 키우다보면 염려되는 부분이 한두 가지가 아니다. 나도 그랬다. 하지만 너무 앞서서 염려하지 않았으면 좋겠다. 아이들은 부모의 염려가 무색할 만큼 잘 성장하기 때문이다. 《크라센의 읽기혁명》 27~28쪽에는 이런 말이 나온다.

　많이 읽으면 더 잘 쓴다. 많이 읽은 사람이 보편적으로 더 잘 읽고 더 세련된 문체를 가지고 있다. 다른 연구에서는 읽기의 양과 철자 쓰기도 상관관계가 있다는 것을 보여준다.

　읽기의 중요성에 대해 말하고 있다. 많은 읽기를 통해 쓰기 영역에도 상당 부분 도움이 된다는 것도 알 수 있다. 양적으로 많이 읽는 독서에 이어 질적으로 읽는 독서도 함께 챙기면 더 좋다. 다만 읽기를 많이 한다고 자동으로 쓰기가 해결되지 않는다는 것도 기억해두자.
　《크라센의 읽기혁명》 58쪽에는 "읽기는 독해력, 문체, 어휘, 문법, 철자법을 발달시킬 수 있는 확실한 방법이라는 점이다"라고 쓰여 있다. 읽기가 다방면으로 도움이 된다는 사실을 언급하고 있다.
　그동안 독서의 중요성에 대해 익히 알고 있었기 때문에 아이들에게 책을 권하고, 어떻게 하면 독서를 더 잘 할 수 있을지 고민했다. 막연히 독해력에 도움이 되겠지, 책을 많이 읽으면 공부를 잘 하겠지라는 생각보다는 정확한 정보와 지식을 이해하고 있으면 아이들의 독서 지도에 좀 더 분명한 방향성을 갖게 된다고 생각한다.

9장

영유아,
골든타임을 사수하라

엄마의 역할,
미국 환경 세팅이 전부다

    엄마표 영어, 직접 해보니 이보다 간단하고 쉬울 수 없다. 엄마표 영어를 시작도 하기 전에 겁먹거나 두려워하지 않기를 바란다. 단, 엄마표 영어가 무엇인지에 대한 올바른 이해가 필요하다. 엄마표 영어는 무엇인지, 어떻게 하는지 관련 책을 한두 권만 읽어보아도 알 수 있다. 엄마 공부가 끝난 후에 할 일은 우리 집을 엄마표 영어에 적합한 환경으로 세팅하는 것이다. 매일매일 해야 하는 일과이므로 편리하게 환경을 세팅해두면 꾸준히 진행하는 데 도움이 된다. 미국 환경 세팅 역시 특별하거나 거창할 게 없다. 복잡하고 어려우면 지속이 어렵다. 예를 들어 세이펜으로 뭔가 작업을 해야 한다든가, 엄가다(엄마의 노가다)라 불리는 원서 관련 음원 작업 등은 벌써 옛날 이야기다. 보다 편리하고 좋은 것들을 잘 활용하면 엄마도 아이도 한결 편안하게 지속할 수 있다.

    환경 세팅을 잘 마쳐놓은 이후부터는 매일 꾸준히 영어환경에 풍덩 들어가면 된다. 이미 그 시간들을 지나온 내가 아무리 쉽다고 말해도 처음 엄마표 영어에 진입하는 엄마들은 막막할 수 있다.

    하지만 일단 시도해보기를 추천한다. '실행'의 힘은 위대하다. 머릿속으로만 생각하고 고민만 하면 몇 년이 지나도 알 수 없다. 직접 실행해봐야 제대로 알 수 있고, 실행을 해야 그 다음 스텝이 무엇인지도 정확하게 알게 된다. 실행하고 실천하는 엄마들이 되기를 바란다. 그럼 조금 더 구체적인 실행 방법에 대해 이야기해보자.

시작이 반이라고 했다. 엄마표 영어를 성공적으로 진행하기 위한 시작. 즉, 절반에 해당하는 부분은 바로 '환경 세팅'이다. 엄마표 영어는 가정에서 하는 것이기 때문에 아이도 엄마도 효율적인 시스템을 갖추어 놓고 진행하면 덜 힘들뿐 아니라 실질적으로도 많은 도움이 된다. 아무리 좋은 방법이어도 복잡하고 어려우면 꾸준히 실천하기 어렵기 때문에 최대한 심플하게 라이프 스타일을 유지하려고 노력했다. 환경 세팅을 어떻게 해야 하나요? 엄마들을 만나면서 이 부분 역시 질문을 많이 받았다. 환경 세팅은 크게 2가지면 된다.

==1. 넷플릭스로 영화 보기 2시간==
==2. 마이온으로 원서 읽기 1시간==

우선 듣기 환경 세팅에 대해 질문을 받으면 아이가 몇 명인지부터 여쭤본다. 가급적 아이 수대로 텔레비전을 구입해서 각자 분리된 공간에서 영어환경을 만들어주는 것이 가장 베스트이나 공간의 제약이 있을 수 있다. 텔레비전 대신 노트북 또는 어린 아이들의 경우는 태블릿으로 대체해도 괜찮다. 쌍둥이라 해도 영상을 고르는 기준과 취향이 다르기 때문에 구분해서 독립적으로 환경을 조성해주는 것이 가장 좋다.

그런 이유로 나이 차가 있는 형제자매는 당연히 구분해주어야 한다. 텔레비전을 추천하는 이유는 시력 문제도 있지만, 큰 화면과 선명한 화질, 압도되는 사운드 등으로 같은 시간 대비 더 몰입이 잘 되기 때문이다. 몰입하면 그만큼 듣기 환경에서 같은 시간을 봐도 확률적으로 성장이 더 빠를 수 있다. 하지만 이 역시 정답은 없다. 우리 집 환경에 가장 최적화된 방법을 '선택'해서 꾸준히 영어 환경에 노출되는 것이 가장 중요하다. 한국에서 우리 집 환경을 미국 환경으로 세팅해야 하므로 당연히 영어에 쉽게 많이 노출될 수 있는 환경이어야 한다.

많은 분들이 이미 하고 있는 방법이기도 한 '넷플릭스'를 가장 추천한다. 리모컨으로 몇 번만 누르면 바로 미국 환경을 조성할 수 있어서 가장 간편하면서도 가성비가 뛰어나다. 구독 후 가장 먼저 할 일은 '설정' 세팅이다. 유튜브 키즈도 마찬가지인데 아이 연령대나 안 봤으면 하는 부분들을 사전에 거를 수 있도록 설정해놓는다. 자세한 설정 방법은 검색해 보면 친절히 안내되어 있으니 참고하면 된다.

환경 세팅이 끝나면 좋아하는 애니메이션이나 영화를 매일 2시간씩 보면 된다. 자막 없이 보는 게 좋지만 과학이나 다큐멘터리 영상은 고학년 정도 되면 자막을 보면서 시청하는 것이 오히려 도움이 될 수 있다. 흘려듣기에 해당하는 '넷플릭스 2시간 보기' 다음으로는 '원서읽기 1시간'을 세팅해야 한다. 영어책을 읽으면서 책을 읽어주는 소리와 함께하는 것이 초기 단계에서는 매우 중요하다. 언젠가는 읽어주는 소리의 도움 없이 혼자서 원서를 읽는 묵독 방향으로 나아가야겠지만 영어를 시작하는 아이들이나 혼자 묵독으로 책을 읽지 못하는 아이들에게는 반드시 필요한 단계이다.

이 단계를 우리 집 1, 2호는 각각 다르게 진행했다. 결과는 아무런 차이가 없었다. 1호는 당시 리틀팍스를 몇 개월 이용한 후 종이책과 이 책을 읽어주는 음원을 일일이 구해서 집중듣기를 했다. 하지만 음원이 없어서 구하지 못하는 경우도 있고, 이 음원을 찾고 구하는 것이 엄마에게는 큰 숙제였다.

당시는 선택의 여지가 없었으므로 나름대로 열심히 찾아서 구했지만, 지금은 훨씬 편리하면서도 좋은 대안이 생겼기 때문에 늦둥이 2호는 종이책이 아닌 온라인 영어 도서관 '마이온'을 활용해서 매일 1시간씩 집중듣기를 하고 있다. 마이온으로 집중듣기를 시작한 2호는 현재 리딩 실력이 많이 늘어서 좋아하는 책은 종이책으로 묵독하고 있다.

그래도 종이책이 더 좋다고 생각하는 분들은 그렇게 하면 된다. 늘 드리는 말씀이지만 정답은 없다. 내 아이가 기준이다. 온라인 도서관은 다른 플랫폼들도 이용해보았지만 개인적으로는 앞에서 소개한 마이온myON을 추천한다. 종이책으로 읽느냐 온라인 도서관에서 읽느냐의 차이일 뿐 큰 차이는 없다. 다만 수많은 책이 마이온에 있고 모든 책을 클릭 한 번으로 다 읽어주기 때문에 굉장히 편리하다. 더 이상 1호 때처럼 음원을 찾지 않아도 돼서 굉장히 편리하다.

게다가 낮은 단계의 책들은 글 밥도 적고 책 두께도 얇기 때문에 매일 1시간씩 읽어야 한다면 굉장히 많은 책이 필요하다. 이 많은 책을 모두 구입하기에는 부담스럽다. 도서관을 이용해도 매번 엄마가 부지런히 도서관을 드나들며 책을 대여해야 하기 때문에 바쁜 엄마들에게는 이것 또한 일이다. 최대한 엄마의 시간과 에너지는 아끼면서 덜 힘들고 복잡하게 진행해야 중도 포기하지 않고 꾸준히 앞으로 나아갈 수 있다.

넷플릭스와 마이온

이 두 가지면 미국 환경 세팅은 끝이다. 기본 환경 세팅 2가지의 월 구독료를 합쳐도 3만 원 정도다. 가성비가 훌륭하고 잘만 이용하면 확실한 효과까지 볼 수 있는 이런 방법을 알고도 실천하지 않는다면 너무 아깝다. 비싼 영어유치원이나 영어학원에 다니지 않아도 얼마든지 영어를 잘하는 아이가 될 수 있다.

엄마표 영어
성공 비결 2가지

"엄마가 영어를 정말 못 하세요?"

다시 한 번 말하지만, 나는 영알못 엄마다. 그런 엄마도 충분히 할 수 있는 방법이 엄마표 영어다. 때문에 더 엄마표 영어를 선택했던 것이다. 그런 영알못 엄마가 도대체 어떻게 엄마표 영어를 했길래 아이 둘 다 이렇게 영어를 잘 하고 영어로 모든 과목을 공부하는 미국의 학력 인증 온라인 스쿨에서 공부하고 있을까?

분명 저 집에 특별한 비법 같은 게 있을 거라고 생각하셨다면, 죄송하지만 그런 비법은 없다. 누군가의 성공신화에서 자주 들어보셨을 법한 뻔한 대답을 하게 되어 다시 한 번 죄송하다. 그저 기본에 충실하게 꾸준히 포기하지 않고 실천한 덕분이다. 포기하는 사람은 많아도 포기하지 않고 꾸준히 하는 사람은 많지 않다. 뻔한 대답에 이어 2가지 중요한 포인트를 말씀드리면 다음과 같다.

첫째, 아이의 아웃풋 이후를 잘 이끌어주었다는 점이다.

좋은 건 알겠는데 확신이 없으니 중간에 불안해지면서 다른 방법을 찾거나 아이와의 관계만 점점 더 안 좋아지면서 포기하게 되는 경우도 꽤 많다. 계속하는 사람이 많지 않기 때문에 누구나 잘 할 수 있는 엄마표 영어임에도 불구하고 성공하는 케이스가 적은 것이 아닐까 싶다.

또한 누구나 할 수 있는 길이 엄마표 영어라고 했는데 우리는 왜 안 되는 걸까? 하고 생각하는 분들도 많을 것이다. 아무리 좋은 엄마표 영어라 하더라도 아이가 모두 다르고, 엄마도 다르며, 각 가정의 환경도 모두 다르다. 그러므로 어느 집 아이가 성공했다고 그 케이스를 그대로 무작정 따라하면 안 된다. 그대로 따라하면 될 거라 생각하고 열심히 하다가 안 되면 '저 집 아이는 되고 우리 아이는 안 되네?' 하면서 힘이 빠져 쉽게 포기하게 될 확률이 높다.

둘째, 그 집 아이의 성공 사례를 그대로 따라하지 않았다.
비교하지도 않았다. 그 집 아이와 엄마에게 적용되는 점을 그대로 따라한다고 되는 것이 아니라, 내가 몰랐던 그 집만의 비결을 '참고'해서 나와 내 아이만의 새로운 방향을 잡고, 새로운 길을 '재창조'해나가야 한다. 엄마표 영어도 같은 맥락이다. 우선 엄마표 영어가 무엇인지 정확하게 이해한 다음 그 책 안에 나온 성공 사례들을 '참고'해서 우리 아이들을 위한 방법으로 '재해석'하고 '재탄생'시켰다. 이러한 과정이 반드시 필요하다. 아무리 많은 정보, 좋은 방법이 있다 해도 그것을 참고해서 내 아이에게 보다 잘 맞도록 '적용'하는 것이 매우 중요하다.

언어는
빠를수록 좋다

　큰아이는 7세부터 엄마표 영어를 시작해서 5년 차에 엄마표 영어를 성공적으로 졸업했다. 그럼에도 불구하고 한편으로 언어를 배우는 적절한 시기에 대한 근거가 늘 궁금해서 엄마표 영어를 진행하는 동안에도 이와 관련한 책과 논문들을 꾸준히 읽었다. 대부분 전문가들에 의하면, 언어는 일찍 시작하는 것이 좋다는 결론이었다. 나 역시 큰 아이를 엄마표 영어로 진행하면서도 늘 아쉬움으로 남는 2가지가 있었다.

　첫 번째로 아쉬웠던 부분은 영어를 시작하는 '시기'였다. 큰 아이가 엄마표 영어를 시작할 당시에 나는 제2외국어에 대한 생각을 못 했었다. 그런데 아이가 5학년에 미국 온라인 스쿨 학생으로 공부하게 되면서 제2외국어를 챙겨야 했는데, 초등 고학년에 시작하려니 상당히 늦은 감이 있었다. 고등학교 졸업 이수 학점에 제2외국어가 필수로 들어가지만, 그와는 별개로 더 일찍 영어 외에 다른 언어를 챙겼다면 좋았을 걸 하는 아쉬움이 많이 남았다.

　초등 고학년이 되니 제2외국어를 위한 습득 시간이 아무래도 부족했다. 또한 볼 만한 영상들 대부분 어린 아이들용이었기 때문에 큰 아이의 정서와 맞지 않았다. 만약 큰 아이가 7세가 아닌 둘째 아이처럼 더 일찍 영어를 시작했더라면 지금쯤 제2외국어로 다른 언어를 좀 더 쉽고 확실하게 챙길 수 있었을 텐데… 하는 아쉬움이 많이 남는다.

그래서 요즘은 어린 아이를 둔 엄마들을 만날 때면 좋은 시기를 흘려보내지 말고 영어듣기를 빨리 시작하라고, 이후 제2외국어까지 챙기라고 꼭 당부한다. 엄마들을 만나보니 거의 대부분 오래 전 나처럼 제2외국어를 생각도 못하고 있었다. 컨설팅 이후 스페인어, 프랑스어, 독일어, 일본어 등 제2외국어도 아이와 함께 챙기고 있다는 감사인사를 들을 때마다 굉장히 보람을 느꼈다.

영어는 기본인 세상이다. 영어 이외에 다른 한 가지 언어를 더 할 줄 안다면 글로벌한 세상에서 경쟁력 있는 아이가 되는 것은 당연한 이치다. 영어를 일찍 시작해서 어느 정도 안정권에 올려놓은 이후에 제2외국어도 조금 더 빠르게 진입하면 한국어, 영어 외에 한 가지 언어를 더 장착할 수 있다.

무엇보다 어렸을 때 언어를 시작하면 큰 아이들보다 언어 습득이 훨씬 유리하고 보다 수월하게 진행할 수 있다는 장점이 있다. 예를 들어, 5세 아이가 페파피그나 까이유를 프랑스어로 보면 재미있게 몰입해서 얼마든지 즐겁게 '습득'할 수 있지만, 12세 아이가 이런 영상을 프랑스어로 본다면 초등 고학년 아이의 정서와 맞지 않기 때문에 그 나이대에 적합한 영상을 찾을 때 선택의 폭도 많이 줄어든다.

여러모로 언어는 일찍 시작하는 것이 가장 유리하고 좋다는 것을 뒤늦게 깨달았다. 그래서 애초에 둘째는 첫째와는 조금 다른 방향으로 키워보기로 결심했다. 그렇다고 엄마표 영어의 큰 틀을 벗어나는 것은 아니다. 큰 아이가 성공한 방식이 나에게 익숙하고 한번 성공했던 경험이 있기 때문에 둘째 아이도 동일하게 진행하는 것이 내 입장에서는 오히려 더 편할 수 있었다. 하지만 지금은 대단한 것은 아니지만 새로운 도전과 시도를 해보기로 결심하기를 잘했다 생각한다.

둘째가 첫째와 조금 다르게 한 부분이 있다면 2가지다. 소리 노출을 더 일찍 시작한 것, 미국 환경을 더 일찍 만들어준 것이다. 둘째는 뱃속에 있을 때부터 오빠의 엄마표 영어 소리, 엄마가 들려주는 영어동요, 클래식 음악을 들었다.

굳이 아이의 나이를 취학 연령까지 기다릴 필요가 없다. 아니, 그러지 않기를 바란다. 그 황금 같은 시기를 듣기 노출로 채우면 훨씬 쉽고 빠르게 아이의 귀와 입이 트이기 때문이다. 물론 첫째처럼 취학 연령에 시작해도 가능하다. 더 이후에 해도 가능하다. 그러나 더 나은 방향이 분명히 있으니 그 시기를 잘 활용했으면 한다. 영유아, 미취학 시기를 놓치지 말고 야무지게 챙겨서 보다 나은 방향으로의 영어 로드맵을 세우기를 추천한다.

듣기-말하기-읽기-쓰기

우선 언어 발달 순서인 4단계를 잘 이해할 필요가 있다. 언어는 듣기, 말하기, 읽기, 쓰기 순으로 발달한다. 영어 듣기부터 충분히 노출하고 아이의 일상을 듣기로 채워나갔다. 그렇게 오빠와 7살 차이 나는 늦둥이 둘째는 엄마 뱃속에서부터 자연스럽게 영어 소리에 노출되었다. 언어 습득의 결정적 시기에 대해서 알아보면, 노암 촘스키의 LAD 이론이 대표적이다.

세계적인 언어학자 촘스키는 아이들은 태어날 때부터 언어를 잘 배울 수 있는 능력을 가지고 태어난다고 주장한다. 모든 아이들이 태어날

★ 노암 촘스키, 언어 습득의 결정적 시기

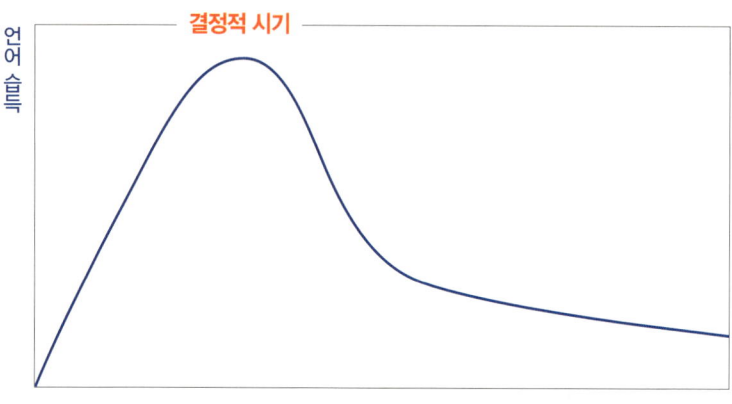

때부터 '언어습득장치LAD:Language Acquisition Device'를 가지고 있어서 언어를 쉽고 빠르게 배울 수 있다는 것이다. 그래서 서로 다른 언어를 쓰는 사회에 태어났어도 아기들이 보여주는 언어 발달 순서는 비슷하다. 어느 나라의 아이들이건 모국어를 매우 빨리 배우는 것 또한 언어 습득에 도움이 되는 선천적인 능력이 있기 때문이다.

그렇다면 아이들이 선천적으로 유능한 언어학습자이기 때문에 따로 교육하지 않아도 저절로 모국어를 뗄 수 있는 것일까. 그렇지 않다. 언어 발달에는 결정적 시기가 있기 때문에 이 시기에 어떤 언어적 자극, 후천적 자극을 받았느냐에 따라서 이후 아이의 언어 발달이 결정된다.

노암 촘스키는 만 12세 이전이 언어 습득에 가장 좋은 시기, 즉 '결정적 시기'라고 말한다. 반대로 말하면 만 12세, 그러니까 초등 시기 이후에는 언어 습득 능력이 급격히 감소한다는 뜻이다. 그러니 언어 습득의 황금기인 이 시기를 놓치지 않고 적극 활용하기를 바란다.

또 다른 예를 보자. 언어연구학자인 패트리샤 쿨의 연구를 보면, 평균적으로 7세 이하에서 언어를 습득하는 것이 가장 효과적이라고 말한다. 결정적 시기를 놓친 후에 제2외국어 학습은 어렵다. 〈TED: Patricia Kuhl_Critical Period(패트리샤 쿨: 아기들의 언어적 재능)〉 강연 내용 일부를 소개한다.

7살이 되기 전까지 영유아들은 천부적인 재능을 가지고 있지만, 이후 체계적인 하락 단계에 들어갑니다. 특히 사춘기 이후에 현저히 떨어집니다. 모든 과학자는 이 곡선에 대해서 반박하지 않습니다.

결론은 한 살이라도 어릴 때 황금 시기를 놓치지 말고 모국어와 같은 습득 방법으로 영어를 접하게 해주는 것이 가장 좋은 방법이다.

★ 패트리샤 쿨의 '아기들의 언어적 재능'(출처: TED)

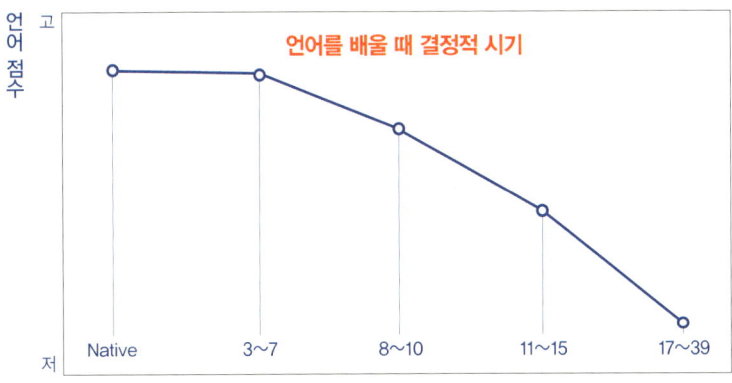

2~3세, 넷플릭스, 유튜브 키즈 리스닝

둘째 역시 첫째처럼 기관에 다니지 않고 홈스쿨링을 했기 때문에 종일 집에서 함께 놀고, 먹고, 자는 단순한 라이프 스타일의 영유아 시절을 보냈다. 하지만 단순하고 여유 있는 일상에서 가장 우선순위에 두었던 것은 바로 영어듣기 노출이었다. 즉, 미국 환경을 우리 집에 만들어준 것이다. 2세부터 넷플릭스를 이용해서 영상보기를 조금씩 시작했다.

아이가 처음 영상을 시작하는 단계에는 반드시 엄마와 함께 하는 것이 좋다. 아이와 소파에 앉아서 이야기를 나누며 보곤 했다. 어린 아이가 영상을 볼 때는 엄마와의 상호작용이 매우 중요하다. 캐릭터에 대해 이야기하거나, 재미있는 장면에서는 함께 웃기도 하고, 적절한 추임새를 넣어주기도 했다. 아이의 반응을 살피고, 간식도 먹으면서 편안하게 영상을 노출해주면 된다.

우리 집 텔레비전은 둘째에게 '재미있는 영어 소리가 나오는 기계'라는 인식이 있었다. 처음부터 의도적으로 한글 영상은 전혀 노출시키지 않았기 때문이다. 한글 영상에 익숙한 아이들에게 무슨 소리인지 모르는 낯선 영어 영상을 노출하려고 할 때 대부분 아이들이 거부감을 표시한다. 그래서 처음부터 '미국 환경'으로 만들고자 했다.

홈스쿨링을 하며 시간적으로 여유로운 아이들이었다. 둘째 역시 종일 놀면서 처음에는 20~30분 정도씩 영상을 보다가 3세부터는 하루 1시간 정도 넷플릭스 영상을 보기 시작했다. 영어로 만들어졌다고 아무 영상이나 보여주지는 않았다.

예를 들면, 뽀로로나 타요를 영어로 번역해서 만든 영상들은 보여주지 않았고, 영어를 사용하는 나라의 영상들을 보여주었다. 언어는 문화이기에 영상 안에 그 나라의 문화가 고스란히 녹아 있다. 아이가 어릴수록 엄마가 미리 영상 목록을 추려놓은 후에 권해주는 것이 좋다. 유튜브 키즈나 넷플릭스도 세팅을 해둔 후에 보여준다. 이 시기에 잘 보았던 유튜브 채널을 소개한다.

1. Baby Alive Official

2. Cocomelon: Nursery Rhymes

3. Cry Babies in English

4. Alphablocks

5. Little Baby Bum: Nursery Rhymes & Kids Songs

6. Toddler Learning Videos For Kids

4세,
영어 단어,
짧은 문장 스피킹 시작

　4세부터는 넷플릭스를 2시간씩 보기 시작했다. 4세 무렵이 되니 둘째 입에서 영어 단어와 짧은 문장들이 조금씩 흘러나오기 시작했다. 그동안 수많은 인풋이 쌓이고 쌓여 아웃풋으로 나오는 것이다.

　큰 아이와 다르게 더 빨리 영어를 시작한 둘째는 역시나 영어 아웃풋도 빠르게 나오기 시작했다. 영어를 잘하는 오빠가 집에 있으니 여러모로 좋았다. 큰아이에게 가끔씩 동생과 영어로 대화를 나누어달라고 부탁했다. 어린 둘째는 때때로 오빠의 원서를 책장에서 꺼내 읽는 시늉을 했는데 그 모습이 마냥 귀엽고 사랑스러웠다.

　한 가지 더 흥미로운 점이 있었다면 큰아이와는 또 다른 영유아기 영어 발달 과정을 지켜보는 것이었다. 기본 틀은 변함이 없었지만 둘째의 발전 과정은 흥미로웠다. 역시 세상에는 교육이든 언어든 단 하나의 방법과 하나의 길만 존재하는 게 아니라는 사실도 깨달았다.

　시중에 수많은 엄마표 영어 책들이 있지만, 가만히 들여다보면 약간씩 방법의 차이는 있지만, 원서를 중심으로 많이 들어서 귀가 먼저 뚫리게 하는 방법들로 그 기반은 비슷했다. 하나의 방법을 택한 후에는 최선을 다해 끝까지 해봐야 한다.

　대부분 사람들은 당장 눈에 띄는 발전이 아니라는 이유로, 정말 이게 맞을까 하는 의구심으로 조금 해보다가 말거나 다른 방법을 찾아 헤매는 과정에서 포기한다. 올바른 시간을 채우지 못하기 때문에 좋은 결과를 얻지 못한다.

언어는 결코 단시간에 눈에 띄는 성과를 확인하기 어렵다. 원래 그런 것임을 이해해야 한다. 주기적으로 찾아오는 불안함을 잘 다루면서, 자꾸만 확인하고 싶은 마음을 내려놓고 아이의 곁을 지켜줘야 한다. 둘째가 4세 때는 인풋이 상당히 쌓였다는 것을 확인했던 시기였다. 이 시기에 잘 활용했던 앱을 소개한다.

1. 몬테소리 유치원   2. abc mouse   3. khan academy kids

5세,
원어민과 화상수업

　4세 때 쌓인 인풋을 확인했으니, 5세 때는 원어민 선생님과 화상수업 계획을 세워두고 아이의 적절한 때를 기다렸다. 5세가 되니 작년보다 점점 더 많은 문장을 영어로 말하는 모습이 포착되었다. 이렇게 아웃풋 조짐을 보일 때 원어민 선생님과 연결해서 수업을 하면 스피킹이 많이 발전한다. 이 타이밍을 놓치지 않는 게 좋다. 대면 수업도 좋지만, 온라인 수업이 선생님 찾기에도 선택의 폭이 훨씬 넓고 수업료도 저렴하다는 장점이 있다. 우리 집 아이들은 100퍼센트 줌으로 수업을 진행했다.

　둘째의 스피킹이 발전해가는 모습을 지켜보다가 미리 준비해두었던 플랫폼에서 첫 화상수업을 시작했다. 여자 아이여서 가급적 예쁘고 젊은 여자 선생님으로 선택했다. 첫 화상수업 때 가장 중요한 것은 아이가 선생님을 좋아해야 한다는 점이다. 그래야 말을 많이 하고 싶어지기 때문이다. 이처럼 아이가 마음에 드는 선생님을 찾는 게 중요하다. 초기 프리토킹 단계에서는 스펙이 화려한 선생님보다는 아이를 잘 격려해주고 호응해주는 선생님이 좋다.

　수업 시간은 처음에는 30분으로 시작해서 6세 때는 45분, 1시간으로 점차 늘려갔다. 어린 아이에게 처음부터 1시간 수업은 부담스러울 수 있으니 25~30분 정도 수업하면서 아이를 관찰해 나가는 것이 좋다. 둘째는 선생님과 모래놀이도 하고, 그림도 그리고, 슬라임 놀이도 했다. 때로는 선생님이 키우는 강아지, 고양이를 안아서 화면에 보여주기도 했다. 둘째는 본인이 키우는 햄스터를 화면으로 소개했다.

어린 아이일수록 프리토킹 수업 단계에서는 그저 선생님과 즐겁게 '노는 시간'으로 인식하는 것이 가장 효과적이다. 이 시기에는 학습적으로 접근하면 안 된다. 욕심은 금물이다. 아이는 이 선생님을 굉장히 좋아해서 늘 수업 시간을 기다렸다. 조금만 품을 들이면 전 세계에 온라인으로 만날 수 있는 훌륭하고 좋은 선생님들이 아주 많다. 이 시기에 좋아했던 유튜브 채널을 소개한다.

1. Nat Geo Kids

2. Blippi-Educational Videos for Kids

3. PBS KIDS

4. NUMBERJACKS

5. BBC earth KIDS

6. ART FOR KIDS HUB

6세,
미국 온라인 스쿨
킨더 입학

둘째가 즐겁게 화상수업을 하던 어느 날, 선생님께서 다른 나라로 가시게 되었다. 이후 계시는 곳의 인터넷 연결 환경이 좋지 않아서 수업이 원활히 이루어지지 못했다. 나도 아이도 많이 아쉬웠다. 하지만 다행히 영어를 잘 하는 오빠가 늘 함께 있었기 때문에 아쉬운 공백을 채워주기로 했다.

그러는 사이 둘째의 스피킹은 시간이 갈수록 발전해나갔다. 대부분 엄마들은 지금 현 상황에서 내 아이가 완벽히 준비되었을 때 다음 스텝을 시도해야 한다고 생각한다. 물론 시기상조는 조심해야 한다. 그러나 어느 정도 준비되었음에도 불구하고 아직 내 아이가 많이 부족하다고 생각하면 그 다음으로 나아가질 못한다.

나는 아이를 키울 때 완벽한 상태에서 그 다음 스텝으로 넘어가지 않았다. 성장 과정에 있는 아이들이므로 어느 정도 다음 스텝으로 넘어갈 수 있겠다는 판단이 서면, 현재는 완벽하지 않아도 일단 다음 과정으로 나아가면서 성장해나가도록 했다. 아이를 키워보니 이 부분이 굉장히 중요한 부분이라 여겨진다. 점점 완성을 향해 나아가면 되는 것이다.

그것이 더 자연스러운 발전이라고 생각했다. 두 아이들 모두 그렇게 하면서 점차 성장하는 모습을 지켜보았다. 그래서 항상 아이들을 잘 관찰하며 지켜보는 것이 중요하다. 둘째는 6세 여름에 미국 온라인 스쿨 킨더 과정에 입학했고, 6세 가을부터 첫째와는 다른 엄마표 영어를 시작했다.

첫째가 종이책으로 집중듣기를 했다면, 둘째는 온라인 영어 도서관 마이온myon으로 하루 1시간씩 독서를 했다. 종이책과 전자책의 차이일 뿐이다. 이외 2~3시간 넷플릭스와 유튜브를 이용해서 듣기도 즐겁게 했다. 온라인 스쿨에서 둘째는 Language Arts 시간에 파닉스를 자연스럽게 터득했다. 둘째는 온라인 스쿨에서 배우는 것을 흥미로워 하며 매일 꾸준히 각 과목별로 영어 학습을 자연스럽게 시작했고, 같은 해 11월에 킨더 과정을 마친 후 G1 과정으로 넘어갔다.

6세 때 시작한 2호의 또 다른 언어, 제2외국어는 프랑스어다. 지금도 매일 1시간씩 프랑스어로 좋아하는 영상을 보고 있다. 첫째를 키우며 늘 아쉬움으로 남았던 제2외국어. 둘째는 영어 발전이 어느 정도 이루어졌기에 제2외국어도 일찍 시작할 수 있었다. 이 역시 특별한 방법이 아닌 엄마표 영어를 처음 했던 것처럼 듣기를 먼저 시작하면 된다. 본인이 좋아하는 영상을 보기 때문에 낯선 프랑스어지만 거부감이 없다. 바로 이러한 점이 언어를 일찍 시작했을 때 최대 장점이다.

자연스러운 듣기환경 속에서 매일 듣기를 하다 보면 프랑스어 역시 일정 시간이 쌓이면 귀와 입이 트이게 될 것이다. 언어는 꾸준한 시간이 투입되어야 하기 때문에 그 시간을 매일 차곡차곡 잘 쌓고 있는 중이다.

이 시기에 잘 보았던 유튜브 채널을 소개한다.

1. HiHo Kids

2. Mukta Art &Craft

3. Doll Time HD

4. Free School

5. Like Nastya

7세,
리딩 실력이 쑥쑥 자라다

　6세 11월부터 7세 5월까지 6개월간 G1 과정을 끝낸 둘째는 현재 온라인 스쿨 G2학년으로 공부하고 있다. 기본 4과목 중 2과목이 끝났기 때문에 조만간 G3학년이 된다. 자그마한 아기였던 둘째가 자라가며 배우고 알게 되는 것들이 늘어가고 있다. 중요한 것은 아이가 배움을 즐겁게 받아들이고 있다는 점이다. 온라인 스쿨은 여러모로 재미있고 쉽게 가르쳐준다. 무엇보다 영어로 배우는 수학을 흥미로워 한다. 아이는 온라인 스쿨 수학 선생님을 아주 좋아한다. 나에게 컨설팅 받은 아이들 중에는 우리 둘째처럼 이 수학 선생님을 좋아하는 아이들이 많다. 오빠와 마찬가지로 학습에 있어서 조금 앞서나가기 시작하는 시기인데, 다른 불필요한 것들은 하지 않고 매일 꾸준히 학습하다보면 이렇게 빨라진다. 큰아이를 경험해 보니 아이의 속도대로 나아가되 일찍 끝내면 그만큼 여유가 있고 장점이 많다. 여유 시간에 취미생활을 더 할 수 있고, 영어 노출 시간을 확보하는 데도 굉장히 큰 장점이 있다.

　둘째는 7세 때 리딩 실력이 눈에 띄게 향상되었다. 듣기, 말하기, 다음 단계인 읽기의 발전을 확인했던 해다. 한글이든 영어든 아이들이 글을 읽기 시작하는 타이밍은 부모에게도 굉장히 놀랍고 기쁜 순간이다. 영어책을 전혀 읽지 못했던 아이들이 이렇게 듣기 시간이 충분히 차고 나면 말하기로 발전하고 더듬더듬 읽다가 어느 순간 스스로 잘 읽어 나가는 때가 온다. 엄마가 일희일비 하지 않고 조바심을 내지 않는 게 중요하다. 내 아이의 때를 잘 기다려준다면 아이들은 누구나 영어로 말하고 읽고 쓸 줄 알게 된다. 아이들의 발전을 한결같이 응원하는 마음으로 잘 기다려주자. 이 시기에 잘 보았던 유튜브 채널을 소개한다.

1. Peekaboo Kidz

2. Toy Egg Videos

3. Come Play With Me

4. L.O.L. Surprise!

홈스쿨을
포기하는 이유

'다정하게 뼈 때리는 언니'
'의외로 카리스마 있으면서 반전 있는 언니'

엄마들에게 자주 듣는 말이다. 나도 몰랐던 내 자신의 재발견이었다. 엄마들에게 비춰지는 내 모습 중 한 부분이 이런 모습이었음을 깨닫는다. 나를 이렇게 불러주는 엄마들을 바라보는 내 눈과 마음속에는 엄마들을 향한 애정과 사랑이 담겨 있다. 엄마들이 아이를 키워내는 과정을 너무 힘겹다고 생각하지 않기 바라며, 지금보다 더 행복하게 걸어갈 수 있다고 얘기해주고 싶다. 사랑의 마음과 눈길로 엄마들을 바라보다보면 어느 한 지점에 마음이 머무르곤 했다.

외로움….

이 세상 모든 엄마들은 외롭다. 나도 외로웠다. 어린 아이들을 돌보고 키우는 '엄마'라는 포지션 자체만으로도 외로울 수밖에 없다. 아이들이 재롱을 부리고 아무리 귀엽고 사랑스러워도 외로운 건 별개의 문제다. 그러고 보면 인생 자체가 외로움과 동행하는 길 아니던가.

나 역시 아이들과 24시간 함께하는 시간이 행복하기도 했지만, 외로울 때도 있었다. 기본적으로 혼자 있는 시간을 잘 즐기는 사람이었음에도 불구하고 문득 외롭다는 생각이 들었다. 특히 영유아 시기에는 유아들과 대화를 오래 나누다보면 성인과의 대화가 고파지곤 했다. 기왕이면 같은 길을 걸어가는 친구와 대화를 나누고 싶어진다. 그런 친구가 가까운 우리 동네에 있으면 참 좋겠다고 생각한 적도 있었다. 2024년 2월, 세상에 나와 많은 엄마들을 만나면서 알게 되었다. 그들의 마음도 나와 같다는 것을.

나는 그래도 용기 내어 시작했고 포기하지 않고 성공적으로 홈스쿨링을 해왔다. 하지만 뒤따라오는 많은 엄마들 중에서 홈스쿨링을 망설이는 이유 중 한 부분이 바로 외로움이었다. 엄마나 아이가 외로울까봐 염려되는 것이다. 외로움이 꼭 나쁘지만은 않다. 외로운 시간들을 통해 나도 많이 성장했으므로. 외로움을 좋은 측면으로 해석하고 삶에 적용하면 성장하는 시간으로 삼을 수 있다.

우리가 함께 가는 이 길이 조금 덜 외롭도록 엄마와 아이들의 홈스쿨링 커뮤니티를 만들었다. 지금은 동일한 미국 학력 인증 온라인 스쿨 컨설팅을 받고 같은 학교에서 공부하는 친구들과 함께하고 있지만, 앞으로 홈스쿨링 커뮤니티는 더 폭넓게 확장될 것이다.

아이가 학교를 다닌다고 엄마가 외롭지 않은 것은 아니다. 무슨 일을 하든 마음먹기 나름이다. 간절함과 진심만 있다면 작은 고민거리들은 하나씩 해결해나가면서 오히려 더 성장하게 된다. 일단 시작을 해야 다음 스텝에 대한 고민도 생기는 것이고, 그 고민을 해결할 방법도 생기는 것 아닐까? 나는 지금까지 그렇게 해왔다. 꼭 하고 싶은 일이 있다면 일단 실행한다. 직접 부딪쳐나가면서 그 과정에서 생기는 걸림돌이나 어려움을 그때그때 최선을 다해 해결해가다보니 지금의 내가 있는 거라고 생각한다.

나 역시 처음부터 잘 하는 사람이 아니었다. 저 언니는 뭔가 특별할 것이라고 생각하는 분들도 많지만 전혀 그렇지 않다. 내가 특별해서 잘한 것이 아니라, 계속 시도하고 노력하다보니 잘 하게 되었고, 조금은 특별한 언니가 된 것이다. 실행하고 시도하는 것은 생각보다 중요하다. 고민을 백 번 천 번 하는 것보다 일단 한 번 실행해보는 것이 백배 낫다.

나와 같은 길을 걸어가는 엄마들이 외로움보다는 즐겁고 행복했으면 좋겠다. 힘을 좀 빼면 아이를 키우는 과정이 얼마든지 즐겁고 행복할 수 있다. 내가 피아노를 전공했으니 이것을 예로 들어보겠다.

대학에 입학하고 가장 힘들었던 일은 어깨와 팔의 힘을 빼는 일이었다. 교수님께서 레슨 시간에 자주 해주신 말씀은 '힘을 더 빼라'였다. 특히 어깨에 힘을 더 빼라고 말이다. 어깨에 힘이 들어가 있으니 자연히 팔에도 힘이 들어갈 테고 결과적으로 더 멋지게 곡을 연주할 수 있는데도 그러질 못한 것이다.

육아와 교육도 마찬가지다. 힘을 빼야 한다. 대한민국 부모들은 육아와 교육에 힘이 잔뜩 들어 있다. 부모들이 긴장하고 힘이 잔뜩 들어갈 수밖에 없는 교육 체계여서 그렇다는 것을 알고 있다. 그래서 스스로 힘을 빼려고 의도적으로 노력해야 한다. 그 과정을 언니가 함께 도와주기 위해서 엄마들 표현처럼 '세상에 나왔다!'

힘들고 외로울까봐 지레 포기하지 않기를 바란다. 왜냐하면 지난 15년간 두 아이와 홈스쿨링으로 보낸 시간들이 무척 좋았다. 다시 선택해도 홈스쿨링이다. 엄마들을 진심으로 돕고 싶다. 특별히 영어와 홈스쿨링, 대학 진학 때문에 힘들어하는 엄마들에게 단순히 힘내라는 말뿐 아니라 내가 먼저 알게 된 많은 것들을 나눔으로써 실질적인 도움을 주고 싶다.

에필로그

홈스쿨링이 바르고 빠른 길이었다

　홈스쿨링이 간혹 불법인 줄 아는 분들이 있다. 우리나라는 미국처럼 홈스쿨링을 널리 인정하는 나라는 아니지만 그렇다고 이 길이 불법은 아니다. 큰 아이가 어렸을 때 동네 친구 한 명이 학교를 안 다닌다는 말을 듣고 "너 그러면 경찰 아저씨가 잡아간다"고 말한 적이 있었다. 나라에서 홈스쿨링 하는 아이들에게 딱히 관심이 없으므로 이 아이들을 위한 제도적인 부분 역시 미흡하다. 또한 홈스쿨링 하는 아이들에 대한 지원 역시 굉장히 미비하다. 의무교육을 벗어난다고 불법이 아니니 염려하지 마라.

　이 길은 빠른 길이다. 처음부터 빠른 길을 목표로 한 적은 없다. 하지만 해보니 바르고 빠른 길이었다. 이 길에 관심 있는 분들이 점점 많아지고 있다. 하지만 어떻게 시작해야 할지, 어떻게 지속해야 할지 막막하고 어려워서 선뜻 시도하지 못하는 분들도 많다. 그런 분들에게 진입장벽을 낮춰 드리는 역할을 해드리고 싶다. 모든 선택은 각자의 판단이지만 그 선택을 하기까지 여정에서 불필요한 오해로 지레짐작하고 포기하는 일이 없기를 바라서다. 선택하고 싶은 많은 분들에게 희망과 용기를 드리고 싶다. 이래서 안 되고, 저래서 안 되고… 안 되는 이유를 찾으면 한도 끝도 없다.

결국 시도조차 못하면 앞으로 한 발자국도 나아가지 못한다. 시도하지 않고, 실행하지 않으면 얻을 수 있는 것은 아무 것도 없다. 어려울 것 같고, 나는 안 되고 다른 누군가는 특별해서 될 거라는 편견은 오늘 이 순간부터 내려놓기를 바란다. 나 역시 특별해서 여기까지 온 것이 아니다. 하니까 특별해진 것이다. 용기를 냈고 실행했을 뿐이다. 나뿐 아니라 이 책을 읽고 있는 여러분과 아이들 모두 특별한 존재다. 여러분이 이 책을 읽고 첫 걸음을 잘 내딛기를 바란다.

이제 여러분 차례다.

부록

홈스쿨링 컨설팅 후기 모음

많은 엄마들에게 듣는 가장 행복한 말은, 단연코 언니를 만난 이후 자신이 변하고, 아이와 가정이 보다 나은 방향으로 변하고 있다는 말이다. 홈스쿨링 컨설팅을 받고 긍정적인 변화를 경험한 분들의 생생한 후기를 소개한다.

'언니하다'
(나만의 노하우를 풀어 세상을 이롭게 하다)

어느 엄마가 지어준 별칭이다.
'언니하기 위해' 세상에 나왔으니 많은 분들이 언니하기를 바란다.

초1 학부모(전○○)

아이와 눈을 마주치는 시간이 늘었습니다. 오늘 어떤 일이 있었는지, 무슨 공부를 했는지 검사와 확인이 아닌 어떤 감정으로 하루를 보냈는지, 어떤 게 좋고 싫었는지, 엄마도 어떤 하루를 보냈는지, 바깥 풍경과

새 소리, 작은 자연의 변화도 아이 눈을 마주치며 이야기하고 깔깔거립니다.

언니님이 알려주시는 많은 인사이트 중에 특히 아이를 대하는 자세에 대해 집중해서 지켜보았고 실천해보려 노력했거든요. 여기에 모두 남길 수는 없지만 언니는 특히 아이를 대하는 자세가 다른 사람 같아요. 2~3개월 남짓이지만 처음 언니를 대면하고 온 후로 많이 달려졌다며 남편도 아이들도 이야기합니다. 너무 감사한 나눔과 그것을 실천할 수 있도록 매일 북클럽에서 전해주시는 다양한 응원과 용기들로 오늘도 아이와 가족과 더 많이 웃을 수 있는 하루입니다. 진심으로 감사드립니다.

초5 학부모(김○○)

지금 12살인 첫째가 100일 무렵 유명한 전집을 4~5질 구매했습니다. 생각해보면 내가 대학생 때 했던 말과 생각이 기억납니다.

"나중에 집을 도서관처럼 벽면을 책으로 가득 채워야지."

이 말을 잊고 있다가 아이를 낳고 기르면서 생각해냈습니다. 무의식적으로 늘 갖고 있던 생각이었나 봅니다. 그렇게 책육아를 시작했습니다. 첫 아이를 낳고 복직하면서도 늘 책을 읽어줬고 새벽까지 두 눈 뒤집어가며 아이와 함께했습니다. 엄마표 영어까지 눈을 떴고 가늘고 길게 아이와 책 읽는 시간을 함께했습니다.

초등학교 입학 시기 코로나를 겪었습니다. 아이는 금세 3학년이 되었습니다. 점점 불안해진다는 초등 중학년, 사립초등학교에 다니는 아이는 매일 바쁘고 고된 시간을 보냅니다. 영어책 읽기도 한글책 읽기도 점점 멀어져만 갑니다. 학교에서 정해주는 것들만 하기에도 시간이 부족합니다. 가늘고 길게라도 유지해왔던 영어 노출 시간도 점점 없어졌습니다. 사교육을 시키지 않는데도 말입니다. 그 길에서 언니님을 만났습니다. 블로그 글을 읽으면 읽을수록 빠져들었습니다. 유치원, 초등 시기를 지나 그 이후의 영어에 대해 생각할 수 있는 너무나 소중한 보물들을 언니네 교육을 통해 알 수 있었습니다.

언니를 몇 차례 만난 어느 날, 언니 추천으로 홈스쿨링(온라인 스쿨)에 들어섰습니다. 그날의 눈물을 잊을 수 없습니다. 언니의 격려, 칭찬 덕분에 첫째와 이 길에 들어설 수 있었고, 순차적으로 둘째와 셋째도 함께 하려고 합니다. 그 후로도 언니를 계속 만나면서 우리 집의 방향성을 정할 수 있었고, 언니와 뜻을 함께하는 사람들과 이야기를 주고받으며 의지하고 공부하며 함께하고 있습니다.

갈팡질팡할 때 두 손을 잡아준 언니 덕분에 우리 가정은 이 길에서 행복을 찾았습니다. 첫 시작이 어려웠을 뿐, 이 길을 선택한 것은 신의 한수라 말하고 싶습니다. 처음에는 아이와 함께하는 것에 어려움도 있었지만 하나하나 맞춰가는 것 또한 감사한 요즘입니다. 아이는 아이대로 자신의 시간을 온전히 쓸 수 있고, 조금씩 발전해가는 아이를 바라보면서 우리 부부도 행복합니다. 너무나 감사한 언니, 평생 이 두 손 꼭 잡고 절대 놓지 않을 겁니다.

초2 학부모(장○○)

언니 시카고 캠프 우수 학생이 된 1호. 진짜 말이 안 나옵니다. 국제

학교 학비 엄청나던데. 언니는 진짜 넘사벽입니다. 언니를 알기 전에도 엄마표 영어는 하고 있었지만, 아이 미래에 대한 불안감이 컸어요. 중고등학생들이 힘들어서 울면서 주입식 공부만 하고 대학을 가더라도 취업하기도 힘들다는 사실을 아니까요. 그런데 올해 초 혜성처럼 나타난 언니!

눈빛이 반짝반짝 빛나는 예쁜 언니를 한두 번 만나고 또 세네 번 만나니 많은 것들이 달라졌어요. 공교육만 답이 아니고 다른 길도 있다는 것을 알게 된 것만으로도 마음이 편안해졌어요. 당장 태권도를 끊고, 수학 문제집도 줄이니 아이가 한결 행복해했어요.

언니가 항상 강조하는 아이와 엄마와의 관계, 사랑을 주고 칭찬을 많이 해주라는 말씀. 이것이 언니를 만나고 저의 최대 수확이 아닐까 싶어요. 아이는 제가 조금만 칭찬해줘도 어깨가 으쓱하고 입꼬리가 올라갑니다. 언니가 아니었으면 이 황금 같은 시기를 아이와 씨름하며 보냈을 것 같아요. 이제 언니 옆에 딱 붙어 있을 예정입니다. 언니를 만난 건 정말 행운입니다.

초4 학부모(김○○)

언니님을 만난 후 가장 크게 변화된 것은 저예요. 아이에게 온전히 집중한다는 핑계로 아이에게 모든 스케줄을 맞추고 무엇을 도와줄까 궁리만 하다가 언니님을 만나 다양한 책을 읽으며 '그럼 나는?'이라는 물음이 생기더라고요. 물론 아이에게 집중해야겠지만 저도 좀 챙겨야겠다는 생각이 들었어요. 아이에게는 영어로 "너의 세상을 넓혀봐~" 하면서 번역된 화면을 보고 있는 제 모습이 조금 부끄러워졌달까?

'아, 이제 와서 어쩌겠어…'라고 넘기지 않고 저도 공부해야겠다는 작은 결심을 하게 되었죠. 그래서 뭣도 모르지만 영어 원서 북클럽에 가입해서 원서 읽기에 도전하게 되었어요. 엄마도 세상을 넓히기 위해 애쓰고 있다는 것을 보여주고도 싶었어요. 꼭 영어 실력이 늘지 않더라도 뇌가 다른 쪽으로 일을 하니 기분전환도 되고 좋아요. 변화의 물꼬를 텄으니 점점 더 나아질 거라 의심치 않아요. 긍정의 기운을 불어넣어주시는 언니님 늘 감사하고 사랑합니다.

초5 학부모(권○○)

내가 달라지려면 주변 사람과 환경을 바꾸라고 하는데, 언니가 딱 그 문지기, 안내자였어요. '어서와 이런 세상은 처음이지?'라며 손잡고 끌어주신 덕분에 이 세상을 알게 됐어요.

그 세상이 무엇이냐! 제가 겪은 변화 중 첫 번째는 아이를 바라보는 시선이에요. 아이가 내 뜻대로 해주길 바랐고, 공부 잘 하는 착한 아이가 돼야 한다는 욕심이 생기는데 그건 구시대적인 나의 관성이었어요. 아이는 세상 유일한, 고유한 존재라는 것! 나에게 잠시 왔다가는 VIP 고객이라는 것! 미래 사회에 기여를 많이 할 훌륭한 사람이라는 것! 이렇게 생각하니 사랑스러운 아이의 말과 관심사에 귀 기울이게 됐어요. 언니가 늘 강조하는 아이와의 관계가 정말 중요하다는 것을 많이 깨달았습니다.

두 번째, 미래를 공부하고 끊임없이 성장에 애쓰는 엄마가 됐어요.

엄마표 영어를 하면서 아이가 보는 원서에 대해서는 공부했지만 실제로 영어, 이건 도구일 뿐인데 그 이후는 어떻게 해야 하는지 막막했어요. 주위에 보면 다들 중학생 때 입시영어로 돌아가더라고요. 저는 아이가 더 넓은 세상에 나아가 살아야 하고 그때 꼭 필요한 것이 영어라고 생각했지만 로드맵이 없었어요.

그런데 열심히 공부하는 언니를 만나서 미래에 대해, 미래 교육에 대해 열정적으로 파고들며 전략적으로 로드맵을 짜는 언니를 보며 따라가려고 노력중입니다. 이미 다 짠 거 같은데도 언니는 늘 공부하며 저에게 알려주고 있어서, 함께 성장하는 기쁨이 큽니다. 리더십 강한 듬직한 선장님이세요.

무엇보다 가장 큰 변화는 제 삶에 대해 생각하고 주체적으로 살아보기 위해 독서하고 생각하는 시간을 갖게 됐다는 겁니다. 내가 뭘 좋아하는지, 어떤 것에 관심이 있고 공부하고 싶은지, 아이가 아닌 저를 돌아보게 됐고 무엇이든 실천이 답이라는 걸 깨달았어요. 아이에게도 이런 엄마의 모습을 보여준다면 분명 주도적인 삶을 살 수 있을 거란 확신이 듭니다. 오늘도 언니와 함께 책을 읽고 한 뼘씩 성장 중입니다.

초6 학부모(김○○)

아이의 성장 방향에 대해 오랫동안 고민하던 중이었어요. 공교육에 대한 의구심에 학교 밖을 꿈꾸고 있었지만, 주변의 걱정을 담은 시선과 우려로 어떠한 결정도 못하고 망설임이 많았습니다. 언니님 덕분에 홈스쿨을 '실행'하게 되었네요. 실행하게 만드는 언니님 의 마법!

1학기를 마무리하고 11월이면 아이는 정원외관리자가 됩니다. 그동안은 부정적인 반응만 들었는데… 쉽지 않은 결정을 응원해주시고 축하까지 해주시니 얼떨떨하더라고요. 언니님을 몰랐다면 몇 개 안 되는 선택지에서 그나마 나은 걸 고르느라 고민했을 거예요.

언니님이 생각지도 못했던 새로운 길을 알려주시고 아주 곱게 꽃까지 뿌려 주셨으니 아이와의 홈스쿨, 온라인 스쿨이 꽃길일 거 같아 행복합니다. 꽁꽁 숨겨두어도 되는 이야기들을 세상 밖으로 들고 나와 나눠주셔서 진심으로 감사합니다.

초6 학부모(이○○)

간간히 올라오는 글을 읽으며 의지했던 블로그 초창기 시절부터 생각하면, 언니와 함께하며 삶의 모든 영역이 변화되었다고 말하는 게 맞겠습니다. 처음엔 엄마표 영어를 잘 해나가려면 어떻게 해야 할지 배우고 싶었어요. 활용할 수 있는 사이트와 언니의 노하우 같은 것들이요. 그렇지만 깊이 들여다보니 '아이들을 마음 다해 사랑하며 키워내는 이 사람은 누구지? 어디서 나오는 에너지로 주저 없이 실천하고 행동하는 삶을 살아내는 거지?' 하고 궁금해졌어요.

육아와 영어 꿀팁을 참고하려다가 언니의 삶 자체를 배우게 되었죠. 귀하게 여기고 키워간 인연 속에서, 아이는 1호와 함께하며 생각과 경험의 폭을 넓혀갔어요. 매일의 꾸준함으로 영어도 성장하고 있고요. 컨설팅으로 교육에 대한 시각이 확장되어 새로운 방향을 보게 되었습니다. 한동안 멈추었던 독서도 다시 시작하게 되었고, 북클럽을 하며 아이를 담을 수 있는 그릇이 커져가고 있습니다.

집중하는 것 이외의 불필요한 부분을 정리하니 삶이 단순해지고, 무엇보다 나 자신이 긍정적으로 변화하며 발전해가는 모습을 바라보는 것이 기분 좋습니다. 내가 채워지니 아이도 사랑의 눈으로 바라볼 수 있게 되었습니다. 방법을 찾고 싶은데 길을 몰라 헤매는 수많은 엄마들을 위해 세상으로 나와준 언니에게 정말 감사합니다. 이후의 시간들도 지금처럼 함께하며 힘내서 나아갈게요.

초3 학부모(정○○)

각종 육아서적, 엄마표 영어 책들을 읽어보긴 했지만, 한 가지 방법에 정착하지 못했어요. 영어학원이 싫다는 아이의 의사에 따라 학원을 끊긴 했지만 어떻게 해야 할지 막막했죠. 회사를 다니면서 꾸준하고 일관성 있게 엄마표 영어를 실천하기가 어려웠고, 아이가 3학년이 될 때까지 특별한 성과 없이 시간을 보냈어요. COVID-19 팬데믹 직전에 회사를 그만둔 저는 아이와 함께 하는 시간이 많아지며 집에서 온라인 도서관, 영어 원서 책읽기로 엄마표 영어를 시작했어요.

언니님의 블로그를 발견한 날 깜짝 놀랐어요. 저희 아이와 동갑인 아이가 영어로 여러 과목을 스스로 학습하고, 아이가 주체가 되어 자기주도적으로 공부하고 있더라고요. 영어를 잘하는 아이들은 많지만 1호처럼 영어를 활용해서 공부, 취미생활(글쓰기), 재능 기부(게임 티칭)를 하는 경우는 처음 봤기에 언니님의 양육 방식이 정말 궁금해졌어요.

언니님이 가끔 올려주시는 1호의 학습 성장기록, 도서 추천, 근황 글들을 보며 저도 언니님의 방식을 어설프게 따라 하기 시작했어요. 감사하게도 언니님과 첫 만남 후 조언에 따라 많은 것들을 재정비했죠. 정말 답답했던 곳들을 콕콕 짚어 주시더라고요. 이미 1호가 거쳐간 구간이었 겠죠. 아이의 영어가 자라나는 속도에 따라 엄마표 영어도 가감할 것들이 있는데, 그 전까지는 아웃풋은 생각도 안 하고 미련하게 어린 친구들에게나 맞는 방식의 인풋만 하고 있었더라고요.

언니님을 단순히 '엄마표 영어'라는 키워드만으로 정의하기엔 부족합니다. 시작은 '엄마표 영어'였지만, 영어는 아이가 목표로 하는 곳에 도달하기 위한 도구일 뿐이에요. 엄마표 영어로 공들여 넣은 인풋을 어떻게 아웃풋으로 이끌어낼지, 그 아웃풋을 어디에 쓸 수 있는지 언니님은 모두 알려주셨어요. 우리 아이가 치열한 국내 입시만 바라보는 것이 아니라 글로벌한 인재로 성장하기 위한 해외 대학 입시 힌트까지도요. 이런 언니님이 옆에 계셔서 언제나 든든합니다.

초6 학부모(유ㅇㅇ)

아이의 교육을 생각할 때, 왜 깜깜한 터널 속에 있는 느낌이 들었을까요? 많은 사람들이 한국 교육의 문제점을 언급하는 것은 하루 이틀 일이 아닙니다. 학창시절에 겪었던 학교 교육과 내 아이가 현재 경험하고 있는 학교 교육을 놓고 생각해봐도, 우리나라 교육이란 게, 교육의 본질에서 한참은 멀리 떨어져 있는 게 아닌가 하는 생각을 떨쳐버릴 수가 없었습니다.

왜 학교라는 곳이 배우기 위해 가는 곳이 아닌, 내가 배운 것을 확인

하러 가는 곳이 되어버린 것인지! 교육이란 것이 남보다 빨리 가는 것이 목적이 아닐 텐데 말입니다. 주위를 둘러봐도, 남들에게 뒤처지지 않기 위해 남들보다 빨리에 혈안이 되어 있습니다.

아이의 취학 전까지는 그 흐름에 절대 올라타지 않으리라 다짐했습니다. 내 아이에 맞춰 교육하겠다고 마음먹었습니다. 그러나 그런 다짐도 잠시, 공교육이라는 트랙에 올라타고 보니, 왜 많은 사람들이 사교육으로 선행할 수밖에 없는지, 그 이유가 피부에 와 닿았습니다. 어느 순간 어쩔 수 없다면 그 흐름에 올라타서 최선을 다하는 수밖에 없다는 생각에까지 이르렀습니다.

그래서 열심히 학습서들을 읽어댔습니다. 초1, 초2, 초3…에 해야 될 공부에 관한 책들이었습니다. 학년별로 꼭 해야 하는 공부며, 초등학생 때 놓치면 안 될 공부는 왜 이렇게 많은지… 책을 읽을수록 엄마인 나도 교육의 본질에서 서서히 멀어져갔습니다. 그럴수록 학업에 관한 부담감과 스트레스를 아이에게 주고 있었습니다. 머리로는 아닌 걸 알면서도 다른 대안이 없었으니까요. 그런 시점에 정말 내가 그토록 원했던, 교육의 본질을 흐리지 않고, 아이를 제일 중심에 놓고 교육하고 계신 분을 만났습니다. 바로 언니님입니다!

언니님을 알게 된 건 우연한 기회에 블로그를 통해서였습니다. 지금 생각해도 언니님을 알게 된 건 천운이라고 생각합니다. 블로그로 언니님의 내공을 접할수록, 잊혀져가던 교육의 본질에 대해 다시 떠올릴 수 있었고, 중심을 잡아야겠다고 생각했습니다. 그리고 참 감사한 일이, 언니님께서 나 같은 엄마들과 함께 하려고 북클럽을 오픈하신 겁니다. 현재는 북클럽에서 함께 책을 읽으며 배워나가고 있습니다.

언니님의 책 출간 소식을 듣고 그런 희망이 생겼습니다. 저처럼 아이 교육 문제로 어깨가 무거웠던 많은 엄마들의 어깨가 좀 가벼워졌으면 좋겠다고요. 저는 더 이상 아이 교육을 떠올리면서 깜깜한 터널 속에 있다고 생각하지 않습니다. 이미 그곳을 빠져나왔기 때문입니다. 대한민국 학부모라면 한 번쯤은 저처럼 깜깜한 터널 속에 있는 느낌을 받았을 거라 생각합니다.

그런데 언니님을 만나면, 분명 그 터널을 빠져나올 수 있는 길을 찾게 될 거라 확언합니다. 많은 분들이 그렇게 되길 바랍니다.

초5 학부모(장○○)

좋은 사람을 만난다는 것은 그 사람을 통해 내 시야와 생각이 넓어지는 것입니다. 아이의 영어 아웃풋에 대한 걱정으로 시작된 인연이었지만 아이에 대한 것뿐만 아니라 나 자신에 대한 것도 180도 바뀐 시야를 갖게 되어 감사합니다.

첫째로 가장 큰 것은, 한국 입시 교육의 대안이 있다는 것입니다. 그 대안은 내가 감히 생각지도 못한 세상이었습니다. 부모님 세대는 한국의 입시 교육이 맞았습니다. 서열로, 학벌로, 하나의 전공으로 한 직장에서 일하면 은퇴는 어느 정도 보장되었습니다. 그러나 나와 아이는 한국의 입시 교육으로는, 앞으로 세상에서 살아가는 데 도움이 되지 않습니다. 누구나 이 사실을 알고 있을 겁니다. 하지만 그 대안을 모르기 때문에 친구와 경쟁하며 대형 영어학원과 수학학원 레벨에 목매며 살고 있습니다.

둘째는 아이와 사이가 더욱 좋아졌다는 겁니다. 칭찬과 표현에 인색

한 엄마였다는 것을 언니님을 만나고 크게 깨달았습니다. 아이의 기대치를 내 맘대로 정해놓고 아이에게 이 기준에 와야 한다고 닦달하고 화내고 있는 내 모습을 바라보며 늘 반성합니다. 태어나서 내 품에 안길 때만 해도 건강하게 태어나준 것만으로 고맙고 소중한 아이였는데 말입니다. 칭찬이 아이를 어떻게 변화시키는지 몸소 보여주셨기에 달라질 수 있었습니다. 또한 언니님이 알려주신 세상은 아이를 더 이상 닦달하지 않아도 되었습니다.

셋째는 책을 꾸준히 읽고 생각한다는 겁니다. 수많은 정보가 넘쳐나는 세상입니다. 그걸 어떻게 활용할 수 있을지 나의 기준과 앎이 있어야 합니다. 그러기에 독서는 꼭 필요합니다. 그걸 알지만 바쁜 세상에 치여서 우선순위가 미뤄지기 마련이었는데 우선순위가 될 환경을 언니님이 마련해주었습니다. 그곳에 함께 있어서 시야가 넓어지고 있습니다. 물론 단점도 있습니다. 만날 때마다 놀래서 가슴을 부여잡아야 하고, 알아볼 숙제가 늘어난다는 것입니다.

바른 교육 시리즈 45
우리 아이는 미국 온라인 스쿨에서 공부합니다

초판 1쇄 인쇄 2025년 4월 25일
초판 1쇄 발행 2025년 4월 30일

지은이 김지영

대표 장선희 **총괄** 이영철
기획편집 현미나, 정시아, 안미성, 오향림
디자인 양혜민, 이승은　**외주디자인** LUCKY BEAR
마케팅 김성현, 유효주, 이은진, 박예은
경영관리 전선애

펴낸곳 서사원(주) **출판등록** 제2023-000199호
주소 서울특별시 마포구 성암로 330 DMC첨단산업센터 713호
전화 02-898-8778 **팩스** 02-6008-1673
이메일 cr@seosawon.com

홈페이지　　인스타그램

ⓒ 김지영, 2025

ISBN 979-11-6822-416-2　13590

- 이 책은 저작권법에 따라 보호를 받는 저작물이므로 무단 전재와 무단 복제를 금지합니다.
- 이 책 내용의 전부 또는 일부를 이용하려면 반드시 저작권자와 서사원 주식회사의 서면 동의를 받아야 합니다.
- 잘못된 책은 구입하신 서점에서 바꿔 드립니다.
- 책값은 뒤표지에 있습니다.

 서사원은 독자 여러분의 책에 관한 아이디어와 원고 투고를 설레는 마음으로 기다리고 있습니다. 책으로 엮기를 원하는 아이디어가 있는 분은 서사원 홈페이지의 '출간 문의'로 원고와 출간 기획서를 보내주세요. 고민을 멈추고 실행해보세요. 꿈이 이루어집니다.